Elisabeth Stahlschmidt

Auch ohne meine Kinder

Eine Ärztin zwischen zwei Kulturen
erlebt die gewaltsame Trennung von ihren Kindern

Elisabeth Stahlschmidt

AUCH OHNE MEINE KINDER

Eine Ärztin
zwischen
zwei Kulturen
erlebt die
gewaltsame
Trennung
von ihren
Kindern

Schulte & Gerth

Der diesem Buch zugrunde liegende Text
wurde von Frau Gabriele Bosch
für die Veröffentlichung redaktionell bearbeitet.

Best.-Nr. 815 433
ISBN 3-89437-433-0
1. Auflage August 1996
2. Auflage Oktober 1996
3. Auflage November 1996
4. Auflage Januar 1997
5. Auflage März 1997
6. Auflage Oktober 1997
Umschlaggestaltung: Ursula Stephan
Titelfoto: ZEFA
Satz: Die Feder GmbH, Wetzlar
Druck und Verarbeitung: Ebner Ulm
Printed in Germany

Vorwort

In diesem Buch lernen Sie eine bemerkenswerte Frau kennen, die sich in ungeschminkter und schonungsloser Offenheit zu ihrem bisherigen Leben bekennt. Es ist ein wirklich außergewöhnliches Leben, in welchem inmitten der Nacht ein neuer Tag anbricht.

Vor circa 22 Jahren lernte ich sie als junge Ordensschwester bei einer Tagung auf Schloß Craheim kennen. Uns beiden wurde damals rasch deutlich, daß wir, ungeachtet unserer konfessionellen Unterschiede, eine gemeinsame Mitte in Christus hatten. Darum entwickelte sich eine Art roter Faden zwischen uns, der uns einige Jahre hindurch trotz trennender geographischer Entfernung (Botswana – Unterfranken) verband.

Plötzlich riß unversehens dieser rote Faden doch entzwei, und unsere Wege trennten sich, denn unsere Mitte erfuhr einen Schatten, der nicht wegzuwaschen war.

Erst im Sommer 1994 spürte ich den inneren Auftrag, daß ich Elisabeth suchen sollte, ohne zu wissen, wo sie nach dieser langen Zeit ihre Bleibe gefunden hatte. Über die Auskunft der Telekom forschte ich nach einer Zahnärztin mit dem Nachnamen Stahlschmidt und fand sie in ihrer alten Heimatstadt Oberursel!

Zu diesem Zeitpunkt wußte ich noch nichts von ihrer Geschichte, die zwar dunkel ist, aber im Lichte Gottes betrachtet immer hell blieb, weil sie von seiner Liebe durchdrungen war. Doch seit unserem ersten Treffen nach ihrem schweren Erleben haben wir gemeinsam unseren roten Faden wieder aufgenommen, und von da an wurde ihre Geschichte zu einem Teil der meinigen.

Sicher wird sie immer ihre Sehnsucht und Liebe zu ihren „verlorenen“ Kindern in sich tragen, doch gemeinsam haben wir ihre vier Schätze Christus anvertraut und warten gespannt auf den Tag, an dem sie sich wiedersehen werden. Denn bei Gott ist kein Ding unmöglich.

Schwester Lore Scheurer
Kommunität „Jesu Weg“

Wie schon so oft in meinem Leben sitze ich auf gepackten Koffern. Wieder werde ich mein Zuhause verlassen, um einen neuen Lebensabschnitt zu beginnen. Schon viele Male habe ich mein Leben tiefgreifend verändert, immer mit von Furcht begleiteter Vorfreude. Dieses Mal freue ich mich sehr auf den neuen Schritt und bin gespannt auf das Zusammensein mit vertrauten und mir noch unbekannten Menschen. Der Mut, neue Wege zu gehen, hat mich bei allem, was ich bereits erlebt habe, zum Glück nicht verlassen.

So gehe ich noch einmal durch die Räume des fast schon leer geräumten Häuschens, in dem immer noch ein Rest des Lebens steckt, das ich dort mit geliebten Menschen geführt habe. Ich bin von diesem Leben gewaltsam getrennt worden, habe mich vielleicht auch selbst von ihm abgeschnitten. Wer kann schon in jeder Situation wissen, wer die aktive und wer die passive Seite des Lebens bestimmt? Ich lebe jedenfalls seit den Tagen in Kairo, die mein Leben radikal verändert haben, in einer neuen Zeitrechnung.

Während ich darauf warte, von hier wegzugehen, denke ich noch einmal daran, wie alles begann. Ich sehe vor mir, wie aus einer lebenshungrigen und abenteuerlustigen jungen Frau der Mensch mit seinen Erfahrungen und Schmerzen geworden ist, der nun hier sitzt.

Auch mein Glaube an Gott hat sich in den vielen Jahren verändert und ist doch immer das geblieben, was er von Jugend an für mich war: der feste Anker, der letzte Rückhalt und die einzige Zuflucht. Auf vieles kann man sich in seinem Leben nicht verlassen, das mußte ich schmerzhaft erfahren. Dennoch gibt es eine Treue und Liebe, die nicht von *dieser, aber absolut* für *diese Welt und ihre Menschen ist. Doch will ich nicht bei diesen Andeutungen bleiben, sondern die Geschichte meines bisherigen Lebens erzählen.*

Suche nach Orientierung

Gerade war ich 23 Jahre alt geworden und hatte mein Studium erfolgreich beendet. Eine Stellung als Assistenzärztin an der Frankfurter Zahnklinik sicherte meinen Lebensunterhalt, und meine Doktorarbeit hatte ich beinahe abgeschlossen. Ich war eine glückliche und erfolgreiche junge Frau. Was wollte ich mehr?

Die Welt lag mir zu Füßen, denn bisher lief mein Leben wie am Schnürchen. Was sollte ich nun mit all meinem Erfolg und so viel Glück anfangen? Erst einmal wollte ich natürlich alles genießen. Doch vorher mußte noch die Doktorarbeit ein gutes Ende finden; zudem war ich ins Stadtparlament von Oberursel gewählt worden – viel Zeit zum reinen Genießen hatte ich folglich gar nicht. So sah also mein Leben im März 1972 aus.

Als junge Frau Doktor war ich selbstverständlich stolz auf das Erreichte und genoß das Ansehen, das meine politische Aufgabe mit sich brachte. Doch wie es vielen Menschen in ähnlicher Situation bereits ergangen ist, beschlich auch mich die Frage nach dem Sinn. Was sollte ich mit meinem Erfolg anfangen? Wohin sollte ich mich beruflich und auch in anderen Lebensbereichen orientieren? Sollte ich den eingefahrenen Spuren folgen und den Erwartungen meiner Umgebung gerecht werden? Ganz konkret hätte das geheißen, die Zahnarztpraxis meiner Mutter zu übernehmen. Sie stand für mich bereit; ich hätte mich nur ins gemachte Nest setzen müssen, so wie es viele meiner Studienkollegen in der gleichen Situation getan hatten. Gab es für mich nicht noch andere Möglichkeiten? Wie konnte ich mir selbst treu bleiben? Das war eigentlich die wichtigste Frage in dieser Zeit.

In meinen Gedanken tauchte immer häufiger der Wunsch auf, für einige Zeit in der Entwicklungshilfe zu arbeiten. Heimlich besorgte ich mir Adressen von Organisationen, die mir interessant erschienen, und bewarb mich bei einigen von ihnen. Die Absagen kamen meist postwendend. Wer konnte schon eine Zahnärztin in der Entwicklungshilfe gebrauchen? Ich gab jedoch nicht auf und wälzte Atlanten, um mich über mögliche Ziele zu informieren.

Während all dieser Überlegungen fragte ich mich, warum ich überhaupt in der Entwicklungshilfe arbeiten wollte. Was suchte ich in alledem? Die Antwort war einfach und schlicht: Ich wollte ein Leben mit Gott, ein Leben mit Jesus führen. Im Nächsten, der meine Hilfe brauchte, wollte ich Gott dienen. Ich wußte, daß man zu einem solchen Leben eine Berufung brauchte, die allein von Gott kommen konnte, und ich hatte das Gefühl, diese Berufung zu haben. Mir wurde immer deutlicher, daß ich mit einem Menschen sprechen mußte, der diese Fragen kannte und für mich eine Antwort wußte.

Es begann eine Zeit der Suche, bis mir eine gute Adresse für meine Fragen einfiel. Wer hätte mich in einer solchen Situation besser beraten können als eine Frau, die mich in meinem Erwachsenwerden begleitet hatte? Schwester Michaelis hatte mich als Lehrerin während meiner Schulzeit in einem von Ursulinen geleiteten Gymnasium fasziniert. Urplötzlich wurde in mir ein großes Interesse wach nach einem Leben, herausgenommen aus der Welt und doch so ganz in der Welt, wie es mir die Schwestern im Ursulinenstift vorgelebt hatten. Ich wollte unbedingt mehr darüber wissen.

Angefüllt mit vielen Fragen und großer Neugier, wollte ich so schnell wie möglich mit Schwester Michaelis sprechen. Sie hatte mir Gottes Liebe nicht nur durch das Erzählen von biblischen Geschichten nähergebracht, sondern durch ihr ganzes Sein, das mir immer sehr ursprünglich vorgekommen war. Die Idee war irgendwie verrückt, aber ich hätte zu gerne mal mit ihr die Rollen getauscht.

Eine gemeinsame Fahrt zu einem Vortrag in Mainz brachte uns schneller als erwartet wieder zusammen. Ich war stolze Besitzerin eines VW-Käfers, den mir meine Eltern zum Examen geschenkt hatten. Während der Fahrt schneite es unaufhörlich, und die Dunkelheit um uns herum gab mir den Mut, von meinen Ideen und Fragen zu erzählen. Ich formulierte zunächst vorsichtig, doch dann immer couragierter meine Wünsche, Vorstellungen und Sehnsüchte.

Die Antwort, die mir Schwester Michaelis gab, war klar und deutlich – und wirkte auf mich überwältigend. Sie sagte einfach: „Ja, Lis, wenn ich dich jetzt richtig verstanden habe, dann willst du also ins Kloster?"

Zum ersten Mal in Worte gefaßt, außerhalb meiner inneren Dialoge ausgesprochen, klang das irgendwie nicht mehr wie eine Frage, sondern bereits wie eine Antwort. Und es stimmte: Ja, ich wollte ins Kloster. Jetzt konnte ich Schwester Michaelis nur noch um Hilfe und Unterstützung bitten. Meine Eltern und der Rest der Familie sollten vorerst noch nichts von diesem verwegenen Plan erfahren.

Ich begann also von neuem, mich zu bewerben, immer mit dem Absender der Ursulinen in Königstein. Allzuviel Hoffnung auf Erfolg hatte ich nicht, denn die missionarischen Gemeinschaften konnten im Grunde keine Zahnärztinnen gebrauchen. Ich glaube, ich habe bei diesen Bewerbungen fast alles falsch gemacht, was man nur falsch machen kann. Aber wie bewirbt man sich auch für eine Stelle als Ordensfrau in einem Kloster?

Klare Absagen der angeschriebenen Gemeinschaften und langsam aufkommende Unsicherheit bei mir waren der einzige Erfolg aller Bemühungen. Zum Glück war diese Phase schnell vorbei, denn Schwester Michaelis hatte eine einfache Lösung: Warum fragte ich nicht einfach bei den Ursulinen an? Manchmal kommt man auf das Naheliegendste zuletzt.

Im März 1973 plante ich mit einer Freundin und Kollegin aus der Zahnklinik eine Reise nach Rom. Nachdem wir beide unseren ersten Flug erlebt hatten, genossen wir alles, was Rom zu bieten hatte: Kirchen, Cafés und Geschäfte.

Nur ein Nachmittag während unseres Aufenthaltes war fest verplant: Ich hatte einen Termin im Generalat der Ursulinen. Das Herzklopfen, das ich auf dem Weg dorthin verspürte, kann ich heute noch fühlen. Nachdem ich mich an der riesigen Tür des imposanten Gebäudes bemerkbar gemacht hatte, wurde mir freundlich Einlaß gewährt. Ich schluckte die

Beklommenheit herunter und versuchte in die erst kürzlich erworbene „Frau-Doktor-Haut“ zu schlüpfen.

Wartend stand ich am Fenster eines hohen, altehrwürdigen Raumes, schloß die Augen und rief mir ins Gedächtnis, was ich hier überhaupt wollte.

Die Schwester, die mich schließlich empfing, entpuppte sich als Frau mit guter Menschenkenntnis. Immer wieder versuchte ich in das Gespräch einzuflechten, daß ich in einem Land der Dritten Welt arbeiten wollte; darin läge meine Berufung. Sie klärte mich geduldig auf, daß eine klösterliche Berufung durch eine Einführungszeit geprüft, gefestigt und bestätigt werden müßte.

Sie schlug für meine Ausbildungszeit ein nahes Land vor, damit meine Sprachkenntnisse nicht überfordert würden. Es sollte Österreich oder Holland sein. Ich war überwältigt und mit allem einverstanden. Später, nach einer Zeit der klösterlichen Eingewöhnung und Ausbildung, würde man mich in ein Land schicken, wo man mit meiner Berufung *und* meinem Beruf etwas anfangen könne.

Überglücklich verließ ich das Generalat nach diesem Gespräch, und kaum hatte sich die Tür hinter mir geschlossen, zog ich mir die Sandalen aus und hüpfte barfuß den langen Kiesweg entlang. Erst kurz vor Erreichen des Tores fiel mir ein, daß mein Verhalten ein jähes Ende meiner Karriere als Nonne zur Folge haben könnte, wenn mich jemand durchs Fenster beobachtete. Meiner Freundin erzählte ich überglücklich: „Ich glaube, die nehmen mich wirklich!“

Von nun an ging alles sehr schnell. Österreich wurde als mein Ausbildungsland ausgesucht. Eine Schwester wurde bestimmt, meine Begleitung in dieser Zeit zu übernehmen. Doch noch ehe ich ihr offiziell vorgestellt wurde, dachte ich mal wieder praktisch. Ich hatte zwar mein Leben ganz Gott angeboten, und alles Weitere sollte nun seine Sorge sein ... doch ein bißchen Eigeninitiative konnte ja nicht schaden. Die Schwester, die die Ausbildung aller Ursulinen organisierte, lebte in Wien. Kurzerhand meldete ich mich bei ihr zu einem Gespräch an und fuhr allein von Oberursel nach Wien, Adresse und Ansichtskarte des Gebäudes in meinem Handschuhfach.

Ich fand auch auf Anhieb mein Ziel, ein Kloster, das auch gleichzeitig eine Schule war. Gastfreundlich wurde ich dort aufgenommen, jedoch ein wenig mißtrauisch begutachtet. Die unendlich langen Gänge des Gebäudes waren leer, denn es waren gerade Ferien und somit keine Schul- und Internatskinder da, die ein bißchen Leben und Farbe hineingebracht hätten.

Mutterseelenallein saß ich vor meinem Teller in einem riesigen Speisesaal, in dem normalerweise 200 Menschen sitzen. Mir verging angesichts dieser Weite und Leere erst einmal der Appetit. Es war mir mulmig zumute, doch ich hatte nicht 57vergessen, weshalb ich hierher gekommen war. Warum sollte ich mich also von dieser äußerlichen Leere abschrecken lassen? Ich fühlte mich innerlich so reich und so bestätigt, daß ich den ganzen Petersdom mit Entschlußkraft hätte füllen können.

Ab und zu wurde ich während meines Aufenthaltes zu Gesprächen eingeladen. Am Ende hatte ich wohl den Test bestanden, denn bei meiner Abreise wurde mir zugesichert, daß ich nach Salzburg kommen sollte.

Die Schwester, die meine Einführung begleiten sollte, war eine Amerikanerin, die in Deutschland geboren war und bereits viele Jahre in Österreich lebte. Ihre Eltern wohnten zudem in der Nähe meiner Heimat. All das erschien mir wie ein Geschenk Gottes, und das war es auch. Schwester Vera Marie sollte nämlich nach kurzen anfänglichen Schwierigkeiten die beste und wichtigste Beraterin und Freundin meines Lebens werden. Mit Dank und Freude erfüllt, denke ich an unsere erste Begegnung zurück, die ihr bestimmt mehr Kopfzerbrechen bereitet hat als mir.

*

Es war ein schöner Augusttag, und selbstverständlich machte sich Spannung in mir breit. Wem hätte ich aber gestehen können, daß ich doch ein bißchen unsicher war, daß ich doch Angst vor dem hatte, auf was ich mich einlassen würde?

Ich plante für das erste Zusammentreffen mit Schwester Vera Marie einen Spaziergang im Taunus. Wenn ich damals im

Vorfeld um eines gebetet habe, dann um gegenseitige Offenheit. Ich jedenfalls war sehr offen, vielleicht etwas zu sehr. Wenn ich an diesen ersten Spaziergang zurückdenke, weiß ich, was mich damals froh machte: Ich fühlte mich akzeptiert und wußte, ich hatte die richtige Gesprächspartnerin gefunden. Was aber das Schönste war: Meine Angst war nach dem Gespräch vollkommen verschwunden.

Bei Schwester Vera Marie war es vielleicht genau umgekehrt. Ich habe sie damals mit meinem Temperament überrollt und atemlos gemacht. Die 20 Jahre, die zwischen uns lagen, hatte ich in meinem jugendlichen Übermut einfach übersehen, und auch unsere bis dahin völlig unterschiedlichen Lebenswege, die vielfältigen Erfahrungen, die sie mit Gott und mit dem Leben innerhalb einer klösterlichen Gemeinschaft gemacht hatte. Von diesem Zeitpunkt an stellte ich hohe Ansprüche an ihr Leben, was mir damals aber noch nicht bewußt war. Ich war mir selbst enorm wichtig. Warum also sollte ich nicht für jemand anderen ebenso das Wichtigste auf der Welt sein?

Ein Treffen mit meinen Eltern stand noch aus. Mein Vater war mit meiner Entscheidung nicht einverstanden, meine Mutter unsicher, ob das wirklich der richtige Weg für ihre Tochter war. Schwester Vera Marie würde das alles glattbügeln, da war ich mir ganz sicher. Ein Termin wurde festgelegt, an dem sich alle bei einem Abendessen kennenlernen sollten.

Mit meinen Eltern saß ich dann also im Wohnzimmer, wo wir auf unseren Gast warteten. Ich höre mich heute noch sagen: „Papa, holst du bitte eine Flasche Wein aus dem Keller? Bist du auch nett zu ihr?"

Um meine Unsicherheit zu verbergen, versteckte ich mich hinter unwichtigen Ermahnungen. *Warum sind meine Eltern bloß so zurückhaltend und empfangen die zukünftige Begleiterin und Ausbilderin ihrer Tochter nicht mit offenen Armen?* dachte ich damals . . . und die Gedanken meiner Eltern kreisten währenddessen wohl um die Frage, wo bloß jemand gefunden werden konnte, der ihre Tochter endlich zur Vernunft brachte.

Der Abend verlief in höflicher Atmosphäre und den Umständen entsprechend recht gut. Mein Vater war sehr schweigsam, mischte sich nicht in die Unterhaltung ein, kam aber seinen Pflichten als Gastgeber einigermaßen nach. Als Schwester Vera Marie gegangen war, lautete sein einziger Kommentar: „Du wirst schon wieder vernünftig werden."

Ich dachte nur: *Dir werde ich es zeigen.* Irgendwie sollten wir beide recht behalten.

Für mich begann nun eine Zeit der intensiven Vorbereitungen. In der Klinik mußte gekündigt werden, und Resturlaub hatte ich auch noch. Alles lief sehr gut. Mein geliebter Großvater war zwischenzeitlich gestorben, doch sein Tod berührte mich nicht so tief, wie ich es erwartet hatte. Meine Schwester bekam eine Tochter, die Dominique Elisabeth heißen und mein Patenkind werden sollte. Beerdigung, Taufe, Gebete mit Schwester Michaelis, Ratschläge und Vorbereitungen für einen großen Aufbruch in meinem Leben – es rauschte alles wie in einem Film an mir vorbei.

Ich konnte den Aufbruch in mein neues Leben kaum erwarten. Alle Unsicherheiten waren wie weggeblasen. Zwei Tage vor meiner Abreise schickte mir Schwester Vera Marie eine Ansichtskarte mit der Wegbeschreibung zum Kloster, und noch heute hüte ich diese Karte wie einen Schatz. Ich hätte den Weg vermutlich auch blind gefunden, so entschlossen war ich. Gott hatte gerufen – ich hatte geantwortet. Alles andere, auch der Abschiedsschmerz meiner Eltern, konnte mich nicht aufhalten und berührte mich komischerweise nicht wirklich.

Zwei Tage vor meiner Abreise hatten mich Freunde zu einem tollen Abendessen eingeladen. Sie hatten, glaube ich, das Gefühl, mir meine Henkersmahlzeit zu bereiten. Ihre Kommentare, Fragen und Bedenken wischte ich jedoch einfach vom Tisch. Am 11. September besuchte ich noch einmal Schwester Michaelis zum gemeinsamen Gebet, dann wurde mein Auto beladen.

Stutzen der Flügel

Jetzt ging es richtig los. Für meine Eltern, Verwandte und Geschwister war es ein düsterer Tag, für mich ein heller Anfang. Ich wußte zwar nicht, was mich erwarten würde, doch meine Freude war unbeschreiblich. Salzburg leuchtete mir in seinen warmen Herbstfarben entgegen. Es schien, als wäre dieser Tag extra für meinen Empfang in meinem neuen Zuhause gemacht, denn er spiegelte genau den Zustand meiner Seele wider. Hätte es wie aus Eimern geschüttet, ich wäre allerdings die Letzte gewesen, die es bemerkt hätte.

In Salzburg fand ich ohne große Probleme zur Klosterpforte, wo Schwester Vera Marie mich glücklicherweise empfing. *Wie schön, ein vertrauter Anblick*, dachte ich. Sie führte mich durch die Klosterpforte und eine angrenzende Kapelle zu meinem zukünftigen Zimmer. Jeder uns begegnenden Schwester wurde ich in aller Selbstverständlichkeit vorgestellt, und so wurde mir die Ankunft wirklich leicht gemacht.

Von jetzt an sollte Schwester Vera Marie für zweieinhalb Jahre meine Begleiterin und Beraterin sein. Unzählige Schwierigkeiten würde sie in der kommenden Zeit für mich aus dem Weg räumen und mir unendlich viel Trost spenden. Doch wir sollten auch sehr viele frohe Stunden miteinander verbringen. Für die Einordnung so mancher Kleinigkeiten, die mir groß und unverständlich erschienen, schenkte sie mir die richtige Perspektive. Vieles, das ich in meiner stürmischen Art in Frage stellte, mußte sie ihrerseits überdenken, um es mir erklären zu können.

Die ersten Tage und Monate in meinem neuen Leben waren schwierig, die Widrigkeiten zum Glück aber nicht unüberwindlich. Vieles lag einfach daran, daß ich vorher nicht hatte einschätzen können, was es bedeutete, in einer Gemeinschaft zu leben, in der die meisten Mitglieder fast doppelt so alt waren wie ich.

Mein Alltag war von einem Tag auf den anderen völlig anders geworden. In Oberursel war mein Leben von ständiger Abwechslung und Unregelmäßigkeiten geprägt gewesen. Was für einen Menschen in einer völlig neuen Umgebung eigentlich eine Hilfe sein sollte, nämlich geregelte Essens-, Schlafens- und Gebetszeiten, empfand ich als fürchterlich anstrengend. Mir ging diese Regelmäßigkeit auf den Geist. Früher hatte ich etwas gegessen, wenn ich Hunger hatte, und war schlafen gegangen, wenn ich müde war. Hier war der Rhythmus vorgegeben.

Auch auf meine Kleidung und meine schlanke Figur hatte ich stets großen Wert gelegt. Hier achtete man weder auf das eine noch auf das andere. Auch fühlte ich mich zunächst geistig völlig unterfordert. Meine Allgemeinbildung, mein medizinisches Wissen, mein Interesse an Politik, Kunst und Literatur waren überhaupt nicht gefragt. Noch hatte ich nicht begriffen, worauf es eigentlich ankam.

Da ich weder Lehrerin noch Erzieherin war und man mit meinem Beruf im Haus nichts anfangen konnte, sollte ich in einer öffentlichen Zahnklinik arbeiten. Ich vereinbarte also ein Vorstellungsgespräch mit dem Leiter dieser Klinik. Zu meinem großen Erstaunen wollte er mich auch sofort nehmen, und mit dieser Zusage in der Tasche machte ich mich auf den Heimweg. Während der Busfahrt zurück ins Kloster hatte ich Zeit zum Nachdenken. Mir wurde langsam, aber sicher klar, daß ich in der Klinik schnell wieder die „Frau Doktor" sein würde, die ich nicht mehr hatte sein wollen. Diese Sonderstellung würde mich förmlich aus der Schwesterngemeinschaft herauskatapultieren. Ich beschloß noch auf dem Nachhauseweg, während meiner klösterlichen Ausbildung auf die Ausübung meines Berufes zu verzichten. Hier im Kloster hatte ich noch viel zu lernen, mehr vielleicht noch als in meinem Studium.

Schwester Vera Marie war von meinem Verzicht ganz begeistert und gab die Nachricht nach oben weiter. Doch es mußte eine andere Beschäftigung für mich gefunden werden.

Da ich bereit war, alle Arbeiten zu übernehmen, wurde ein Sammelsurium an Tätigkeiten für mich zusammengestellt. Die meisten Verpflichtungen machten mir Freude, aber die Dinge, die sich meine Novizenmeisterin für mich ausdachte, schienen mir oft sehr schwierig. Zum Beispiel hatte Schwester Vera Marie in bester Absicht eine Aufgabe für mich gefunden, die bei mir einige Adrenalin-Ausschüttungen hervorrief. Jeden Tag sollte ich ungefähr 100 hungrige Mädchen beim Mittagessen beaufsichtigen, mit ihnen ein Tischgebet sprechen und auf gute Manieren achten. Ich fühlte mich mit dieser Aufgabe total überfordert, denn ich hatte vor der wilden Horde schlichtweg Angst.

Zunächst konnte ich mir diese Unfähigkeit nicht eingestehen. Doch nach einigen Leidenswochen schlich ich kleinlaut zu Schwester Vera Marie. Ich erzählte ihr von meiner Unsicherheit und Unfähigkeit, und sofort wurde diese Last von meinen Schultern genommen. Der Kontakt mit den älteren Mädchen, die kurz vor dem Abitur standen, machte mir dagegen sehr viel Spaß. Zudem war Schwester Vera Marie ihre Klassenlehrerin, und die Schülerinnen teilten mit mir die Begeisterung für sie.

Neben grundlegenden Pflichten, wie die Gänge und Toiletten im Kloster putzen, was ich wegen der sofort sichtbaren Erfolge eigentlich recht gern machte, sollte ich einige Seminare an der theologischen Fakultät der Universität in Salzburg belegen. Mit großen Erwartungen nahm ich dort mein Studium auf. Ich belegte Vorlesungen über das Alte Testament und Kurse eines psychologisch geschulten Dozenten. In seinen Veranstaltungen zeigte er interessante Strukturen im klösterlichen Zusammenleben auf, und viele seiner praktischen Ratschläge konnte ich sofort in die Tat umsetzen.

Durch mein Studium lernte ich viele neue Leute kennen, doch meine Mitschwestern standen mir trotzdem viel näher. Zu einigen entwickelte ich im Laufe der Zeit eine tiefe Zuneigung und bewunderte ihre Ruhe und . . . ja, Heiligkeit. Mehr und mehr merkte ich, daß der Altersunterschied überhaupt keine Rolle spielte. Oft standen mir sogar die Älteren näher als die Jüngeren, und nach einiger Zeit war ich voll in Schwester Vera Maries Freundeskreis integriert.

Aber es gab auch einige Schwestern, denen ich lieber aus dem Weg ging. Oft genug fühlte ich mich durch einen durchdringenden Blick, ein langes Schweigen oder eine spitze Bemerkung kritisiert. Diesen Schwestern gegenüber wurde ich immer empfindlicher, was ich mit einem aufgesetzten Selbstbewußtsein zu kaschieren versuchte. Und nicht nur mein Selbstbewußtsein, sondern auch meine Liebe zu Jesus wurde gerade durch dieses Leben in der Gemeinschaft sehr auf die Probe gestellt. Aber letztendlich vertiefte sich meine Beziehung zu Jesus in dieser Bewährungszeit.

Schwester Vera Marie hatte sich eine neue Aufgabe für mich überlegt. Ich sollte die Schülerinnen ihrer Abiturklasse zu einem Lagerfeuer auf eine Alm begleiten, und sie selbst wollte zu Hause bleiben. Da ich damals mein Gelübde noch nicht abgelegt hatte, mußte ich während des Ausflugs keine Klostertracht tragen. In Jeans und Anorak fühlte ich mich in meine Jugendgruppenzeit zurückversetzt. Wir sangen, beteten und diskutierten so lange und so angeregt miteinander, daß wir erst nach Einbruch der Dunkelheit den Heimweg antraten. Zurück im Kloster mußte ich das Erlebte einfach jemandem mitteilen, also klopfte ich vorsichtig bei Schwester Vera Marie an. Ohne die gebotene Distanz zu verlieren, teilten wir seit diesem Abend miteinander vieles, was uns bewegte.

Von meiner alten Lehrerin Schwester Michaelis hatte ich ein Geschenk bekommen, das mir für mein ganzes Leben ein unendlich großer Schatz sein sollte: Sie hatte mich gelehrt, daß man Gott alles offen im Gebet sagen kann, was einen im Leben beschäftigt. Ich hatte deshalb keine Hemmungen, frei im Gebet zu formulieren, was mich bewegte, ohne vorher lange überlegen zu müssen, ob das alles auch gut durchdacht und logisch ausgedrückt war. Ich weiß heute, daß das nicht für jeden Menschen selbstverständlich ist. Damals hatte ich auch in meiner geistlichen Gemeinschaft mit Schwester Vera Marie diesen Anspruch der Offenheit, ohne zu bemerken, daß das für sie gar nicht so einfach war. Gemeinsam überwanden wir einige Hemmschwellen – ich mit großer Naivität, sie mit immenser Anstrengung.

Ansonsten hielten wir uns durch gemeinsame Spaziergänge und Bergtouren körperlich fit. Im Winter durfte ich oft mit verschiedenen Klassen zum Skilaufen fahren. So wurde mir mit viel Bedacht mein Leben in der überalterten Gemeinschaft erleichtert.

Im ersten Sommer nach meiner Einkleidung in die Klostertracht kam Schwester Michaelis aus Königstein zu Besuch. Ich fühlte mich in ihrer Nähe gleich irgendwie zu Hause. Denn ehrlich gesagt hatte ich doch ab und zu Heimweh, wenn auch nicht so sehr nach meinem Zuhause, sondern eher nach einer gemütlichen Familienatmosphäre.

Wenn ich abends spazierenging und die Lichter in den Häusern sah, konnte ich mir nicht so recht vorstellen, auf Dauer mein Leben in riesigen Häusern mit unendlich langen Gängen zu verbringen. Gerade in solchen Momenten hinterfragte ich meine Berufung, was mich jedesmal sehr verunsicherte. Die Klostergemeinschaft war einfach zu riesig, und ich wünschte mir ein engeres Zusammenleben ohne ungemütliche Säle und Flure.

Eine besondere Bewährungsprobe stellte für mich in dieser Zeit eine undefinierbare Krankheit dar, unter der ich litt. Unerklärlicherweise hatte ich plötzlich an Armen und Beinen eine ziemliche Menge von Blutergüssen. Es gab Tage, da sah ich aus, als wäre ich fürchterlich verprügelt worden, doch mein Ordenskleid bedeckte glücklicherweise die blauen Flecken.

Ich ging also zum Arzt, der mich zu Blutuntersuchungen ins Krankenhauslabor schickte. Da ich im Grunde eine Kollegin war, erlaubte er mir, die Ergebnisse im geschlossenen Umschlag auf meinem Weg zur Vorlesung abzuholen. Mich packte jedoch die Neugier, und ich öffnete den Umschlag. Das Testergebnis deutete auf Leukämie oder eine ähnliche Krankheit hin. Wie benebelt verließ ich die Vorlesung und erreichte die Arztpraxis zur Mittagszeit. Der Kollege ließ mich im Wartezimmer warten, bis der letzte Patient gegangen war, um sich in Ruhe mit mir unterhalten zu können.

Natanjah – ein Geschenk Gottes

Während unseres Gesprächs erläuterte mir der Arzt den Ernst der Lage, betonte aber auch, daß durchaus Hoffnung bestünde. Ich war völlig verwirrt und wußte nicht, was ich denken sollte. Meine erste Sorge war, daß ich das Kloster verlassen mußte, wenn ich wirklich ernstlich krank wäre. Auf dem Weg zurück ins Kloster wurde mir im Nachdenken über die möglichen Konsequenzen dieser Krankheit bewußt, wieviel mir meine Berufung in den Dienst Gottes bedeutete. Ich befürchtete, daß Gott vielleicht doch einen anderen Plan für mein Leben haben könnte. Schon auf dem Weg zum Kloster haderte ich mit meinem Schicksal, flehte und betete zu Gott.

Sobald ich die Klosterpforte erreicht hatte, fragte ich nach Schwester Vera Marie, denn ich mußte mit jemandem über die traurige Nachricht sprechen. Nachdem ich mir alles von der Seele geredet hatte, versuchte ich ruhig zu bleiben. Zudem waren wegen Allerheiligen und Allerseelen die nächsten vier Tage frei, und das Testergebnis konnte medizinisch nicht noch einmal überprüft werden. Während dieses langen Wochenendes machten wir ausgedehnte Spaziergänge, um uns abzulenken.

Natürlich war auch die Oberin informiert worden, die sich rührend um mich kümmerte. Ich gewann die Einsicht, daß dieses Wochenende wohl ein Wendepunkt in meinem Denken und Handeln werden sollte. Vielleicht mußte ich noch lernen, daß bei Gott, dem ich mich ja ganz zur Verfügung gestellt hatte, meine eigenen Pläne einen anderen Stellenwert hatten als bei mir selbst. Mein Gottvertrauen wurde in dieser Situation wirklich gestärkt. Ich spürte, daß es eine meiner größten Schwächen war, immer noch alles selbst in die Hand nehmen zu wollen.

Zur Erleichterung aller Beteiligten stellte sich bald darauf die schwerwiegende Diagnose als falsch heraus. Was es nun wirklich war, habe ich nie erfahren, aber ich hatte auch nie wieder Probleme mit dieser seltsamen Erkrankung.

*

Die Sommer in Salzburg hinterließen bei mir wunderschöne Erinnerungen. Zwei Sommer hintereinander kam Schwester Michaelis, um ihre Ferien mit mir zu verbringen. Ihre Standhaftigkeit und mütterliche Freundschaft stärkten meine Überzeugung, auf dem richtigen Weg zu sein.

Im Klosteralltag ließ ich mich leider viel zu oft von meinen Launen leiten. Ich hätte mich manchmal gerne abgesondert und hielt mich für eine Spur besser als die anderen, da ich immer eine Lösung für alle offenen Fragen parat hatte. Doch niemand schien sich für diese Weisheiten zu interessieren. Auch wurde es immer schwieriger für mich, Kritik zu ertragen. Ich empfand sie oftmals als Generalangriff auf meine Persönlichkeit. Meine Freiheit, die mir heilig war, schien bedroht.

Schwester Vera Marie ertrug meine Stimmungsschwankungen mit erstaunlicher Gelassenheit. War so ein Tiefpunkt allerdings überwunden, konnte ich mich auch wieder am Leben freuen. Ich bemühte mich, die Dinge so zu nehmen, wie sie kamen, doch das gelang mir leider nur selten. Selbst so wunderbare Hilfen wie das Gebet, Abendmahl, Wanderungen oder Freundschaften erschienen mir dann eher wie eine alte Zahnbürste mit umgebogenen Borsten: Sie dienten nicht mehr zur Reinigung, sondern hinterließen Schmerzen und kleine Verletzungen.

Trotzdem gab es natürlich auch viele schöne Zeiten. Das gemeinsame Gebet, vor allem das frei formulierte, wurde für mich zu einem Zufluchtsort des Teilens und Mitteilens. Und wenn ich in der Bibel las, entdeckte ich immer wieder neue Dinge. Das „Ozonloch" meiner geistlichen Welt wurde nach und nach gestopft. Die Sonne Gottes beschien mich nun doch gleichmäßiger.

*

Salzburg war der Ort meiner Ausbildung, nach dieser Lehrzeit würde mein Leben woanders weitergehen, das war von Anfang an klar gewesen. Die Zeit der Entscheidung rückte nun immer näher. Es war vorgesehen, daß ich für die obligatorischen Einkehrtage nach Innsbruck fahren sollte, um über meine Zukunft Klarheit zu gewinnen.

In diesen 30 Tage der Stille, der Einkehr und des Gebetes erlebte ich tiefe Einsamkeit, aber auch Freundschaft mit Gott. Während dieser Zeit erlebte ich in meinem Inneren die Wüste, aber auch das atemberaubende Ereignis, wenn die Wüste zu blühen beginnt und das Suchen mit Finden belohnt wird.

Diese Erfahrung paßte gut zu meinem neuen Namen: Als Ordensschwester hieß ich jetzt Natanjah. Ich hatte mir diesen Namen selbst ausgesucht. Das Wort „Natanjah" heißt auf Hebräisch „Geschenk Gottes", und diese 30 Tage waren eines der vielen Geschenke Gottes an mich.

Sicherlich hätte ich diese Einkehrzeit besser nutzen können. Ich bin der Einsamkeit oft entflohen, bin durch die Stadt gegangen und habe es genossen, mich durch die Menschenmengen hindurchzuwühlen. Es war damals gerade Adventszeit, die Straßen glitzerten in vorweihnachtlichem Schmuck, und der Schnee auf den Christbäumen sah zauberhaft aus. Zu einem Christbaum aber gehört eine Familie, ein Mann, Kinder – ein Leben im Bereich der sogenannten Normalität. Doch was war schon normal? Was war die Norm? Hatte ich vielleicht eine eigene Norm? Mir wurde deutlich, daß ich meiner eigenen Norm folgen mußte – und das war das Leben in einem Kloster, da war ich mir ganz sicher. So wie Schwester Vera Marie, die mich in Innsbruck besuchte, wollte ich leben. An dieser Norm wollte ich mich orientieren.

In dieser Adventszeit 1976 entdeckte ich viel von der Gnade Gottes. Im Warten auf Entscheidungen für meine Zukunft wuchsen auch meine Erwartungen. Welche Länder ich noch sehen würde, war noch nicht klar. Wen ich treffen sollte, wo mein Betätigungsfeld liegen würde, lag im Dunkeln, doch ich fühlte mich trotzdem geborgen. Während der

Einkehrzeit beschäftigte ich mich verstärkt mit dem Leben Jesu, und die Einfachheit und Armut, die sein Leben von der Krippe bis zum Kreuz prägten, verstärkten meinen Wunsch, auch so leben zu wollen.

Bei meiner Rückkehr nach Salzburg stand Weihnachten unmittelbar bevor. Es sollte das letzte Weihnachtsfest in Europa für mich sein. Ich feierte dieses Fest mit gemischten Gefühlen, denn noch immer hatte ich mich nicht daran gewöhnt, solche familiären Feste in einer klösterlichen Frauengemeinschaft zu begehen. Vielleicht hatte ich auch einfach zu wenig Geduld mit mir selbst und mit meinen Gefühlen.

*

Im neuen Jahr nahm die bis dahin ungewisse Zukunft langsam Gestalt an. Ich bekam von der Ordensleitung mitgeteilt, ich solle nach Botswana geschickt werden. Ich war gern bereit, in dieses Land zu gehen, aber im Grunde wäre mir jedes Land recht gewesen. Auch der Ort war schon ausgesucht worden: Serowe.

Eine Schwester, die seit einiger Zeit in Serowe arbeitete, machte kurz Station in Salzburg und berichtete begeistert von ihrer Arbeit dort. Ich bewunderte sie und die vielen Erfahrungen, die sie in Afrika gesammelt hatte. In mir entstand nach und nach ein inneres Bild von Botswana, das geprägt war von einer wachsenden Liebe für die Bewohner dieses Landes. Die Frage, ob dieses Bild auch der Realität entsprach, stellte ich mir erst gar nicht.

Die äußeren Vorbereitungen wie die Verlängerung meines Ausweises, das Besorgen des Tickets und die nötigen Impfungen vermischten sich mit den Vorbereitungen für mein erstes Ordensgelübde, das ich sozusagen als Eintrittskarte zu diesem Abenteuer brauchte.

Ich weiß nicht, wie andere Ordensleute das Ablegen des Gelübdes empfinden; ich sah es als einen Schritt zur Vollwertigkeit an, als Bestätigung, nun richtig zu den Ursulinen dazuzugehören. Vor Jesus hatte ich jedoch mein Gelübde schon lange abgelegt.

Aufbruch in eine neue Welt

Botswana ist ein Entwicklungsland, das im südlichen Teil Afrikas liegt. In Salzburg war es nicht leicht, an detaillierte Informationen über Botswana heranzukommen. Außerdem war ich mit meiner Abreise so beschäftigt, daß ich meine Koffer packen mußte, ohne mir jegliches geographisches Spezialwissen aneignen zu können. Wenn ich dort wirklich mein weiteres Leben verbringen sollte, würde ich früh genug alles Notwendige über Land und Leute lernen. Ich erfuhr, daß ich in der Gemeinschaft, die mich aufnehmen sollte, die einzige Neue sein würde. So konnte ich sicher von den Erfahrungen der anderen Schwestern profitieren. Diese anderen Schwestern lebten bereits einige Jahre in Afrika und kamen aus vielen verschiedenen Ländern.

Am 5. April 1977 ging meine große Reise endlich los. Nach meinem herzlichen Abschied von den Salzburger Schwestern fuhr ich mit dem Auto am schönen Tegernsee vorbei zunächst nach München. Die Eltern von Schwester Vera Marie waren gerade bei ihr in Salzburg zu Besuch und wollten mich gemeinsam mit ihr zum Flughafen begleiten. Sie ahnten natürlich, wie schwer der Abschied für uns beide sein würde.

Uns stand lebhaft vor Augen, daß nun nichts mehr so sein würde wie bisher, denn die räumliche Trennung konnte selbst durch regen Briefwechsel nicht so einfach überbrückt werden. Mir blieb aber mehr in meinem Herzen als nur die Erinnerung an unsere gemeinsame Zeit in Salzburg. Schwester Vera Marie hatte mir ein Lebensprogramm und ein Lebensgefühl mitgegeben, die unauslöschlich über alle Veränderungen hinweg für mich prägend werden sollten.

Ich versuchte meine Aufregung souverän zu verbergen, was mir kläglich mißlang. Meine erste Reise über Europa hinaus stand unmittelbar bevor – und es sollte wirklich alles andere als eine Urlaubsreise werden! Bei meinem letzten Besuch zu Hause hatte mein Vater schon die Befürchtung geäußert, mich nie mehr wiederzusehen. Damals wie heute glaubte ich fest, daß wir alle in Gottes Hand stehen. Daß ich mir um meine Zukunft keine Sorgen machen mußte, war ein sehr tröstlicher Gedanke für mich, und bis heute bin ich davon überzeugt, daß Gott alles im Leben zum Guten hin wendet.

Der Abschied am Flughafen in München war kurz und schmerzhaft. Das Flugzeug machte noch eine Zwischenlandung in Frankfurt, wo ich für eine knappe Stunde meine Schwester Birgit mit ihrer Familie traf. Dann startete ich endgültig zu meinem Höhenflug in eine neue Zeit. Am nächsten Morgen um acht Uhr Ortszeit sollte ich in Johannesburg landen und von einigen meiner zukünftigen Mitschwestern empfangen werden. In Südafrika würde ich dann erst einige Zeit verbringen, um mich in dem mir so völlig fremden Kontinent einzuleben.

Mein Gepäck darf an dieser Stelle nicht unerwähnt bleiben. Da ich seit meinem Klostereintritt nur wenig über Mäßigung dazugelernt hatte, überschritt ich die erlaubte Kilozahl für das Handgepäck um ein Vielfaches. Der Koffer war nicht das größte Problem, aber die Reisetasche mit etwa 30 Kilo Büchern medizinischen und christlichen Inhalts entpuppte sich als wahrer Klotz am Bein. Zudem baumelte an mir noch eine Gitarre, die ich unmöglich zurücklassen konnte. In diesem Aufzug verließ ich in Johannesburg das Flugzeug und betrat zum ersten Mal afrikanischen Boden – oder vielleicht doch nicht?

Noch befand ich mich auf dem neutralen Boden des internationalen Flughafens, in dem mich einige Paßkontrollen erwarteten. Meine erste afrikanische Lektion bestand in der Erkenntnis, daß es auch auf diesem Kontinent eine aufwendige Bürokratie gibt! Seit einigen Tagen galt die Regel, daß man zusätzlich zu einem deutschen Paß auch ein Visum brauchte, das ich natürlich nicht hatte.

Da in Südafrika damals gerade große Unruhen herrschten,

hauptsächlich in Soweto, war jeder Einreisende ohne Rückflugticket, dazu noch eine so seltsame Person wie ich, erst einmal verdächtig. Folglich wurde ich zunächst in Gewahrsam genommen und saß in meiner dunkelblauen Nonnentracht, mit Büchern und Gitarre bepackt, im Innern des Flughafens fest – und war somit schier unerreichbar für mein Empfangskomitee.

Zwei Polizisten, die ihre Maschinengewehre locker auf den Boden gestützt hatten, nahmen mich in ihre Mitte. Wie auf einem Sünderbänkchen saßen wir drei zusammen, und ich glaube, wenn Schwester Vera Marie in diesem Moment bei mir gewesen wäre, hätten wir das Ganze als ein Abenteuer regelrecht genossen. Doch da ich alleine dort sitzen mußte, sah die Sache etwas anders aus.

Nach zwei Stunden gelang es den vor der Absperrung wartenden Schwestern, mich telefonisch zu erreichen. Während ich weiter warten mußte, erinnerte ich mich, daß an diesem Tag mein Vater seinen 70. Geburtstag feierte. Von seinen vier Kindern fehlte ich als einziges, und ich war dazu auch noch in Polizeigewahrsam. Es wurde 12 Uhr und 13 Uhr, nichts änderte sich an meiner Situation. Die südafrikanischen Schwestern versprachen mir, mich so schnell wie möglich aus dem Flughafengebäude herauszuholen. Ich vertraute ihnen, denn wer sonst konnte wohl in diesem Land etwas für mich ausrichten?

Es wurde Nachmittag, und die Polizisten wurden abgelöst. Ich hatte Hunger, denn die letzte Mahlzeit, die ich im Flugzeug zu mir genommen hatte, lag bereits einige Stunden zurück. Zwischendurch erkundigte ich mich immer wieder, wie es um meine Freilassung stünde. Vor lauter Angst wurde mein Englisch immer dickflüssiger.

Um 17 Uhr kam dann endlich eine Entscheidung zustande. Die Nachricht lautete, daß ich nicht einmal die nächste Nacht auf dem Flughafen verbringen, geschweige denn nach Südafrika einreisen dürfte. Noch am selben Tag hätte ich den Flughafen zu verlassen. Dazu gab es genau zwei Möglichkeiten, da nur noch zwei Maschinen an diesem Abend das Land von Johannesburg aus verließen. Das eine Flugzeug flog nach Frankfurt, wo ich gerade herkam, das andere nach Salisbury, dem heutigen Harare, der Hauptstadt von Simbabwe, das damals noch Rhodesien hieß.

Was sollte ich machen? Es war keine Oberin da, die ich hätte fragen können. Frankfurt hatte plötzlich einen geradezu verlockenden Klang für mich, und wie würden sich die Lieben freuen! Mir standen auf einmal die Geburtstagsfeier im Kreise der Familie und Schwester Vera Marie sehr lebendig vor Augen.

Ich hatte meine Schuldigkeit getan, Afrika wollte mich offensichtlich nicht, und ich wollte Afrika nicht. So einfach war das . . . doch es war zu einfach, so einfach, daß man widerstehen mußte. Die Passagiere checkten bereits für Salisbury ein, ich hatte jedoch weder ein Flugticket noch meinen Koffer. Nachdem ich nach einigen Telefonaten veranlassen konnte, daß meinen Eltern ausgerichtet wurde, ich sei gut angekommen, entschied ich mich, nach Rhodesien zu fliegen. Beinahe vergaß ich meinen Koffer, und mit 50 Kilo behängt, war ich dann doch die letzte Reisende, die an Bord ging.

Nachdem ich in Salisbury gelandet war, war die erste Frage des Flughafenpersonals: „Wo ist Ihr Visum für Rhodesien?"

★

Das Land befand sich seit einiger Zeit in einem schweren Bürger-, Stammes- und Befreiungskrieg. Das brachte mich auf eine gute Idee. Vor einigen Tagen hatte ich in der Zeitung von der Ermordung einiger Dominikanerinnen in Rhodesien gelesen. So beschloß ich, kühn zu sagen, daß ich genau in dieses Kloster wollte. Der Beamte, der mich abfertigte, hatte glücklicherweise ein weiches Herz, ich muß ihm wohl leid getan haben. Er rief die Dominikanerinnen an und veranlaßte, daß sie mich abholen kamen.

Mitten in der Nacht betrat ich, mittlerweile fast schon unerwartet, den verheißungsvollen Boden Afrikas. Ich wurde von den Schwestern in ein sehr großes Kloster gebracht und zur Oberin geführt. Sie erkannte sofort meine Lage, und was alles ein wenig erleichterte, sie war Deutsche, so daß ich mich in meiner Muttersprache mit ihr verständigen konnte.

Erst einmal bot sie mir ein großes Glas Cognac an. Seit vierzehn Stunden hatte ich nichts mehr gegessen. Meine Nonnenkleidung war ganz zerknittert, und ich konnte mir gerade noch den Schleier vom Kopf nehmen, bevor ich auf mein Bett sank. Die Wirkung des Alkohols war barmherzig, und ich fiel in einen Tiefschlaf, der erst durch das Läuten zum morgendlichen Gebet unterbrochen wurde.

Am nächsten Morgen machte ich mich schick, denn es war Gründonnerstag, ein von mir sehr geschätzter Tag im Kirchenjahr. Nach dem Frühstück berichteten mir die Schwestern, welchen Plan sie sich für mich ausgedacht hatten. Sie wollten mich am Abend in einen Zug nach Bulawayo setzen, wo mich wieder Schwestern ihres Ordens abholen und zu einem Zug nach Botswana bringen würden. Dort würde ich dann eine Ursulinengemeinschaft finden, zu der ich ja eigentlich gehörte. Ich war mit allem einverstanden, und nach dem feierlichen Abendgottesdienst bestieg ich mit meinem umfangreichen Gepäck den Zug, der mich meinem Ziel ein Stück näher bringen sollte.

Auch in Afrika gilt, daß zur Osterzeit viele Menschen unterwegs sind, so war der Zug bis auf den letzten Platz besetzt. Ich hatte einen Schlafplatz auf der dritten Etage gebucht. Bis ich mein Gepäck dort hinaufgehievt hatte, war eigentlich gar kein Platz mehr für mich selbst.

Daran, daß mich viele schwarze Gesichter anschauten, war ich noch nicht gewöhnt. Doch wie ungewöhnlich mußte erst mein weißes Gesicht, umrahmt von blonden Haaren, für diese Menschen gewesen sein! Bei dem Versuch, mir meinen Schlafplatz einzurichten, diente mir letztendlich meine Gitarre als Kopfkissen. Weil der Koffer den Rest des Liegeplatzes bedeckte, legte ich mich schließlich einfach auf alle meine Sachen drauf.

Meinen Schleier und die Nonnentracht entfernte ich diskret. Meine Mutter hatte mir für einen solchen Fall einen Jeansrock und eine Bluse mitgegeben. Zudem fand ich in der Bluse noch einen Fünfhundertmarkschein, den sie mir heimlich zugesteckt hatte. Ich hätte vor Rührung und Freude weinen können. So fuhr ich auf einem etwas ungemütlichen Lager Bulawayo und dem Karfreitag entgegen. Zur Toilette hätte ich eigentlich auch mal gemußt, doch sie diente einigen Passagieren als Sitzplatz.

In Bulawayo holten mich einige freundliche Dominikanerinnen am Zug ab, und gemeinsam fuhren wir in ihr Kloster, das schon ganz auf Karfreitag eingestimmt war.

Die Schwestern dort betrieben eine Hostienbäckerei, so daß das Fastenfrühstück aus Resten der Hostien, die man sich mit Wasser mischen konnte, bestand. Danach wurde mir zu meiner Erleichterung ein Badezimmer gezeigt, wo ich mich vom Reisestaub befreien konnte, um dann erfrischt in die Klosterkirche zu gehen. Dort fühlte ich mich gleich zu Hause, und das Gebet war eine echte Kraftquelle für mich.

Der Tag im Kloster verging sehr schnell, und mittags um drei Uhr wurde ich wieder zum nächsten Zug gebracht, in dem ich dieses Mal 31 Stunden verbrachte. Der Zug fuhr recht langsam, und die Fahrt war trotz der Enge einigermaßen bequem.

An der Grenze nach Botswana wurde ich zu meiner Überraschung weder kontrolliert noch nach meinem Paß gefragt. Am Samstag um 22 Uhr war ich also endlich in Botswana angelangt. Einige Ursulinenschwestern holten mich vom Bahnhof ab, und unversehens fand ich mich in einem afrikanischen Ostergottesdienst wieder.

Meine Reise war zwar noch nicht ganz beendet, aber in meinem Herzen verspürte ich doch so etwas wie Osterjubel. Ich war mir ganz sicher, daß Jesus auch in meinem Herzen auferstanden war. Was immer auf mich zukommen sollte, aus dieser Tatsache wollte ich die Kraft für mein neues Leben schöpfen.

Dazugehören oder nicht

Am Ostermorgen zog ich meine österreichische Nonnenmontur an. Nach dem Gottesdienst wurde mein Gepäck samt Gitarre auf der Ladefläche eines Transportfahrzeuges verstaut, um mich meinem Ziel näher zu bringen. Nach fast dreistündiger Fahrt kamen wir ziemlich durchgerüttelt in Serowe an, einem Ort, der angeblich das größte Dorf Afrikas sein soll. Die Ortseinfahrt zu meiner zukünftigen Wirkungsstätte konnte ich gar nicht richtig würdigen, da ich schrecklich müde war, was ich mir vor meinen neuen Mitschwestern natürlich nicht anmerken lassen wollte. Die Schwesternschaft bestand aus drei Amerikanerinnen – davon war eine die Oberin –, drei Engländerinnen, einer Jugoslawin, und nun gehörte auch ich dazu. Die gemeinsame Sprache, auch im Gebet, war Englisch.

Wir wurden österlich empfangen, und ein großes Mittagessen wartete auf uns. Mir wurde nur allmählich klar, daß die Ursulinenschwestern in Serowe mit meinem Erscheinen überhaupt noch nicht gerechnet hatten, da sie davon ausgegangen waren, daß ich vor meiner Ankunft einige Zeit in Südafrika verbringen würde.

Ich packte also erst einmal meine Sachen aus, zog mich in mein Zimmer und letztlich auch in mich selbst zurück. Weit und breit war keine Person, der ich mein Vertauen hätte schenken können. Die Mitschwestern, so stellte es sich bald heraus, waren beruflich ganz anders orientiert als ich. Hätte ich nicht schon in Salzburg ahnen können, daß ich hier in Serowe wieder einmal eine Sonderstellung einnehmen würde?

Drei meiner Mitschwestern waren Lehrerinnen. Das waren

ausgerechnet die drei Amerikanerinnen, die mir den Eindruck vermittelten, Amerika wäre der Nabel der Welt. Sie waren es auch, die die Gesprächsthemen und sogar den amerikanischen Speiseplan festlegten. Ich hätte nie gedacht, daß ich diesbezüglich so empfindlich sein könnte. Auch die drei englischen Schwestern waren im Lehrfach tätig. Zwei von ihnen unterrichteten in unserem hauswirtschaftlichen Zentrum, die andere in der benachbarten Grundschule. Anders verhielt es sich mit der Schwester aus dem damaligen Jugoslawien, altersmäßig stand sie mir am nächsten und wirkte sehr selbständig, unabhängig und kritisch.

Man versuchte auch hier wieder, sinnvolle Tätigkeiten für mich zu finden. Es wurde also ein Bündel an Aufgaben für mich zusammengestellt. Zudem wurden mir ein Buch und zwei Kassetten gegeben, damit ich die Sprache Setswana lernen konnte. Letzteres fiel mir sehr schwer, hatte ich doch noch nicht genügend Kontakt zu den Einheimischen, um die Sprache auch anzuwenden.

Da ich im Besitz des Führerscheins war, wurde ich auserwählt, die Schwestern herumzufahren. Im Chauffieren hatte ich bereits in Salzburg Erfahrungen gesammelt, wenn auch nicht im „Staubstraßenfahren". Durchs Autofahren kam ich dann endlich zu meinen ersten hautnahen Afrika-Erfahrungen, und bald kannte ich mich in meinem neuen Heimatort Serowe ganz gut aus. Ich erledigte fast alle Besorgungen, die man zu Fuß nicht bewältigen konnte.

Zwei Wochen lang mußte jede Schwester die Haushaltsführung übernehmen, was den Einkauf für zehn Erwachsene und die Zubereitung der drei Mahlzeiten, die dem internationalen Geschmack entsprechen mußten, beinhaltete. Mir bereitete diese Aufgabe zwar ganz ordentliche Schwierigkeiten, aber zugegeben hätte ich das nie. In Schwester Martha fand ich jedoch eine echte Stütze bezüglich der hauswirtschaftlichen und anderen lebenswichtigen Fragen. Da sie eine sehr mütterliche Art hatte, fiel es ihr nicht schwer, mich zu verstehen. Trotzdem vermißte ich eine enge Freundin, einen Zufluchtsort für meine Probleme und für alle Gedanken, die mich in meiner neuen Umgebung beschäftigten.

Ich sehnte mich nach meiner Ausbildungszeit zurück, vor

allem aber nach Schwester Vera Marie. Doch die Marschrichtung war nicht zurück, sondern nach vorne, in die Zukunft. Meine Eingewöhnungsversuche trugen glücklicherweise langsam Früchte. So lernte ich zu akzeptierten, daß sich fast alle Gespräche im Kloster um die Schule drehten. Ich schloß mich einer Schwester an, die die Schulbibliothek betreute und mich ins Katalogisieren einwies. Auf diese Weise vernachlässigte ich zwar meine Sprachstudien, aber ich lernte viele Bücher und, was noch wichtiger war, viele einheimische Schülerinnen und Lehrer kennen.

Ich wollte so gerne richtig zu den Schwestern dazugehören, doch das war gar nicht so einfach. Da waren zum einen die Leistungen im Beruf, die anscheinend für die Schwestern hier sehr wichtig waren. Jede hatte abends etwas zu erzählen und Erfolge vorzuweisen. Offen wurden diese Erfolge natürlich nicht präsentiert, denn der Konkurrenzkampf, den wir führten, fand auf sehr subtile Art und Weise statt. Wir waren alle junge, gesunde, intelligente Frauen, die über eine ausgezeichnete Ausbildung verfügten. Es gab keine ältlichen oder gar bettlägerigen Schwestern, deren Aufgaben auf Gebet, Gespräch und Geduld beschränkt gewesen wären. An diesem Ort begann ich, gerade diese Schwestern, die ich in Salzburg als große Hilfe erfahren hatte, zu vermissen.

Gern hätte ich hin und wieder in unserem Kloster eine Person aufgesucht, die weniger leistete als ich und alles von einer anderen Warte aus betrachtete. Statt dessen ließ ich mich für alle möglichen Aufgaben einspannen und empfand es als völlig normal, mitten in der Nacht 300 Kilometer zu fahren, um nach einer Mitschwester zu suchen. Ich fuhr mal eben schnell in die Hauptstadt des Landes, weil in der hauswirtschaftlichen Schule etwas fehlte. Mein Leben wurde rast- und ratlos, denn meine Hauptaufgabe wurde es, mich in diese Leistungsgemeinschaft im Kloster irgendwie einzufügen, ohne etwas zurückzubekommen. Niemand bemerkte, daß ich mir diesen Erwartungsdruck selbst auferlegte, vielleicht noch nicht einmal ich selbst.

Über meinen eigentlichen Beruf redete nur sehr selten jemand von den Schwestern, so daß ich von mir aus das Thema auch nicht anschnitt. Als Folge dieser Entwicklung erschien mir meine Berufung immer seltsamer und auch sinnloser. Es mußte etwas geschehen; also machte ich mich eines Tages zum nahegelegenen Krankenhaus auf, das sich als ein mittelmäßiges Buschkrankenhaus mit einem norwegischen Chefarzt entpuppte.

Das Ärzteteam dort bestand aus drei Leuten, die eine Klinik mit etwa hundert Betten zu versorgen hatten. Es waren eigentlich immer doppelt so viele Patienten da, weshalb nicht nur die Betten, sondern auch die Fußböden stets voll belegt waren. Die Krankenschwestern waren meist einheimische Frauen, die eine mehr oder weniger gute Ausbildung hatten.

Vor diesem Krankenhaus gab es so etwas wie eine Armenklinik. Die zwei Männer, die hier „regierten", waren für viele Bereiche verantwortlich. Sie fingen die Patienten ab, die ins Krankenhaus wollten, verkauften ihnen für etwas Geld Eintrittsmarken, die zu einer Behandlung berechtigten, gaben Medikamente oder ärztliche Rezepte weiter und behandelten sogar in einigen Fällen die Kranken selbst. Zweimal in der Woche zogen sie Zähne. Ich beobachtete ihre Tätigkeit und bot mich freiwillig an, diese Aufgabe in Zukunft zu übernehmen. So bekam ich meine „Grundausbildung in afrikanischer Zahnmedizin".

Dienstags und donnerstags ging ich in die Armenklinik und besah mir ängstlich staunend die Menschenschlange, die vor der Hütte in der Sonne bereits auf mich wartete. Bei jedem dieser Patienten verlief die Behandlung ungefähr so: Zunächst setzte ich eine Spritze und wartete ab, bis die Betäubung wirkte. Dann wurde der Patient auf einen Küchenstuhl gesetzt, den Kopf lehnte er gegen die Wand, und ich zog den kranken Zahn. Die gezogenen Zähne legte ich auf die Fensterbank, manche Patienten nahmen sie auch als Trophäe mit nach Hause. Ehe ich mich auf den Heimweg machte, hielt ich mit Blick auf die Fensterbank Abrechnung.

Auf diese Weise kam ich nicht aus der Übung und konnte ein bißchen Zahnärztin spielen. Endlich hatte auch ich zu Hause im Kloster etwas zu erzählen und konnte wie meine Mitschwestern in eine gesellschaftlich anerkannte Rolle schlüpfen.

Nach drei Monaten erhielt ich einen Anruf, daß ich nun

ein Visum für Südafrika bekommen hätte. Der Zeit des Einlebens folgte nun eine neue Phase. Da ich unverhofft ohne längere Eingewöhnungszeit gleich nach Serowe gekommen war, sollte jetzt die ursprünglich geplante Zeit in Südafrika nachgeholt werden. Das hieß, daß mir ein erneuter Wechsel bevorstand und ich wieder von vorne anfangen mußte. Ich wußte nicht, ob ich erleichtert oder niedergeschlagen sein sollte, doch ich wurde sowieso nicht nach meiner Meinung gefragt. Es blieb mir also nichts anderes übrig, als zu gehorchen.

Ich war noch gar nicht lange in Afrika, doch es stiegen bereits langsam ungute Gefühle in mir hoch. Wieder würde ich in eine neue Gemeinschaft aufgenommen werden, doch wann würde ich die wiedersehen, in die ich mich gerade eingelebt hatte? Ich versuchte alles als Herausforderung und Abenteuer zu sehen, denn ich hatte ja meine Zukunft in Gottes Hand gelegt und wollte meinen Gefühlen nicht so schnell nachgeben. Gott würde den Weg ebnen, der vor mir lag.

*

Mit einem kleinen Koffer als Reisegepäck fuhr ich mit einigen zukünftigen Mitschwestern auf endlos wirkenden Sandstraßen in Richtung der Grenze von Botswana. Dabei überquerten wir den berühmten Fluß Limpopo, in dem ich Hunderte von Krokodilen erwartete, aber nie eines sah. Ohne daß wir es recht bemerkten, befanden wir uns plötzlich in Südafrika, wobei mir eines schlagartig auffiel: Schwarze und Weiße bildeten hier zwei verschiedene Welten, auf deren Grenzen peinlich genau geachtet wurde. Die Schwarzen begegneten uns mit ungewohnter Zurückhaltung und großem Respekt. Das war ich von Botswana nicht gewöhnt. Die Weißen sprachen hier ihre eigene Sprache namens Afrikaans, das ähnlich wie Holländisch klingt. Ich mußte mir große Mühe geben, um ihrer Unterhaltung folgen zu können.

Nach einiger Zeit näherten wir uns Johannesburg, einer der saubersten Städte, die ich bis dahin gesehen hatte. Doch unser Weg führte uns noch weiter, und wir erreichten bald das 2.000 Meter hoch gelegene Krügersdorp, wo mir Villenreihen mit Swimmingpools in all ihrer Pracht entgegenblitzten. Ein Garten Eden präsentierte sich mir, auf afrikanischem Boden kultiviert, von Schwarzen bearbeitet und von Weißen genossen. Noch war mein politisches Urteilsvermögen nicht so sensibilisiert, daß ich die Tragweite des Unrechts hätte ermessen können, doch das änderte sich bald.

Alle Zähne sind weiß

Die dreißig Schwestern, die mich in meiner neuen Gemeinschaft umgaben, waren mittelalt bis alt. Sie stellten ein recht beachtliches Häuflein von weißen Bräuten Christi dar, die auf einer weißen Insel in einem grünen Garten lebten und denen es an nichts fehlte. Die Schule, die sie betreuten, wurde von weißen Mädchen mit englischen Uniformen besucht. Alles schien in englischem Muster gestrickt zu sein, und ich begriff schnell, daß ich es mit der Oberschicht des Landes zu tun hatte.

Ein wohlmeinender Fabrikant versorgte das Kloster mit Polyacrylstoffen, damit die Schwestern mit praktischen, pflegeleichten Uniformen ausgestattet werden konnten. Mir wurde auch gleich eines dieser besonders adretten Gewänder verpaßt, nur konnte leider keiner meine Abneigung gegen diese Plastikkleidung verstehen. Rein äußerlich hatte ich mich in die Riege der Streiterinnen Gottes eingegliedert, aber innerlich lehnte ich mich gegen meine neue Lebenssituation auf. Die Kunstfaser verursachte ein schier unerträgliches Jucken, aber auch unter meiner Haut fühlte ich mich nicht wohl.

Wieder einmal paßte ich mit meiner Ausbildung nicht in das Aufgaben- und Interessenfeld meiner Mitschwestern. Drei Schwestern waren zwar in meinem Alter, aber unsere Charaktere waren völlig verschieden, zudem verstand ich sie sprachlich nicht sehr gut. Doch auch in dieser Klostergemeinschaft sollte sich der Besitz meines Führerscheins bezahlt machen, so daß ich gleich am zweiten Morgen losgeschickt wurde, um mit dem Auto in die Stadt zu fahren. Mir wurde eine Schwester zur Seite gestellt, die ebenso wie ich kein bißchen ortskundig war. Ich war noch nie in einer so großen

Stadt wie Johannesburg Auto gefahren, doch irgendwie fand ich letztlich das anzusteuernde Krankenhaus.

Durch diesen Fahrdienst war ich den ganzen Tag beschäftigt, deshalb vergingen die ersten Tage in meiner neuen Umgebung schneller als befürchtet. Darüber, was nun langfristig mit mir anzufangen wäre, mußte bald eine Entscheidung fallen. Gemeinsam mit meiner Oberin besuchte ich den Dekan der Universitätszahnklinik in Johannesburg, der mich gleich als Aufsicht für seine Studenten in der chirurgischen Abteilung einstellen wollte. Mir wurde erklärt, daß eine Zulassung von der Zahnärztekammer in Südafrika nicht schwer zu bekommen war. Also wurde eine Monatskarte für den Zug gekauft, und einige Tage später machte ich mich in aller Frühe auf den Weg. Nonnen waren als Kolleginnen an der medizinischen Fakultät noch nie vorgekommen. Trotzdem schlüpfte ich morgens in meine weiße OP-Montur und sah den Studenten beim Zähneziehen zu, was auf die Dauer natürlich langweilig war. So nutzte ich gerne die Gelegenheit, in schwierigen Fällen selbst zur Zange zu greifen.

Langsam begriff ich, daß zwar in Südafrika alle Zähne weiß waren, aber sogar die benutzten Instrumente streng nach Hautfarbe getrennt wurden. Einige farbige Studenten hatten es geschafft und die Hürden zur Aufnahme des Studiums genommen, durften aber ihrerseits nur die „farblich passenden" Patienten behandeln. Dadurch verkleinerte sich auch ihr Übungsfeld, und das führte dazu, daß sich ihre Studienzeiten oft erheblich verlängerten.

Diese traurigen Erfahrungen, die ich tagsüber machte, belasteten mich, doch ich hatte niemanden, mit dem ich darüber hätte reden können. Ich war immer noch ein Grünschnabel, dem es nicht zustand, die in langen Jahren gewachsenen Strukturen zu beurteilen oder gar zu kritisieren. Es gab zwei ältere österreichische Schwestern in der Gemeinschaft, die mich etwas besser verstanden als die anderen. Eine von ihnen hatte lange in Soweto gearbeitet. Mit ihr besuchte ich sonntags einen schwarzen Gottesdienst, in dem *wir* die Andersfarbigen waren, aber dennoch wurden wir wie Familienmitglieder aufgenommen. Die Gottesdienste waren sehr lebendig, in ihnen wurde gesungen, gebetet, getanzt und gelacht. In der Gemeinde in Soweto befand ich mich endlich wieder im Herzen Afrikas, wie ich es bereits in Botswana kennengelernt hatte.

An einigen anderen Wochenenden fuhr ich mit ein paar Schwestern in einen weiteren Stadtteil Johannesburgs, wo sie eine Mädchengruppe betreuten. Auch wenn wir nur wenige Kilometer Autobahn zurückgelegt hatten, befanden wir uns doch plötzlich scheinbar mitten in Asien, da in diesem Viertel nur Inder wohnten. Dort war alles indisch, auch die Mischung der Bräuche und Religionen. Moslems, Hindus und Christen lebten dort vereint durch ihre Hautfarbe zusammen, und so erlebte ich Asien in Afrika.

Der Professor, bei dem ich in der Klinik arbeitete, nahm mich nach Soweto mit, wo das größte Krankenhaus Afrikas stand. Endlose Häuserreihen und Hütten wechselten sich ab mit schmalen Rasenstücken und Asphalt. In Soweto gärte es politisch seit den Aufständen von 1976 ohne Unterbrechung. Arme und Reiche, legale und illegale Einwohner, Nüchterne und Betrunkene lieferten sich verzweifelte Straßenschlachten, und immer wieder waren in fast allen Familien Angehörige zu betrauern.

Wir sahen in diesem Krankenhaus viele Aussätzige und Menschen, die nach Mißhandlungen in Untersuchungshaft gestorben waren. Auf ihren Totenscheinen standen oft zweifelhafte Todesursachen. Klagende Mütter zogen auf der Suche nach ihren Kindern durch die Straßen, ohne die Hoffnung, sie jemals wiederzusehen. Dubiose Zauberer versprachen, das Unmögliche möglich zu machen und verabreichten Kranken so manches widerliche Gebräu. Viele Menschen trugen Stammestrachten, da die Hautfarbe als Erkennungszeichen allein nicht ausreichte. Hinzu kam ein unheimliches Sprachengewirr. Wenn ich einmal geglaubt hatte, mit meinen Deutsch-, Französisch- und Englischkenntnissen ganz schön gebildet zu sein, erwies sich das schnell als Trugschluß, denn bereits kleine Kinder sprachen Fremde auf der Straße ohne Schwierigkeiten in fünf verschiedenen Sprachen an.

Ich befand mich jedoch im Schlepptau meines Herrn Professors und mußte mich immer gleich in den OP begeben, wo ich Haken und Tupfer hielt. Zu Hause im Kloster erzählte ich wenig von meinen Expeditionen, denn es hätte sowieso niemanden wirklich interessiert.

In den folgenden Semesterferien war eine Exkursion nach Kwa Zulu (dem Bundesstaat Natal an der Ostküste Südafrikas) geplant, an der auch ich teilnehmen sollte. Es war geplant, daß ich in einem nahegelegenen Kloster untergebracht werden konnte, während die Studenten zelteten. Leider erfuhr meine Oberin von diesen Überlegungen und verweigerte mir ihre Erlaubnis zu dem Unternehmen, weil ihr meine vielen Ausflüge langsam nicht mehr ganz geheuer waren.

Ihre Entscheidung beendete abrupt meine Unikarriere, und ich saß wieder in meiner kratzenden Plastikmontur im Kloster. Zu allem Übel bekamen wir mitten in der größten Sommerhitze noch lange Strümpfe verpaßt, da es Schwestern nicht erlaubt war, „unten ohne" herumzulaufen. Langsam aber sicher machte sich hartnäckiges Unverständnis und eine wachsende Ungeduld mit alledem in mir breit. Doch schon bald nahte meine Rettung.

*

Aus Botswana bekam ich von meinem zukünftigen Chef einen Brief, in dem er wissen wollte, wann ich endlich kommen könnte. Diese Frage war wie eine Erlösung für mich. Also ging ich mit meiner Oberin den Vertrag durch, unterzeichnete ihn und versprach, am 1. Dezember 1977 arbeitsbereit zu sein.

Wieder einmal hieß es für mich Abschiednehmen, was mir in diesem Fall wahrlich nicht schwerfiel. Endlich sollte ich einen Platz finden, an den ich gehörte, und die Zeit des Umherziehens würde vorbei sein. Ich würde endgültig zu einer Gemeinschaft gehören, und endlich würde ich zeigen können, was in mir steckte, und nicht wieder mit einem Berg von zweitrangigen Beschäftigungen überhäuft werden. Ich wollte der Aufgabe nachgehen, der ich auch gewachsen war, und nicht dauernd unter dem Streß stehen, mich beweisen zu müssen. Ich hatte nur einen ganz einfachen Traum: Als Zahnärztin und als Schwester wollte ich in Serowe leben und arbeiten, als bunte Mischung aus Schwester Natanjah und Frau Doktor.

Ich packte wieder meine Koffer und verließ mein Zimmer, als hätte ich nie darin gelebt. Ängste, Träume, Freud und Leid hinterlassen keine Löcher in den Wänden, Tränen und Heimweh hinterlassen keine Spuren im abgezogenen Bett. In meinem Herzen hatten die letzten Jahre jedoch bereits Rillen und Furchen hinterlassen. Die Illusionen der Anfangszeit waren noch nicht ganz gewichen, doch die Realität machte sich langsam in meinem Bewußtsein breit.

Endlich zurück in Botswana

Die letzten Tage in Krügersdorp vergingen sehr schnell. Am Tag der Abreise war ich in wenigen Minuten reisefertig, hatte ich doch gelernt, überflüssige Dinge auszusortieren; also ließ ich auch das Polyacrylkleid samt Strümpfen diskret zurück. Ich wurde von meinen Mitschwestern in einen Zug gen Botswana gesetzt und hatte Afrika wieder für mich allein.

Die Reise heimwärts in das sympathische Botswana erfüllte mich besonders mit Vorfreude, weil dort die Hautfarbe nicht so wichtig war wie in Südafrika. So mischte ich mich glücklich unter die Menschenmenge, die sich in den Zug drängte.

Am Bahnhof in Serowe warteten zwei meiner Mitschwestern, um mich mit dem Auto abzuholen, denn mit all meinem Gepäck hätte ich unmöglich einen öffentlichen Bus nehmen können.

Die Sonne ging auf, als wir Serowe erreichten, so daß ich gerade zum Morgengebet im Kloster ankam. Es folgte ein gemeinsames Frühstück, und ich hatte das Gefühl, daß ich dieses Mal wirklich dazugehörte. Ich war nun ein Teil des Ganzen und wollte das auch von ganzem Herzen sein. Haushalt, Putzen, Einkaufen, Finanzen, Zeiteinteilung für die Schwestern gehörten nun auch zu meinen Aufgaben, und das gefiel mir.

Zum 1. Dezember sollte mein Dienst in der Klinik beginnen, die eigentlich noch gar nicht richtig existierte. In einer kleinen Hütte wurde ein alter Zahnarztstuhl aufgestellt, davor gab es ein Wellblechdach und ein Bänkchen, auf dem die wartenden Patienten Platz nehmen konnten.

Am ersten Tag meiner Tätigkeit kam leider kein Patient, denn was sollte das für ein Doktor sein, der nur für Zähne zuständig war? Man war ja bisher auch ganz gut ohne meine Anwesenheit ausgekommen. Also verbrachte ich die erste Woche mit Putzen, Verschönerungsarbeiten und Sortieren. Eine unausgebildete Krankenschwester wurde mir zur Seite gestellt, die schnell erkannte, daß ich fest entschlossen war, hart zu arbeiten. Sie hingegen überlegte sich eine spezielle Art der Arbeitsteilung, bei der sie sich für das Ausruhen entschied und mir die Arbeit überließ. Da meine Sprachkenntnisse in Setswana noch sehr dürftig waren, konnte ich mich ihr gegenüber leider nicht gut verständlich machen. Nach meinen Erfahrungen in Südafrika hätte ich mich auch geschämt, ihr von oben herab Aufträge zu erteilen.

Mein erster Patient war ein sogenannter MP, worunter ich mir nichts vorstellen konnte. Beim Mittagessen fragte ich meine Sprechstundenhilfe, was denn ein MP wäre. Sie gab mir zur Antwort, daß MP „Member of Parliament" bedeutete, was einem deutschen Bundestagsabgeordneten gleichkommt. Im Gegensatz zu Deutschland, Österreich oder Südafrika legten die Einwohner Botswanas keinen Wert auf eine Sonderbehandlung „wichtiger" Leute. Ob nun ein Häuptling, Präsident oder sonst ein akademisch gebildeter Mensch in eine Praxis kam, er wurde genau wie jeder andere behandelt.

Anders als in den sozialistischen Ländern Afrikas gab es im kapitalistischen Botswana widersprüchlicherweise keine Standesunterschiede. Es standen keine fähnchenwinkenden Kinder am Straßenrand, wenn der Präsident zu Besuch kam, und große Feiern, Ehrungen und Beerdigungen waren Volksfeste für jedermann. Wurde hochrangiger Besuch erwartet – was in Serowe, dem Geburtsort des Präsidenten, oft vorkam –, wurde gemeinschaftlich gekocht und das Dorf geschmückt. So war auch die ärztliche Versorgung grundsätzlich für alle gleich.

Langsam aber sicher kamen immer mehr Leute zu mir in die Praxis, wobei manche bestimmt nur aus Neugier, andere jedoch mit wirklichen Beschwerden kamen. An einigen Tagen war der Andrang sehr groß, ein anderes Mal verirrten sich nur streunende Hunde zu mir, die Schutz vor der sengenden Sonne suchten. Ich beriet mich mit meinem Vorgesetzten, wie ich meine Zeit sinnvoll nutzen könnte, und er schickte mir eine gute Assistentin, deren Name Dorothee war. Sie war nur etwa 1,50 Meter groß, mindestens im sechsten Monat schwanger, sprach ein bißchen Englisch und zog Zähne, indem sie sich auf die Zehenspitzen stellte und sich mit ihrem dicken Bauch am Stuhl abstützte.

Wir stellten bald einen Plan auf, nach dem wir die umliegenden Schulen besuchten, denn mir war klar, daß ich nicht vorrangig Politikern ihre Löcher füllen wollte, sondern daß vor allem die Gesundheitsvorsorge eine wichtige Aufgabe war. Natürlich brauchte alles eine gewisse Anlaufzeit, doch ich war, wie so oft, ungeduldig und wollte sofort die Früchte meiner Arbeit sehen.

Es war Dezember, Hochsommer in Afrika und somit Regenzeit. Ich hatte keine Ahnung, was das in einem Wüstenland heißt, in dem es fast keine Teerstraßen gibt. Nach einigen Gewittern und heftigen Regenfällen verwandelte sich meine Umgebung in ein riesiges Schlammloch, während es endlos weiterregnete. Die natürliche Folge des Wetters war, daß meine Patienten ausblieben. Entweder waren sie auf dem Land, um Mais anzubauen, oder sie kamen einfach nicht bis zu mir, da die Straße zum nächsten Ort überflutet war. Leider geschahen durch diesen Umstand viele Autounfälle, so daß wir mehr Arbeit als sonst im OP hatten. An meine geliebten Schulbesuche war überhaupt nicht mehr zu denken. Was mich aber besonders betrübte, war das Ausbleiben der Postzustellungen während dieser Zeit.

Wenn ich mit Küchen- und Einkaufsdienst an der Reihe war, fiel unser gemeinsames Mahl oft recht karg aus, da ich häufig zu spät aus der Klinik kam, um mich rechtzeitig der Hausarbeit zuwenden zu können. Ich ärgerte mich dann über mich selbst, wurde unruhig, fühlte mich gehetzt und überfordert. Jeder Kieferbruch war ein Wettlauf mit der Uhr, weil ich mich jedesmal fragte, ob ich noch pünktlich zum Abendgebet kommen würde und noch genügend Zeit hätte, um das Essen vorbereiten zu können. Alles, was ich dabei erntete, waren mißbilligende Blicke meiner Oberin, die wohl den Eindruck hatte, ich wollte mich vor der Arbeit drücken.

Über meine Überforderung konnte ich leider mit niemandem sprechen, es hätte mich auch sicher keiner verstanden. Statt mich dem Gebet zu widmen, vertiefte ich mich lieber in meine Anatomiebücher, und an manchen Tagen wurde mir bereits nach dem Frühstück ganz schlecht, wenn ich an die komplizierten Fälle in der Klinik dachte. Mein Leben war nicht mehr jesusbezogen, sondern zahnbezogen.

Wieder einmal rückte Weihnachten näher, das in Botswana mitten in den Hochsommer fiel.

Meine Mutter hatte mir per Luftpost einen Christstollen geschickt. Als ich davon aß, blieb mir vor lauter Heimweh der erste Bissen fast im Hals stecken.

*

Der Haupt- und Marktplatz in Serowe bestand aus der Post, einem Supermarkt, der monatlich seinen Besitzer wechselte, und einem Getränkeladen, in dem man nach englischer Sitte nur zu bestimmten Zeiten Alkohol kaufen durfte. Ansonsten tummelten sich auf dem Markt einige wenige Händler, dazwischen Ziegen, die versuchten, einiges von dem herumliegenden Unrat anzuknabbern. Es gab außerdem noch drei weitere Geschäfte im Ort, eines ganz in unserer Nähe, das bereits seit langer Zeit der Familie Watson gehörte. Den Laden führte Ray Watson, eine liebe und in der örtlichen Gemeinde sehr engagierte Frau, die bald meine beste Freundin wurde. Man konnte hier alles kaufen, angefangen bei Lichtmaschinen über Reizwäsche bis hin zu Ketchup. Zunächst hatte ich mich gewundert, daß keiner der Läden ein Schaufenster hatte, bis mir aufging, daß wohl keine Glasscheibe einen Weg von Hunderten von Kilometern Holperweg unbeschadet überstehen würde.

Bald mußte ich erfahren, daß der Genuß von Alkohol in Botswana ein großes Problem war. Ich stellte die Folgen des Alkohols vor allem an meinen Patienten fest, die häufig mit zertrümmerten Kieferknochen zu mir kamen. Die sonst so friedliebenden Menschen entwickelten sich im Alkoholrausch förmlich zu Ungeheuern. Schlimme Folgen hatten auch die vielen Autounfälle, bei denen Trunkenheit am Steuer eine Rolle spielte. Viele dieser Unfälle verliefen tödlich, und wir Zahnärzte hatten die traurige Pflicht, den Leichenbeschau zu übernehmen, um die Opfer anhand des Gebisses eindeutig identifizieren zu können.

Im Krankenhaus wurde ich bald zu einer geschätzten Kollegin, denn man konnte einiges an Arbeit auf mich abwälzen. Alles, was Gesicht, Mund und Kiefer anging, sollte ich angeblich erfolgreich behandeln können. Also bekam ich einen eigenen Operationstag eingerichtet, an dem mir eine Anästhesie- und eine assistierende Krankenschwester zur Seite gestellt wurden. Um Rat konnte ich jedoch niemanden fragen, obwohl ich mir das oft genug gewünscht hätte.

Unfälle ereignen sich leider nicht immer während der Sprechzeiten, so daß in mancher Nacht jemand von der Ambulanz vor der Klostertür stand, um mich zu holen. Dadurch wurden meine Mitschwestern immer wieder gestört, und es kam Unruhe ins Haus. Vor meiner Anwesenheit im Kloster war das Leben für die anderen leichter gewesen.

Mir war vor allem vor den OP-Tagen immer etwas bange, so daß ich oft bis spät in die Nacht meine Anatomiebücher studierte. Dabei wurde mir erst so richtig bewußt, was man alles falsch machen konnte, deshalb fiel es mir oft schwer einzuschlafen. Um sechs Uhr war die Nacht vorüber, aber das Gebet und die Morgenandacht waren immer wieder ein wunderbarer Start in den Tag.

Mein Leben war mehr und mehr zur Routine geworden. Ich war froh, die Eingewöhnungsphase mit allem Neuen und Ungewohnten hinter mir zu haben. Endlich konnte ich mich wieder meinen Privatangelegenheiten widmen, und mir wurde immer bewußter, wie sehr mir Schwester Vera Marie fehlte. Schreiben allein genügt eben nicht, um eine intensive Freundschaft zu pflegen. Wenn ein Brief von ihr kam, war das wie ein kleines Fest für mich, deshalb sparte ich mir den Brief immer bis zum Abend auf, um ihn im Kerzenlicht zu lesen und getröstet einzuschlafen.

Wenn ich aus der Klinik kam, ging ich oft an Watsons

Geschäft vorbei und besuchte Ray, die ich sehr gern hatte. Ihr Gottvertrauen beeindruckte mich, und ich profitierte immer wieder von ihrer Lebensweisheit. Sie sprach Setswana, die Sprache der Eingeborenen, und erklärte mir die Familienstrukturen und die Bräuche des Landes, wozu auch der weit verbreitete Aberglaube der Leute gehörte.

Samstags, wenn der Laden geschlossen wurde, ging sie in die Kirche, um den Raum für den Sonntagsgottesdienst zu schmücken, wobei ich ihr gerne half. Ray erschien mir so fest und verläßlich wie eine Kirchensäule. Gemeinsam mit ihren beiden Schwestern, die ebenso wie Ray verwitwet waren, machten wir samstags nachmittags Besuche im Krankenhaus, bei denen wir zu den Schwerkranken, Einsamen und Verzweifelten gingen, um mit ihnen zu reden und zu beten. Durch diese Besuche begann ich das Krankenhaus von einer anderen Seite zu sehen, denn dann war ich nicht mehr nur die Frau Doktor. Während dieser Begegnungen mit den Kranken war ich kein Handlanger der Schulmedizin, sondern Handlanger Gottes, und wir merkten oft, daß Tabletten und Spritzen ein schwacher Trost gegen die Kraft des Gebetes waren.

Außerdem machten wir Hausbesuche, wobei man eigentlich besser Hüttenbesuche sagen müßte. Wenn wir mit dem Auto vorfuhren, wußten die Bewohner: Jetzt wird über das Wesentliche im Leben gesprochen, sie werden getröstet und können ihre Nöte im Gebet vor Gott bringen.

Bei Ray fühlte ich mich sehr wohl, da sie mir viel Freiheit ließ und nichts von mir verlangte. Bei jeder Mahlzeit stand sofort ein Extrateller für mich bereit. Durch meine Jugend brachte ich frischen Wind in ihr Haus, und so manchen Abend trafen wir uns bei ihr zum Kartenspiel. Das Zusammensein war oft so fröhlich, daß ich mich erst sehr spät klammheimlich durch die Dunkelheit zum Kloster zurückschlich, wo mich jedoch ohnehin niemand vermißte.

*

In meiner Klinik hatte sich einiges geändert, denn wir zogen endlich in das Gebäude, das für unsere zahnmedizinische Abteilung vorgesehen war. Misereor hatte gute Geräte gestiftet, und die Weltgesundheitsorganisation stellte uns einen Geländewagen zur Verfügung, so daß ich nun mein höchstpersönliches Betätigungsfeld hatte, in dem ich nach meinen eigenen Vorstellungen schalten und walten konnte.

Im Krankenhaus lief jedoch nicht alles nach Wunsch. Unser norwegischer Arzt wurde durch eine junge afrikanische Ärztin namens Susan ersetzt, die zwar an der Berliner Humboldt-Universität studiert hatte, aber noch nicht die nötige medizinische Erfahrung besaß. Sie sollte mit einer norwegischen Kollegin zusammenarbeiten, die über viel chirurgische Praxis verfügte, reifer und älter war als Susan und ich, aber im Umgang etwas eigen war. Sie konnte mit Susan als neuer Kollegin nicht viel anfangen, so daß ich mir beim gemeinsamen morgendlichen Tee immer öfter die Zwistigkeiten der beiden anhören mußte. Dennoch war ich froh, in Susan endlich wieder einen Menschen gefunden zu haben, mit dem ich Deutsch sprechen konnte.

Eines Tages erschien unsere norwegische Kollegin nicht zum Dienst, was eigentlich nicht ungewöhnlich war, da sie öfter unter fadenscheinigen Entschuldigungen von der Arbeit fernblieb. An diesem Tag waren wir trotzdem besorgt und schickten jemanden los, der nach ihr sehen sollte, aber unverrichteter Dinge wieder zurückkam, da ihm niemand die Tür geöffnet hatte.

Wir ließen daraufhin die Polizei holen, die die Ärztin tot in ihrem Haus auffand. Die Diagnose lautete Selbstmord, der durch ein gespritztes Medikament, das sie sich im Krankenhaus besorgt hatte, herbeigeführt worden war.

Natürlich machten wir uns Vorwürfe und fragten uns, ob wir an ihrem Tod mitschuldig waren. Susan ließ ihrer Trauer freien Lauf und weinte wie ein afrikanisches Klageweib.

Der Leichnam der jungen Frau wurde in unserem kleinen Leichenhaus aufgebahrt. Da sie norwegische Staatsbürgerin war, kamen viele hochrangige Personen von der Botschaft und vom Ministerium, um ihre Ermittlungen anzustellen. Schließlich wurde sie im Flugzeug nach Gaborone gebracht.

Wir waren sehr beklommen und fragten uns unglücklich, ob es wirklich soweit hatte kommen müssen. Susan kam mit der Situation und ihren Schuldgefühlen überhaupt nicht zurecht und versuchte, ihren Kummer im Alkohol zu ertränken. Im Kloster konnte ich kaum mit jemandem über meine Gefühle sprechen, doch zum Glück hatte ich ja Ray.

*

Es nahte wieder ein Osterfest, und mehr als sonst hatte ich einen Grund, mich darauf zu freuen, da sich meine Schwester Birgit mit ihrer Familie zu einem Besuch angesagt hatte. Ich überlegte, ob ich mir einen Urlaub genehmigen könnte, denn ich hatte noch keine Ferien gemacht, seitdem ich in Serowe war. Zwei Wochen vor Ostern nahm ich mir schließlich frei, fuhr nach Südafrika und begrüßte freudig meine Schwester, meinen Schwager und meinen Neffen Christopher. Birgit und Norbert mieteten sich einen Wagen, denn wir wollten wie richtige Touristen Südafrika entdecken. Unser erstes Ziel war der Krüger-Nationalpark, in dem wir wilde Tiere, die man sonst nur im Zoo zu sehen bekommt, beobachten konnten. Südafrika präsentierte sich uns von seiner schönsten Seite. Aber auch diese wunderschöne Zeit mußte einmal zu Ende gehen, und so verabschiedeten wir uns tränenreich am Flughafen.

Mit meiner Rückkehr nach dem Urlaub begann wieder mein Alltag; im Kloster bekamen wir jedoch eine neue Oberin, auf die ich mich schon freute, da ich bereits gehört hatte, daß sie sehr nett sein sollte. Schwester Annes erste Amtshandlung bestand darin, die Küche kakerlakenfrei zu bekommen, so daß ich immer, wenn ich abends von der Klinik nach Hause kam, die mit Insektenvernichtungsspray eingesprühten Schränke im Garten stehend und Schwester Anne beim Putzen und Wienern antraf.

Zumindest in den wichtigsten Dingen verstand ich mich ausgezeichnet mit ihr, da sie mich wie einen erwachsenen Menschen behandelte und ich mich nicht mehr gegängelt fühlen mußte.

Alles schien sich zum Besten zu entwickeln, da ich zum ersten Mal seit meiner Ankunft ein Gleichgewicht zwischen meiner Arbeit im Krankenhaus und meinem Leben in der Schwesternschaft empfand.

Bei den wöchentlichen Operationen gewann ich immer mehr Sicherheit, fühlte mich folglich auch nicht mehr ganz so gestreßt und hatte mehr Freiraum, mich auch im Kloster zu engagieren. In der Gemeinde gründeten wir einen Gebets- und Bibelkreis, und es schien, daß Beruf und Berufung endlich miteinander verschmelzen würden.

Wie alle Klöster besuchte auch uns einmal im Jahr die Provinzialin von Südafrika; sie war so etwas wie die Oberin nicht nur für ein Kloster, sondern für alle Ursulinenklöster Südafrikas. Von Schwester Gwendolin hatte ich mich eigentlich immer verstanden gefühlt, deshalb freute ich mich auch auf ihre Ankunft. Ganz im verborgenen war ich nämlich stolz, ihr etwas vorweisen zu können, denn ich war davon überzeugt, daß sie meine Klinikarbeit würdigen würde. Darüber vergaß ich mehr oder weniger, daß ich mich eigentlich noch in der Schwesternausbildung befand und bis dahin nur ein zeitlich begrenztes Gelübde abgelegt hatte. Ich war also immer noch so etwas wie ein Junior in Vaters großer Firma.

Schwester Gwendolin kam, führte mit jeder Schwester intensive Gespräche und begutachtete die Tätigkeit einer jeden von uns. Also wartete auch ich gespannt auf ihren Besuch in der Klinik, der sich jedoch ganz anders gestalten sollte, als ich es erwartet hatte.

*

Es war ein ganz gewöhnlicher Mittwoch, an dem ich im OP stand und operierte, und wie immer trug ich die übliche sterile Kleidung. Da keine Frau im Krankenhaus so groß und dürr war wie ich, gab es sowieso keinen passenden Kittel für mich, so daß mir die Krankenschwestern hinlegten, was sie gerade fanden. An diesem Abend trug ich nach getaner Arbeit immer noch die nur bis zum Knie reichende OP-Kleidung, meinen Schleier und den Rest meiner Nonnenmontur hatte ich über den Arm gelegt und wollte mich gerade umziehen.

In diesem Aufzug begegnete ich Schwester Gwendolin auf dem Flur. Sie musterte mich kurz und ließ dann ohne Vorwarnung eine „eiskalte Dusche“ aus Vorwürfen auf mich niederprasseln. Sie wartete nicht einmal, bis wir unter vier Augen reden konnten, sondern äußerte ihr Mißfallen gleich auf dem Weg zwischen Krankenhaus und Zahnklinik, in Gegenwart der mit offenem Mund staunenden Krankenschwestern, Putzhilfen, Besucher und Kollegen. Für sie war ich Schwester Natanjah, die sich noch in der Ausbildung befand und noch erziehungsbedürftig war, im Krankenhaus war ich hingegen eine routinierte Zahnärztin und eine Autorität, deren Anweisungen strikt befolgt werden mußten. Die Fragezeichen in den Gesichtern der Umstehenden konnte ich deutlich wahrnehmen.

Ich hatte wohl überhaupt keinen Ausdruck mehr in meinem Gesicht, denn nach fünf Stunden anstrengender Arbeit, mit vollem Kopf und leerem Magen mußte ich nun diese unerwartete Strafpredigt über mich ergehen lassen. Wo waren die Erfolge, die ich Schwester Gwendolin hatte vorführen wollen? Wo waren die dankbaren Patienten, die für mich hätten bürgen können? Da stand ich nun in meinem kurzen Hemdchen, ohne Schleier, ohne Kreuz, ohne Habit und kam mir wie eine Heilige vor, die ihre Eintrittskarte zum Himmel verschlampt hatte. Da ich nichts zu meiner Rechtfertigung sagen konnte, ging ich schweigend mit Schwester Gwendolin zum Auto und fuhr mit ihr zusammen nach Hause.

Während der Fahrt gewann ich meine Fassung ein wenig zurück und dachte, nur ein kühner Vorstoß könne mir noch helfen. So fragte ich Schwester Gwendolin, ob sie nicht einen Vormittag mit in die Klinik kommen wolle, um meine Arbeit beurteilen zu können. Ihre Antwort darauf war, daß ihr in der Klinik schlecht werden und sie mir sowieso nur im Weg herumstehen würde. Mein Friedensantrag war also ziemlich barsch von ihr abgelehnt worden, und sie wies mich noch einmal darauf hin, daß ich in diesem Aufzug nie mehr herumzulaufen hätte. Damit war die Sache für sie erledigt, und auch ich versuchte, die Zähne zusammenzubeißen und die Angelegenheit zu vergessen. Es war ja nicht das erste Mal, daß ich mit solchen Schwierigkeiten konfrontiert wurde.

★

Die Herausforderungen in der Klinik wurden immer größer, so daß in der folgenden Zeit mein Schwesterndasein immer mehr in den Hintergrund geriet. Mein Schwerpunkt war die Zahnmedizin geworden, und mir wurden Beruf und Erfolg immer wichtiger. Immer häufiger kam ich zu spät zum Gottesdienst und hatte in den Gebetszeiten nur meine Patienten im Kopf. Daß ich mich mit meinen Mitschwestern nicht austauschen konnte, machte mir immer weniger aus, denn ich hatte ja meinen Beruf und meine Buschtouren und mußte deswegen auch mehrfach über Nacht wegbleiben. Mit unserer mobilen Zahnklinik durchkämmten wir den Busch, bauten unsere Zelte auf, machten Reihenuntersuchungen und erarbeiteten Statistiken für die Weltgesundheitsorganisation. Das sensible Gleichgewicht zwischen Beruf und Berufung war erneut durcheinandergekommen.

Eine Entscheidung

Wenn ich mir einmal Zeit zum Nachdenken nehmen wollte, kam immer etwas dazwischen. So wurde ich eines Tages plötzlich aus meiner normalen Sprechzeit in die benachbarte Ambulanz des Krankenhauses gerufen. Ich sollte mich mit Höchstgeschwindigkeit in die Notaufnahme begeben und kam gerade rechtzeitig, als unsere Oberin, Schwester Anne, aus dem Krankenwagen geladen wurde. Ein spanischer Kollege kam hinzu, um sie zum Röntgen zu bringen. Auf dem Rückweg zum Kloster hatte Schwester Anne einen Baulaster übersehen, und der Kleinbus, in dem sie saß, war in ihn hineingerast. Sie selbst war bei dem Unfall in der Fahrerkabine eingequetscht worden, so daß man sie aus dem Auto hatte herausschneiden müssen.

Wir stellten fest, daß sie einen Oberschenkelhalsbruch, einige Rippenbrüche und eine Gehirnerschütterung davongetragen hatte. Die ersten Nächte saß ich bei ihr am Krankenbett, versuchte sie zu trösten und von ihren Schmerzen abzulenken. Wir beteten viel, was neben den Schmerzmitteln sicher eine große Erleichterung für sie war. Da unsere Krankenhäuser nicht dem westlichen Standard entsprachen, sollte sie nach Johannesburg gebracht werden, wobei uns allerdings der Transport Sorgen bereitete, denn über die ungeteerten Straßen hätten wir sie unmöglich fahren können. So blieb nur der Luftweg; eine Chartermaschine wurde in Johannesburg gebucht und nach Serowe geschickt.

Während sich der Pilot bemühte, auf unserem Kartoffelacker zu landen, ohne daß die Maschine zu Bruch ging, verfrachteten wir Schwester Anne in unseren primitiven Krankenwagen, um sie zum Landeplatz zu bringen. Diese kurze

Strecke muß für sie in ihrem Zustand schon fast unerträglich gewesen sein. Wir trugen sie ins Flugzeug, während der Pilot bereits startklar war. Doch plötzlich kam die Frage auf, wo eigentlich der Arzt war, der mitfliegen würde. Wir sahen uns kurz ratlos an, dann holte ich schnell mein Stethoskop und meinen Paß und flog einfach mit.

Der Flug war ungeheuer anstrengend, doch für mich war es selbstverständlich, daß ich mitkommen mußte. Der Pilot hätte sich ja schlecht um die Verletzte kümmern können. Außerdem mochte ich Schwester Anne sehr und war froh, sie in diesen schweren Stunden begleiten zu können.

Wir landeten sicher auf der abgelegenen Landebahn für kleine Maschinen in Johannesburg, und ich war froh, daß es Schwester Anne nicht schlechter ging. Wir standen eine Weile auf dem Rollfeld und harrten der Dinge, die da kommen sollten. Endlich kam ein Krankenwagen in Sicht, und ich war erleichtert, endlich die Verantwortung in kompetentere Hände abgeben zu können. Trotzdem stellte ich mich auf ein Lob von seiten meiner südafrikanischen Schwestern ein, zudem war ich nach drei durchwachten Nächten unendlich müde, hungrig und durstig.

Doch auf das, was nun folgte, war ich absolut nicht gefaßt. Im ankommenden Wagen saß die Provinzialin, Schwester Gwendolin, die ich vor lauter Erleichterung am liebsten umarmt hätte. Aber dazu kam es nicht. Noch ehe sich Schwester Gwendolin die verletzte Mitschwester angeschaut hatte, traf mich ihr vernichtender Blick. Sie fuhr mich an, wer mir denn eigentlich erlaubt hätte, die Kranke zu begleiten, und wie ich dazu käme, so eigenmächtig zu handeln. Ich konnte wie beim letzten Mal vor lauter Schreck überhaupt nichts sagen und fuhr zunächst schweigend mit in die Klinik. Ich wußte überhaupt nicht mehr, wie ich diese Situation hätte klären können, fühlte mich aber auch viel zu schwach, um die Verteidigung aufnehmen zu können. Nichts traf mich schwerer, als ungerecht behandelt zu werden. In vielerlei Hinsicht fühlte ich mich unendlich fremd in meiner Umgebung, zumal ich Hunderte von Kilometern von meiner Zahnbürste und meinem Nachthemd getrennt war.

Eine alte österreichische Schwester verstand meine Lage

und gab mir erst einmal das Nötigste für die Nacht. Mein Heimweh erschien mir wie ein unbezwingbares, großes Ungeheuer, und ich fühlte mich so frustriert, daß ich am liebsten auf der Stelle nach Salzburg geflüchtet wäre, notfalls auch zu Fuß. Doch die österreichische Schwester war wenigstens eine kleine Erinnerung an bessere Zeiten, so daß ich für einen kurzen Moment meine unangenehme Situation vergaß und meine Courage irgendwie zu mir zurückkehrte.

Als nächstes ging ich zu der Schwester, die im Kloster das Geld, Fahrpläne und sonstige praktische Dinge verwaltete, und machte ihr klar, daß ich eigentlich so schnell wie möglich in meine Klinik zurückmüßte, wo einige Patienten auf mich warteten. Ich gab vor, daß alles mit meiner Oberin in Botswana abgesprochen wäre, so daß sie alles für meine Rückreise am nächsten Tag organisierte. Das Nachthemd der netten österreichischen Schwester diente mir am folgenden Morgen als Bluse und Unterrock.

Dieses Mal fuhr ich mit dem Bus von diesem ungeliebten Ort fort und durfte als Weiße wie eine Königin im vorderen Teil des Busses sitzen, während im hinteren Teil die farbigen Passagiere wie in einem Viehtransporter zusammengepfercht saßen. Zu Beginn hielt der Busfahrer an fast jedem Busbahnhof an, nur damit ich auf eine nur für Weiße reservierte Toilette gehen konnte. Das war mir so unangenehm, daß ich dem Fahrer zu verstehen gab, daß ich bis zum Ziel unserer Reise keine Bedürfnisse mehr haben würde.

Am Nachmittag kamen wir im Grenzort an. Den Zug nach Botswana hatte ich um wenige Minuten verpaßt, und der nächste würde erst am folgenden Tag fahren. Da ich die Strecke schon einige Male gefahren war, wußte ich, daß der Zug im zehn Kilometer entfernten nächsten Ort einen langen Aufenthalt haben würde. Kurzerhand versteckte ich meinen Schleier und mein Stethoskop in meiner Rocktasche, ohne mich daran zu stören, daß meine Bluse ein altes spitzenbesetztes Klosternachthemd war.

So gekleidet stellte ich mich an die Straße und streckte mutig den Daumen in die Luft, und es dauerte auch nicht lange, bis ein Lastwagen neben mir hielt. Der Fahrer, der mich bereitwillig mitnahm, stellte sich als schwarzer Gärtner von einem nahegelegenen Gartenbaubetrieb heraus. Er meinte nur freundlich, daß diese Gegend nicht ganz ungefährlich für eine Frau wäre, und ließ mich einsteigen. Als er erzählte, daß er für eine Missionsschule arbeitete, waren meine Bedenken zerstreut. Die letzten zwei Kilometer bis zum Bahnhof mußte ich zwar zu Fuß gehen, aber ich erreichte meinen Zug noch, weil mich der Schaffner in letzter Minute herankeuchen sah und den Lokführer anwies, auf mich zu warten.

Nachts um drei kam ich wieder in meinem Kloster in Serowe an. Um sieben Uhr saß ich ordnungsgemäß im Gottesdienst und nahm pünktlich meinen Dienst im Krankenhaus auf, so daß mein Kurzaufenthalt in Südafrika gerade einmal 18 Stunden gedauert hatte . . . 18 Stunden, die in meinem Leben einiges verändert hatten. Eine traurige Zeit begann für mich, da ich mich mißverstanden und ohne Rückendeckung fühlte. Meine einzige wirkliche Freundin in der Schwesterngemeinschaft, Schwester Anne, brauchte drei Monate, bis sie wieder zu uns zurückkehren konnte. Neue Ideen, die ich immer wieder einmal hatte, konnte ich nicht durchsetzen, da sie sich mit dem Klosterleben nicht vereinbaren ließen.

⋆

Mir stand noch eine Woche Urlaub zu, und ich erklärte mich bereit, zum Großeinkauf nach Johannesburg zu fahren. Dabei konnte ich die Gelegenheit nutzen, um Schwester Anne zu besuchen, die sich nach dem Unfall langsam erholte. Ich genoß die klösterliche Stille in Krügersdorp, traf alte Freundinnen unter den schwarzen Schwestern wieder und besuchte die schwarze Gemeinde in Soweto. Das fröhliche Singen und Beten gab mir neuen Mut und erinnerte mich an meinen eigentlichen Auftrag. Die Woche verging sehr schnell, und die Heimreise gestaltete sich wieder einmal als ein Abenteuer.

Auf offener Ladefläche mußten neben unserem persönlichen Gepäck Gemüse, Stoffballen, Pflanzen und Wolle verstaut werden. Diese Packaktion dauerte einige Stunden und begann bereits am Abend vor der Abfahrt. Am nächsten Morgen fuhren wir sehr früh los, da wir noch zu einem Gottesdienst eines gerade ordinierten Pfarrers fahren wollten, wo uns außerdem ein großes afrikanisches Fest erwarten würde. Mit zwei weiteren Schwestern, die sich zu dem vielen Gepäck gerade noch in den Wagen quetschen konnten, fuhr ich los. Wir kannten die Strecke bereits, brauchten also keine Karten mehr zu unserer Orientierung.

Die Straßen durch die Homelands waren nicht geteert und dazu noch schlecht beschildert, die Landschaft um uns herum glich einer Wüste und war dünn besiedelt. Ich hielt unseren Wagen mit einigem Geschick in der Sandspur, als auf einmal vor uns auf der Sandpiste wie aus dem Nichts eine riesige Dogge auftauchte. Ich reagierte zwar schnell, aber leider falsch. Anstatt auf das Untier zuzufahren, riß ich das Lenkrad herum, um auszuweichen . . . ein Unterfangen, das auf einer Sandstraße mit eingefahrener Spur nur zum Scheitern verurteilt sein konnte. Alles, was bei diesem Manöver herauskam, war, daß das Auto zunächst auf dem Dach landete und wir dann auf die Seite geschleudert wurden. Unsere bunte Ladung lag im Umkreis von über 200 Metern um uns herum verstreut, während wir uns erst einmal nach oben arbeiten und aus der Fahrerseite hinauszwängen mußten.

Erleichtert stellten wir fest, daß wir noch am Leben und außer ein paar Schrammen und blauer Flecke unbeschadet geblieben waren. Wie wahrscheinlich überall in Afrika fanden sich binnen weniger Minuten Hunderte von Menschen ein, um uns zu helfen. Sie sammelten mit uns gemeinsam die verstreute Ladung wieder ein, während sie viele gute Ratschläge parat hatten, wie es nun weitergehen konnte. Da die hilfsbereiten Eingeborenen erkannt hatten, daß wir Ordensschwestern waren, trugen sie auch bis auf die letzte Kleinigkeit alles wieder zusammen. In keiner Sekunde mußten wir Angst haben, daß sich unsere Helfer, die selbst wirklich nur sehr wenig besaßen, an unserem Unglück bereichert hätten.

Einige kräftige Männer stellten das Auto wieder auf die Räder, und nachdem es wieder beladen war, schoben und hoben wir, es mit vereinten Kräften zurück in die Sandspur. Danach versuchten wir, es zu starten – und siehe da, es funktionierte, so daß wir weiterfahren konnten. Wir bedankten uns herzlich, sprachen ein Gebet und tuckerten davon.

Unser Glück währte jedoch nur wenige Kilometer, dann hatten wir einen platten Reifen. Wieder mußte die Ladung abgeräumt werden, um an das Ersatzrad zu gelangen. Ich legte mich also unter das Auto und wechselte das Rad. Schmutz und Wagenschmiere konnten mich nach diesen Erlebnissen auch nicht mehr schrecken, denn meine Klostermontur war sowieso schon ruiniert. Wir beluden unseren Wagen aufs neue, und als endlich alles einigermaßen fest saß, fuhren wir zur Grenze. Die Beamten, die am Schlagbaum standen, hatten bestimmt noch nie in ihrem Leben so eine Truppe verschmierter Ordensschwestern gesehen. Sie lachten und winkten uns noch lange nach.

Zum Festgottesdienst kamen wir natürlich zu spät und drückten uns verlegen in die letzte Reihe. Weiter vorne wären zwar auch noch freie Plätze gewesen, aber wir wollten keinen zu starken Kontrast zu den anderen gestärkten und gebügelten Nonnen abgeben. Nach der Feier kamen alle herbeigeströmt, um den Schaden an unserem Auto zu begutachten. Ich stand nur schweigend neben dem Wagen und fühlte mich von Minute zu Minute schuldiger.

Wir wurden zwar noch zum Festessen eingeladen, aber ich mußte leider darauf verzichten, da es mir von dem nun nachwirkenden Unfallschock speiübel geworden war. Außerdem wollte ich bald wieder losfahren, da wir noch 500 Kilometer an diesem Tag zurückzulegen hatten. Nach Mitternacht erreichten wir heimische Gefilde, das Abladen und die kalte Dusche nahm ich kaum noch wahr. Wie im Nebel legte ich mich ins Bett und hatte die ganze Nacht Alpträume, in denen immer wieder dieser große Hund vor unserem Auto stand.

Die Schrammen und blauen Flecken heilten schnell wieder ab, aber die Konsequenzen des Unfalls verfolgten mich noch eine Weile. Unsere Oberin rügte meine Unachtsamkeit, und als Strafe mußte ich in den nächsten Monaten die klösterlichen Autos waschen und pflegen, was mich große Überwindung kostete. Anstelle einer Bestrafung hätte ich viel dringender ein paar Worte des Trostes gebraucht.

*

Vieles stürmte in diesen Wochen auf mich ein, und ich fühlte mich zunehmend unverstanden. Ich hatte immer noch niemanden zum Austausch gefunden, keiner interessierte sich dafür, wie es mir ging. Meine Anpassung und mein Interesse am Klosterleben waren nur noch geheuchelt, aber es gab einen kleinen Hoffnungsschimmer am Horizont, da Schwester Anne in wenigen Tagen zu uns zurückkehren würde. Mit ihrer Rückkehr würden sicher bessere Zeiten für mich anbrechen, zumal in nächster Zeit die Erneuerung meines Gelübdes anstand.

Schwester Anne kam mit einer großen Überraschung aus Südafrika zurück, indem sie mir eröffnete, daß ich meine zahnärztliche Tätigkeit aufgeben und nach Südafrika gehen müßte, wenn ich mein Gelübde ablegen wollte. Der Grund für diese Entscheidung wäre, daß mir noch zu viel von dem fehlen würde, was den Charakter einer wahren Nonne ausmacht.

Ich war sprachlos und maßlos enttäuscht. Um meine Gefühle zu verbergen, erbat ich mir eine Bedenkzeit, in der ich mich wie nie zuvor allein gelassen und tief verletzt vorfand. Meine Selbstsicherheit und meine Überzeugung, ins Kloster zu gehören, waren bedenklich ins Wanken geraten.

Die einzige, die mir echtes Verständnis, Besorgnis und Liebe entgegenbrachte, war Ray, in deren Haus ich mich wie sonst nirgendwo heimisch fühlte. Auch wenn ich Angst vor der Zukunft hatte, mußte ich eine Entscheidung treffen, die ich eigentlich im tiefsten Herzen bereits gefällt hatte. Ich mußte den Tatsachen wohl oder übel ins Auge sehen: Im Kloster wollte und verstand man mich im Grunde nicht, und man versuchte es auch gar nicht, so daß es wohl das Beste war, das Kloster zu verlassen. Auf diese Weise zerbrach in mir, was ich für meinen Beruf und meine Berufung gehalten hatte.

Ich gab meine Entscheidung im Kloster bekannt, nachdem ich mir noch eine Zeit des Gebets und der Vorbereitung genommen hatte. Daraufhin bekam ich von allen Seiten gute Ratschläge. Schwester Anne meinte, ich sollte Botswana verlassen, da in Deutschland bestimmt ein netter Mann auf mich warten würde, den ich heiraten sollte. Doch ich wollte das Kloster nicht verlassen, um nach Deutschland zurückzukehren und zu heiraten, zumal ich gar keinen in Frage kommenden Mann kannte. Wenn ich die Gemeinschaft verlassen würde, dann um in Botswana frei arbeiten zu können, wie es mir vorher nicht erlaubt gewesen war.

Nur noch Zahnärztin

Auf einmal war ich unabhängig und konnte mich dem widmen, warum ich eigentlich nach Botswana gekommen war. Am 19. November kam die Provinzialin aus Südafrika, um mir ein Dokument aus Rom vorzulegen. Nach Unterzeichnung dieses Papiers war ich frei und auf mich allein gestellt. Zum letzten Mal betete ich mit den Schwestern, und wir sangen während der Morgenfeier sicher nicht zufällig das Lied „Alone with none but thee my God, I travel on my way" (Mit keinem sonst als dir, mein Gott, geh' ich auf meinem Weg). Schwester Gwendolin fragte mich hinterher, ob ich mir den Text des Liedes auch gut gemerkt hätte. Lebenslang wird mir dieser Moment in Erinnerung sein. Ich packte also meine wenigen Habseligkeiten zusammen und zog davon.

Es bestand zum Glück die Möglichkeit, mir mit einer jungen Frau eine Villa in englischem Stil zu teilen, die diese bisher allein bewohnt hatte. Wir verstanden uns gut, und es folgte eine sorglose Zeit, obwohl die Umstellung für mich groß war. Trish, meine Mitbewohnerin, lebte ein völlig anderes Leben als ich. Sie hatte viel Kontakt mit einigen seltsamen Leuten der botswanischen Friedensbewegung, die oft zu Besuch kamen, viel Alkohol tranken und Hasch rauchten. Trish pflanzte sogar Hanf im Garten an. Da wir aber direkt gegenüber der Polizeistation wohnten, war das eine riskante Sache, da Haschisch-Anbau und auch dessen Konsum in Botswana streng untersagt waren. Ich mußte ihr letztlich die Sache verbieten, wollten wir nicht unseren Aufenthalt im Land und unseren Entwicklungsdienst aufs Spiel setzen. Wenn mir die Abende in der Villa zu bunt wurden, ging ich zu Ray, wo die Haustür immer für mich offenstand.

Mit den Schwestern im Kloster pflegte ich weiterhin freundschaftlichen Kontakt, doch sie erkundigten sich nie nach meinen neuen Lebensverhältnissen. Von mir war jedoch erst einmal der immense Druck genommen, es allen recht machen zu müssen. Ich genoß nun die Freundschaften, für deren Pflege ich endlich genügend Zeit hatte. Für meine Kollegen in der Klinik hatte ich mehr Zeit, da ich nach meinem Dienst nicht mehr sofort nach Hause hetzen mußte. Auch finanziell war ich jetzt unabhängig, und so kaufte ich von meinem ersten eigenen Geld ein paar Sommerkleider, um mich wieder als Mensch in Zivil zu fühlen. Mit eigenem Scheckbuch und Geld ausgestattet, hatte ich meine Lebensverwaltung wieder in eigenen Händen und war meine eigene Oberin. Trotzdem änderte sich mein Tagesablauf nicht völlig. Ich stand weiterhin früh auf, ging zur Morgenfeier in der Kirche, frühstückte gemütlich mit Ray und ging dann in die Klinik. Meine Abende verbrachte ich teils zu Hause, teils bei Ray. Wenn ich abends zu ihr kam, erzählten wir uns gegenseitig von unseren Erlebnissen tagsüber und beteten miteinander.

★

Ich bekam nun zu vielen Leuten im Ort engeren Kontakt, da ich auf meinem Fußweg in die Klinik oft Zeit für ein Schwätzchen hatte. Dadurch verbesserte sich auch meine Fähigkeit, mich in der Landessprache auszudrücken. Viele Einwohner kannten mich aus der Klinik oder der Kirche und freuten sich über ein Gespräch. Ich liebte das Land, in dem ich nun schon lange lebte, immer mehr.

Außerdem lag noch eine schöne Zeit vor mir, auf die ich mich schon sehr freute: Ich plante einen Heimaturlaub. Neugier und viele Erwartungen erfüllten mich, wobei für mich feststand, daß ich wieder zurückkommen wollte, um meinen Arbeitsvertrag mit der Regierung zu verlängern. Zweieinhalb Jahre war ich nicht mehr zu Hause gewesen, hatte in dieser Zeit viel erlebt und folglich viel zu erzählen.

Der Doktor aus Ägypten

Das Jahr 1979 hatte gerade begonnen, und ich genoß den Winter im Taunus, fuhr natürlich auch nach Salzburg zu Vera Marie, der es schwerfiel zu vergessen, daß ich nun keine Ursulinenschwester mehr war. Meine äußerliche Verwandlung machte ihr die Annahme der neuen Tatsache jedoch etwas leichter. Die Liebe zu Gott, die uns keine solche Veränderung nehmen konnte, vereinte uns noch immer, und so beteten wir zusammen, diskutierten und machten Wanderungen. Fast hätte ich in meine alte Rolle zurückschlüpfen können, aber eben nur fast. Die Zeit in Deutschland und Österreich verging unglaublich schnell, doch ich wußte, wo ich hingehörte, und das war Afrika.

Ich kehrte gerne nach Botswana zurück, und Mitte Februar kam ich wieder in Johannesburg an. Nach meinen bisherigen Erfahrungen konnte ich mir eine Reise ohne Komplikationen kaum noch vorstellen, und prompt landete dieses Mal mein Gepäck mit allen Dokumenten in Amsterdam, während ich gerade in Johannesburg ankam, wo ich in brütender Hitze in meiner Winterkleidung herumlief und mir erst einmal eine Zahnbürste kaufen mußte. Bis meine Sachen in Südafrika eintrafen, konnte ich bei Rays Tochter unterkommen, die in Johannesburg wohnte. Nach einer Woche hatte ich meinen Rucksack endlich wieder und konnte nach Botswana weiterreisen.

⋆

Ich nahm meine Arbeit in der Klinik wieder auf, und die Regierung stellte mir ein Häuschen zur Verfügung, das ich mir nun gemütlich einrichtete. Die Zimmer waren so klein, daß eine Gaslampe, die ich in der Mitte des Häuschens aufgestellt hatte, Licht in alle Räume brachte. Ich hatte genug Geld zum Leben, und das, was am Ende des Monats auf meinem Konto übrig war, konnte ich der Kirche spenden.

Zu meinem Glück fehlte mir nur noch eines: ein Auto. Ich besprach meine Pläne mit Ray und dem Gemeindemissionar Pater Oswald, mit dem mich ein freundschaftliches Verhältnis verband. Er riet mir zu einem Geländewagen mit offener Ladefläche, damit ich gut durch den Busch fahren konnte. Ich fuhr in die Hauptstadt Gaborone, legte das Geld auf den Tisch, nahm die Papiere und Schlüssel, und ein fabrikneues Auto gehörte mir. Führerscheine hatte ich genug in der Tasche: einen für Deutschland, einen für Österreich, einen für Südafrika, einen für Botswana und einen für Regierungsfahrzeuge in Botswana. In Serowe angekommen, feierten wir ein neues Stückchen meiner Unabhängigkeit.

*

Im Krankenhaus wechselte wieder einmal der Chefarzt, denn der indische Chefarzt sollte durch einen Ägypter ersetzt werden. Mein Assistent Skipper sagte nur verächtlich: „Schon wieder so ein Orientale. Der ist bestimmt nicht besser als dieser Inder."

In unserem Team waren noch ein deutscher Arzt, der den Mund immer erstaunlich voll nahm, und ein Amerikaner, der sich vom Vietnamkrieg erholte, indem er Haschisch rauchte, fachlich jedoch sehr gut war. Ich kümmerte mich nicht so sehr um die Personalveränderungen in der Klinik, da ich mit meinen Operationen sehr viel zu tun hatte.

Für die nächsten drei Monate sollte ich in die Hauptstadt des Landes versetzt werden, um meinen Chef, der für diese Zeit nach England ging, zu vertreten. Das bedeutete, daß ich die gesamte zahnärztliche Versorgung des Landes zu organisieren hatte. Die Woche über arbeitete ich in Gaborone, wo ich an zwei Tagen in der Woche operierte. Manchmal hatte ich so viel Arbeit, daß ich am Wochenende in der Stadt bleiben mußte. Kam ich nach Serowe, besprach ich mit Skipper den Arbeitsplan für die folgende Woche in „meiner" Klinik. Während unserer Besprechungen schwärmte er mir von unserem neuen Chefarzt vor, der entgegen seiner Erwartungen sehr gut sein sollte. Der ägyptische Arzt hieß Dr. Mohamed Hussein, und Skipper hatte sich zwischenzeitlich mit ihm angefreundet. Ich hatte jedoch bis Oktober erst einmal keine Zeit, diesen neuen Kollegen kennenzulernen, denn ich lebte bis dahin zwischen allen Krankenhäusern Botswanas.

*

Es dauerte noch bis November, bis ich wieder nach Serowe zurückkehren konnte und Skipper die Chance bekam, mich mit seinem neuen Freund, dem ägyptischen Chefarzt, bekannt zu machen. Ich hatte erfahren, daß dieser im Krankenhaus einige Änderungen durchgesetzt hatte, und war wirklich ein bißchen neugierig auf ihn geworden. Er wohnte in der alten Chefarztvilla, in der es sogar Elektrizität gab.

Nach einem langen Kliniktag ging ich ihn das erste Mal besuchen. Der Garten, der die Villa umgab, war riesig, mit einer wunderschönen Dattelpalme in der Mitte, und wirkte sehr gepflegt. Als ich gerade die gärtnerischen Fähigkeiten unseres neuen Chefarztes bewunderte, kam mir ein Mann in einem schwarzen Galabeja, dem Gewand der ägyptischen Fellachen, entgegen, mit Gummisandalen an den Füßen und einer Hacke in der Hand: Dr. Hussein.

Er war zwar eigentlich mit seiner Gartenarbeit beschäftigt, als ich kam, doch er ließ den Garten Garten sein und lud mich zum Tee ein. Wir gingen ins Haus, in dem es sehr nach Männerwirtschaft aussah. Der Doktor hatte fast keine Möbel im Haus, dafür aber jede Menge schmutziges Geschirr in der Küche. Er entschuldigte sich für die Unordnung, aber ich schaute gar nicht hin, sondern sah mir lieber den Mann an, der vor mir stand und dem Schauspieler Omar Sharif sehr ähnlich sah. Er war größer als ich und schien gerade einem Märchen aus Tausendundeiner Nacht entstiegen zu sein.

Wir setzten uns auf die von Moskitonetzen umgebene Veranda und unterhielten uns über medizinische Dinge. Er war mir von Anfang an sympathisch, und das beruhte wohl auf Gegenseitigkeit. Er wußte bereits von Skipper, daß ich bis vor kurzem Ordensschwester gewesen war.

Er war Moslem, und für Moslems war Ehelosigkeit um des Reiches Gottes willen untersagt. Wir hatten unendlich viel Gesprächsstoff, denn unsere eigenen Kulturen und die Kultur, in der wir beide lebten, waren interessant genug für viele Unterhaltungen, so daß wir in der kommenden Zeit so manchen Abend zusammensaßen.

Die Tatsache, daß ich mich neuerdings regelmäßig mit einem Mann traf, war für mich wie der Eintritt in eine neue Dimension. Männer hatten mich in den letzten Jahren wirklich nicht interessiert. Durch mein Leben im Kloster hatte ich die Frage nach Freundschaft und Ehe beiseite gelegt und mich für Aufgaben entschieden, denen man am besten nachkommen konnte, wenn man keine Familie hatte. Diese grundsätzliche Entscheidung bestand seit meinem Ausscheiden aus dem Kloster nicht mehr, so daß ich die Scheu verlor, mich mit Hussein zu treffen. Ich verbrachte nach kurzer Zeit fast jeden Abend bei ihm, dann saßen wir beieinander, tranken Tee und unterhielten uns über Gott und die Welt.

Er erzählte mir viel über den Islam und ich ihm über meinen christlichen Glauben, so daß wir viel voneinander lernten. Er war in Ägypten noch verheiratet, was ihn ziemlich belastete. Diese Ehe war vor langer Zeit arrangiert worden, und er hatte die Scheidung bereits angestrebt, doch aus einer solchen Ehe herauszukommen war nicht einfach. Ich erklärte ihm, daß es bei uns keine arrangierten Ehen gäbe und man in unserer Kultur aus Liebe heiratete.

So führte er mich in die Welt des Orients ein, die mir so fremd war, und ich ließ ihn durch meine europäische Brille schauen, so daß wir uns immer besser verstanden.

Husseins Arbeitsweise im Krankenhaus beeindruckte mich sehr; er war mit Leib und Seele Chirurg, und der Standard des Krankenhauses stieg durch sein Engagement deutlich. Manchmal operierten wir auch gemeinsam, wenn nach einem Unfall eine Operation sowohl in meinen als auch in seinen Bereich fiel.

Mir gefiel an ihm, daß er sich gründlich auf die noch so kleinste Operation vorbereitete, indem er am Abend zuvor

Fachbücher las, um alle Eventualitäten abschätzen zu können. Er hatte zwar ein riesiges Wissen, prahlte aber nie damit. Wir veranstalteten gemeinsam Fortbildungen für Krankenschwestern und Ärzte, und jede Woche übernahm einer von uns einen Vortrag. Auf diese Weise machte mir die Medizin wieder so richtig Spaß.

★

Zu unserem Ärzteteam kam ein Kinderarzt aus Tansania hinzu, den wir gut gebrauchen konnten, denn als Afrikaner wußte er viel über Symptome und Krankheiten, die es in Europa nicht gab. Er hatte einen medizinischen Ansatz, der manchmal weit entfernt von meiner sauer erlernten Schulmedizin lag, aber nach anfänglicher Skepsis lernte ich sehr viel von ihm, denn oft war er der einzige, der sich mit den Gebräuchen der Medizinmänner auskannte, zu denen auch viele unserer Patienten Zuflucht suchten.

Hussein war besonders gefordert, wenn wieder einmal ein Hirte von Raubtieren angefallen und schwer verletzt worden war. Ein chinesischer Kollege war dafür zuständig, in der Region umherzureisen, um die Landbevölkerung zu impfen, und er nahm mich öfter mit, damit ich den Krankenschwestern auf dem Land das Zähneziehen beibringen konnte. Während dieser Fahrten sah ich zum ersten Mal Leprakranke, die es in Botswana zum Glück nur selten zu beklagen gab. Vorsorgearbeit war vor allem auch auf dem Gebiet der Geschlechtskrankheiten vonnöten. Die Männer, die auf dem Land arbeiteten und oft weit entfernt von ihrem Heimatdorf wohnten, hatten meist mehrere Frauen, so daß der häufige Partnerwechsel eine der Hauptursachen für die häufig auftretenden Geschlechtskrankheiten war.

In meiner Klinikarbeit hatte ich mir einen Plan gemacht, was ich wann in der Woche zu erledigen hatte. Montags war mein Kliniktag, an dem ich bis zu 60 Zähne zog, wobei ich nur die schwierigen Fälle bekam, denn die einfachen konnten ja bereits die Krankenschwestern behandeln. Dienstags fuhr ich in die Buschschulen, um den Kindern beizubringen, wie sie ihre Zähne richtig pflegen mußten. Manche Schulen lagen so weit von Serowe entfernt, daß ich dorthin fliegen mußte. Mittwochs war mein OP-Tag, an dem ich Tumore, Weisheitszähne, Kieferbrüche und vieles mehr operierte. Donnerstags besuchte ich weitere Schulen im Umkreis, und freitags war ich wieder in Serowe in der Klinik. Die Patienten kamen von weit her und warteten manchmal tagelang auf mich.

*

Ein Weihnachtsfest stand mal wieder vor der Tür, und Hussein veranstaltete in der Adventszeit ein großes Fest, zu dem ein Schaf geschlachtet wurde und es jede Menge zu essen und zu trinken gab. Wir machten Musik, tanzten und lachten, und ich half Hussein beim Kochen und nachher auch beim Aufräumen.

Wir kamen uns immer näher und planten über Neujahr eine gemeinsame Tour nach Simbabwe. Hussein lebte und arbeitete zwar schon lange Zeit in diesem Teil Afrikas, hatte aber fast noch nichts vom Land gesehen. Ich plante den Ausflug bis ins Detail und wollte in den vier Urlaubstagen auf jeden Fall bis zu den Viktoriafällen kommen.

Unsere Reise war eine Reise in die Vertrautheit hinein, da wir mittlerweile bis über alle vier Ohren ineinander verliebt waren. Wir genossen die Zeit, die wir gemeinsam verbrachten, und nach unserer Tour beschlossen wir, daß es ehrlicher wäre, wenn ich zu ihm ziehen würde.

Ich war so verliebt, daß ich die Maßstäbe meiner Erziehung einfach über Bord warf. Nichts war stärker als unsere Liebe zueinander. Dagegen waren alle ethischen und christlichen Regeln, die ich einmal gelernt hatte, nur leblose Buchstaben. Nach den schmerzlichen Erfahrungen, die ich später machen mußte, sehe ich die Sache heute anders. Vielleicht war es wirklich ein Fehler, einer Liebesbeziehung mit einem moslemischen Mann nicht vorsichtiger begegnet zu sein. Aber zunächst waren wir sehr glücklich miteinander.

Es folgte eine sehr intensive Zeit, in der wir natürlich auch Streit hatten, aber immer mit der Intention, eine neue Gemeinsamkeit zu erstreiten. Wir verhielten uns doch schon wie ein Ehepaar, nur heiraten wollten wir nicht. Ich kam auch gar nicht auf diesen Gedanken, der mir durch mein bisheriges Leben ja auch völlig fremd war. Wie Kinder genossen wir die Zeit, die wir gemeinsam hatten und überlegten nicht, wie es in der Zukunft weitergehen könnte.

Hussein sprach oft davon, daß er irgendwann wieder nach Ägypten zurückkehren wollte. Er kam ins Schwärmen, wenn er von seinem Landgut im südlichen Ägypten erzählte, und ich konnte mir gut vorstellen, daß er dort richtig glücklich war, denn hier in Botswana war der Garten seine große Leidenschaft. Wir hatten immer frisches Gemüse, jede freie Minute nutzte er, um sich bei der Gartenarbeit zu entspannen.

Eine weitere Gemeinsamkeit, die uns verband, war das Reiten. Wir kauften uns ein Pferd, auf dem wir zu zweit ausritten und so den Busch erkundeten. Diese gemeinsamen Erlebnisse rundeten unser Glück so richtig ab.

Meine Freunde, besonders auch die Schwestern aus dem Kloster, waren von Hussein ganz begeistert, besuchten uns häufig und verbrachten viele Abende bei uns.

Hussein wurde eines Tages zu einem Kongreß eingeladen, um einen Vortrag über den Islam zu halten. Er hatte sich so intensiv mit seinem Glauben beschäftigt, daß er sich besser auskannte als manche Inder, die im Land lebten und als Referenten ebenso in Frage gekommen wären. Hussein bereitete die Vorträge vor, und ich brachte sie in ein gutes Englisch. Auf diese Weise bekam auch ich noch einmal einen intensiveren Einblick in seinen Glauben, wie auch dadurch, daß wir gemeinsam Koran und Bibel lasen, verglichen, diskutierten und stritten.

Ein in Afrika sehr bekannter moslemischer Inder besuchte uns für einige Tage, und sein Engagement zeigte mir, daß der Islam auch sehr radikal sein kann. Er gehörte einer Gruppe an, die den Islam in Südafrika als politisches Mittel im Klassen- und Rassenkampf einsetzte. Neben der intellektuellen Art Husseins, seinen Glauben zu verstehen, war diese Erfahrung eine Erweiterung meines Blicks.

*

Trotz der vielen Unterschiede hatten Hussein und ich eine wunderbare Zeit, obwohl wir beide wußten, daß sie nicht unbegrenzt war. Unsere gemeinsame Zukunft war sehr ungewiß, woran wir beide immer denken mußten, auch wenn wir es nicht oft aussprachen. Wir versuchten, es zu verdrängen und zu vergessen, waren eigentlich unabhängig und erwachsen . . . und doch nicht frei. An die Konsequenzen unseres kurzsichtigen Verhaltens wollten wir nicht erinnert werden, und wir lebten, als ob es kein Morgen gäbe.

Ich übernahm das Kochen und Einkaufen, Hussein kümmerte sich um den Garten. Wir hielten Schafe und hatten immer so viel Fleisch, daß wir nichts dazukaufen mußten. Hussein ging ab und zu mit Freunden jagen, so daß manchmal eine Gazelle oder eine Antilope in der Gefriertruhe lag.

Für Urlaubsplanungen war ich zuständig, und unseren nächsten Urlaub wollten wir in Südafrika verbringen. Ich organisierte ein Visum für uns, was nicht ganz einfach war. Unsere schönste Reise führte uns bezeichnenderweise zum Kap der Guten Hoffnung, wo wir größere Schwierigkeiten hatten, ein gutes Hotelzimmer zu finden, da Hussein wie ein Inder aussah. Die Vorurteile Indern gegenüber waren in Afrika sehr groß, aber Hussein konnte sich ja schlecht ein Schild mit der Aufschrift umhängen: „Ich bin kein Inder". Oft durften wir in Kinos nicht denselben Eingang benutzen und fanden uns erst im Dunkeln wieder. Unter diesen Bedingungen machte es keinen Spaß, Urlaub zu machen, so daß wir uns für weitere Ausflüge auf Botswana beschränkten und lange Buschtouren unternahmen.

Unser Leben hätte sorglos und schön sein können, doch die Zeit arbeitete gegen uns. Eine Veränderung war abzusehen, denn unsere Regierungsverträge liefen aus. Für mich war klar, daß ich nach einer kurzen Unterbrechung wieder nach Botswana zurückkehren wollte, aber Hussein war sich keineswegs sicher, ob auch er das wollte. Ihn zog es heimwärts nach Ägypten.

Husseins Wege

Im Juni 1982 wollte Hussein nach Ägypten reisen, nicht nur für einen Urlaub, sondern um Botswana für immer zu verlassen. Ich konnte das nicht glauben, denn ich wünschte mir inzwischen eine dauerhafte Beziehung, eine Ehe mit ihm. Aber Hussein war ja offiziell noch verheiratet. Ich überlegte, was meine Familie zu dieser Geschichte sagen würde. Mein Vertrag lief noch einen Monat länger als der Husseins, dann wollte auch ich zu einem Heimaturlaub nach Deutschland aufbrechen.

Husseins Gedanken waren bereits in Ägypten, wo er seine Scheidung schnell über die Bühne bringen wollte. Vorher mußten wir unser gemeinsames Haus zumindest für die Zeit meines Heimaturlaubs aufgeben, also brachte ich meine Sachen zu Ray ins Haus. Hussein reduzierte seine Habe bis auf einen Koffer, denn er wollte ja im Prinzip nicht wieder zurückkommen. Ich verdrängte die Schwierigkeiten, die nun unweigerlich auf uns zukommen mußten.

Wir saßen ein letztes Mal auf unserer Matratze und versuchten, ausgelassen und fröhlich zu sein. Doch das war alles nur Fassade, hatten wir doch beide einen Kloß im Hals bei allem, was wir uns noch Liebes sagen wollten. Keiner von uns hatte gelernt zuzugeben, daß das Unerträgliche eben wirklich unerträglich ist, so daß wir unseren Schmerz nicht angemessen ausdrücken konnten.

Wir planten in der Hauptstadt Gaborone noch zwei gemeinsame Tage, in denen wir ein letztes Mal Luxus ohne Schwermut genießen wollten. Hussein schlug mir vor, daß ich ihn am Ende meines Heimaturlaubs in Kairo besuchen könnte, doch das war nur ein schwacher Trost. So verbrachten wir unser letztes Zusammensein in Gaborone, ohne es zu genießen, denn alles war irgendwie dumpf und schal. Ein großer, grauer Schleier schien über der Welt zu hängen, außerdem fühlte ich mich in diesen Tagen gesundheitlich nicht wohl, was ich auf die Anspannung und die Gedanken über die unsichere Zukunft zurückführte.

Unsere Koffer waren gepackt, und die letzten gemeinsamen Minuten, die so schwer zu ertragen waren, hätten wir am liebsten einfach aus der Zeit gestrichen. Doch die Abschiedsstunde schlägt unerbittlich, und wenn man es vorher auch nicht glauben kann: Man überlebt sie doch irgendwie.

*

Ich stieg in meinen Geländewagen, und die Fahrt war tränenreich und einsam, außerdem war mir zum Erbrechen übel, aber ich sagte mir: „Laß dir Zeit, bis du wieder du selbst bist! Nimm es leicht, auch wenn es schwer ist!“

Die ersten 350 Kilometer konnte ich noch auf Teerstraßen fahren, obwohl ich in der Dämmerung darauf achten mußte, daß nicht urplötzlich Kühe auf der Fahrbahn auftauchten. Die Sonne stand glutrot über dem Busch, und dieses Naturereignis stimmte mich wehmütig. Wie oft hatte ich diese Sonne über Afrika untergehen sehen. Sollte ich anhalten? Sollte ich mich meinen Gefühlen noch mehr hingeben? Es war ja keiner da, dem ich hätte erzählen können, wie mir zumute war. Mir ging es schlecht, das ließ sich nicht verbergen, und ich wollte nach Hause. Doch wo war mein Zuhause? Hatte ich jetzt überhaupt noch ein Zuhause?

Ich wußte nur einen Ort, an dem ich willkommen war: bei Ray. Zu ihr konnte ich immer kommen, und ich freute mich auf sie. Ich kam bei ihr mit dem Gedanken an: *Diese Affäre kannst du vergessen. Die Sache ist aus und vorbei.* Auf dem Weg nach Serowe zurück hatte ich mir fest vorgenommen, so zu denken.

*

Am nächsten Tag war ich wieder voll in der Klinik beschäftigt, doch ohne Hussein waren die Tage leer. Ich wollte für die vielen schönen Stunden dankbar sein, aber die Geschichte schien zu ihrem Ende gekommen zu sein. Was blieb, war die Übelkeit; ich fühlte mich nicht wohl, war aber auch nicht richtig krank. Mich beschlich langsam der Gedanke, daß ich vielleicht schwanger sein könnte. Ich ließ in unserem Kliniklabor einen Schwangerschaftstest machen, hatte dabei jedoch die Probe völlig falsch präpariert, so daß das Ergebnis natürlich negativ war.

Mein Leben konnte also unverändert weitergehen, und es kam bald auch für mich die Zeit, Abschied zu nehmen. Die Koffer wurden gepackt, Geschenke für die Lieben zu Hause besorgt, und Mitte Juli verließ ich Botswana mit der festen Absicht, Mitte September wiederzukommen.

Während der 15 Stunden im Flugzeug hatte ich genügend Zeit nachzudenken, was mir eigentlich die Rückkehr nach Deutschland bedeutete, kam aber zu keiner befriedigenden Antwort. Natürlich freute ich mich auf viele Begegnungen, aber ein richtiges Heim, eine Heimat hatte ich nicht mehr. Da ich schon mal beim Grübeln war, packte mich auch noch eine unbestimmte Ahnung, daß sich irgend etwas grundlegend in meinem Leben ändern würde.

In Oberursel angekommen, wurde ich herzlich von meinen Eltern und Geschwistern empfangen. Richtig einzuleben brauchte ich mich ja nicht, da ich nur acht Wochen bleiben wollte. Ich spürte, daß in meinem Körper eine Veränderung vor sich ging, und fragte mich wieder, ob ich nicht doch schwanger wäre. Die Idee erschien mir absurd, denn in Botswana hatte ich mir eine Spirale einsetzen lassen. Der Gedanke ließ mich trotzdem nicht mehr los, und ich beschloß, selbst einen Schwangerschaftstest zu machen, damit ich endlich Gewißheit hätte. Ich ging in die Apotheke und besorgte mir einen Teststreifen, der mehrere Tage zu Hause herumlag, da ich ihn irgendwie immer wieder vergaß.

Endlich raffte ich mich auf, und das Ergebnis war eindeutig positiv! Meine erste Gefühlsregung war Freude; obwohl dieses neue Leben alles andere als eingeplant war, wollte ich für es da sein. Ich nahm mir vor, daß dieses Resultat ein streng gehütetes Geheimnis bleiben mußte, was mir natürlich schwerfiel. So konnte sich niemand mitfreuen, und ich empfand dieses Stillschweigen bald als unerträglich und mußte mich doch irgend jemandem anvertrauen.

Zunächst wollte ich zum Frauenarzt gehen, doch in Oberursel kannte mich jeder. Ich machte dann mit einer jungen Ärztin einen Termin aus, die mich nicht kannte. Sie machte mich darauf aufmerksam, daß eine Schwangerschaft trotz Spirale ein Risiko sei, und riet mir zu einer Abtreibung. Ich erklärte ihr, daß das für mich auf keinen Fall in Frage käme. So zog ich zwei andere Kollegen zu Rate, die mir beide denselben Hinweis auf das Risiko gaben.

Doch ich mußte endlich mit jemandem meine Freude teilen, ohne gleich wieder auf Probleme und Gefahren hingewiesen zu werden. Nur Vera Marie, die gerade bei ihren Eltern in der Nähe von Oberursel zu Besuch war, kam dafür in Frage, und so verabredeten wir uns zu einem Spaziergang im Taunus.

Mit Herzklopfen und einer großen Portion Verzagtheit verkündete ich ihr meine Neuigkeit. Für mich war die Tatsache, daß ich schwanger war, kein Grund mehr zu erschrecken, denn ich freute mich auf das neue Leben, das in mir entstand. Die Reaktion von Vera Marie erstaunte mich maßlos, da sie sich überhaupt nicht in mich hineinversetzten konnte. Ich war in meinem Denken so vollkommen auf mich bezogen, daß ich über Vera Marie sehr enttäuscht war.

Ich erwartete mit großer Selbstverständlichkeit, daß Freunde immer genauso dachten und fühlten wie ich selbst, und berücksichtigte gar nicht, wie unerwartet und schockierend meine Neuigkeit für Vera Marie sein mußte, die immer nur sagte: „Wie konnte euch, die ihr doch beide Mediziner seid, das passieren?“

Ich war beleidigt, denn sie wollte mir wohl meine ganze Freude nehmen. Alle Erklärungen meinerseits kamen bei ihr überhaupt nicht an. Noch heute, viele Jahre nach diesem Spaziergang, könnte ich die Stelle im Wald zeigen, wo wir so meilenweit aneinander vorbeifühlten. In meiner Enttäuschung entbrannte in mir ein Kampf darüber, wer von uns in diesem Punkt mit seiner Meinung im Recht wäre. Doch auch die beste Freundin braucht eben Zeit, um eine solche Neuigkeit zu verdauen. Ich wollte ihr diese Zeit nicht gönnen, und ich nahm mir diese Zeit nicht einmal selbst, um über alle Konsequenzen meines Zustandes nachzudenken.

*

Zwei Tage später machten wir uns zu einer gemeinsamen Tour nach Koblenz auf, um meine Schwester zu besuchen. Wir fuhren durch sonnendurchflutete Landschaften, bekamen aber wenig davon mit, da wir die ganze Fahrt über diskutierten. Ich konnte gar nicht verstehen, warum sich Vera Marie so über etwas aufregte, zu dem ich bereits ein Ja gefunden hatte.

Auf dem Rückweg hätten wir beinahe noch einen großen Streit angefangen, so daß ich sie schon direkt zu ihren Eltern zurückbringen wollte, ohne wie geplant noch bei ihr zu übernachten.

In diesen Tagen hatte ich vor allem eine Sorge: Ich wollte wissen, ob mein Kind durch die Spirale geschädigt worden war. Da eine Abtreibung für mich nicht in Frage kam, wußte ich nicht, wohin ich mich wenden sollte.

Einige Zeit später saßen Vera Marie und ich wieder für viele Stunden im Auto und fuhren nach Salzburg, von wo aus wir gemeinsam mit einer weiteren Schwester eine Hüttenwanderung in die Berge machen wollten. Ich erlebte in dieser Woche die schönste Zeit, die ich je im Gebirge verbracht habe. Wir sammelten Pilze, wanderten, aßen gut und waren einfach glücklich. Die Sorgen und Unstimmigkeiten hatten wir im Tal gelassen.

Nach unserer Rückkehr ging ich zusammen mit Vera Marie in Salzburg zu einem Gynäkologen. Der Arzt konnte sich gut in meine Sorgen einfühlen, aber auch meine Entscheidung nachvollziehen. Er vermittelte mir zum ersten Mal realistische Mutterfreuden, und ich konnte mir mein Kind auf einem Ultraschallgerät anschauen. Ich war von dieser technischen Errungenschaft geradezu überwältigt, da wir in Botswana diese Möglichkeiten natürlich noch nicht hatten, und kam aus dem Staunen gar nicht mehr heraus. Der Arzt stellte sicher, daß die Spirale meinem Kind bisher nicht geschadet hatte, und entfernte sie gleich.

Dann bat ich ihn, Vera Marie hereinzuholen, damit auch sie sich das neue Menschenkind in meinem Bauch anschauen konnte. So bestaunten wir gemeinsam das Kind und beobachteten sogar, wie es an seinem Daumen lutschte.

Die folgende Übung namens Abschied kannten wir bereits, aber sie fiel uns trotz Wiederholung nicht leichter. Gerade weil wir in den vergangenen Wochen miteinander um ein gegenseitiges Verständnis gerungen hatten, war es nicht einfach, wieder getrennte Wege zu gehen. Vor dem Rest des Heimaturlaubs hatte ich ein bißchen Angst, denn ich hatte ein großes Geheimnis für mich zu behalten.

Bei meinen Eltern angekommen, fand ich einige Briefe Husseins vor, deren Inhalt mich mit großer Trauer und Wut erfüllte. Ich fühlte mich in meinem Vorsatz bestätigt, das Kapitel mit dem ahnungslosen Vater meines Kindes als abgeschlossen zu betrachten. Er berichtete mir von seiner problemlosen Scheidung und daß er nun eine neue Frau suchte und bereits meinte, eine gefunden zu haben. Mit ihr gemeinsam wolle er eventuell nach Serowe, also nach Botswana zurückkehren! Er beschrieb sie mir als eine fantastische Frau und ging ganz selbstverständlich davon aus, daß ich auf meinem Rückweg nach Botswana einen Aufenthalt in Ägypten einschieben würde. Für ihn war das alles das Normalste von der Welt, für mich der Gipfel der Geschmacklosigkeit.

In der darauffolgenden Woche zog ich mich im Sauerland in das alte Bauernhaus meines Schwagers zurück, um Zeit zum Nachdenken, zum Beten und zur inneren Einkehr zu haben. Jeden Tag fühlte ich mich wohler, fuhr stundenlang mit dem Fahrrad durch die sonnige Landschaft, singend, betend und im Einklang mit Gott und der Welt. An einem Tag fuhr ich mit dem Rad in die Stadt und kaufte mir einen Ehering. Ganz genau weiß ich heute nicht mehr, warum ich das eigentlich machte. Der Verkäuferin erzählte ich, daß ich meinen Ring beim Baden im See verloren hatte. Frisch beringt ging ich in den nächsten Mutter-Kind-Laden, probierte Umstandskleider an und kaufte auch eines, obwohl man mir meinen Zustand noch überhaupt nicht ansah.

Nun wollte ich noch einige gemütliche Tage bei meinen Eltern verbringen, bevor es wieder in die weite Welt hinausging. Es wäre auch so gekommen, wenn nicht meine Mutter am vorletzten Tag auf mich zugekommen wäre, um mir auf den Kopf zuzusagen, daß ich wohl schwanger wäre. Da sie noch nicht einmal etwas von meiner Beziehung zu Hussein wußte, war die Aufregung, die dann folgte, groß. Mein Vater verhielt sich wie immer still und überließ das Weinen und Schimpfen meiner Mutter, die buchstäblich in der ganzen Welt herumtelefonierte und sogar mit Ray in Botswana sprach. Trotz oder gerade wegen der schwierigen Situation verabschiedeten sich meine Eltern in großer Zuneigung von mir, und ich konnte endlich in Erwartung einer großen Lebensumstellung in mein geliebtes Botswana zurückkehren.

*

Der Flug war auch dieses Mal nicht ganz unproblematisch, da in Nairobi ein Umsturz stattfand. Unser Zwischenstop war daher von Soldaten, die bis an die Zähne bewaffnet waren, geprägt. Ich kam trotzdem wohlbehalten in Botswana an und erzählte meinem Chef während der Fahrt vom Flughafen in die Klinik von meinem „Zustand", wobei ich ihm sofort klarmachte, daß meine Schwangerschaft kein Hindernis für meine Arbeit sei und ich unbedingt einen neuen Vertrag brauchte. Wenige Tage später stand ich wieder im Krankenhaus in Serowe.

Meine Freundin Ray nahm mich mütterlich und ohne Kommentar wieder bei sich auf. Da zu dieser Zeit kein Haus für mich frei war, mußte ich ohnehin bei ihr wohnen, was ich sehr genoß. Abends trafen wir uns oft mit anderen Leuten, um Karten zu spielen, oder machten gemeinsam Besuche und feierten mit einer kleinen Gruppe Gebetsgottesdienste.

Ein Kollege, der einen Vetter Husseins kannte, fragte mich, ob es nicht wichtig wäre, Hussein zu informieren, der ja nicht ahnen konnte, daß er bald Vater werden würde. Wir waren alle neugierig, wie Hussein darauf reagieren würde. Ray, der ich diesen Plan mitteilte, sah eigentlich keinen Hinderungsgrund für diesen Schritt, so daß der Kollege den Vetter Husseins benachrichtigte. Die Reaktion der Verwandtschaft Husseins fiel für mich unerwartet und unverständlich aus. Der Vetter rief mich mehrere Male an, bezichtigte mich, gelogen zu haben, und war unendlich beleidigt, daß ich ihnen meine Situation nicht früher mitgeteilt hatte. Ich begann meinen Entschluß, Hussein zu informieren, zu bereuen, denn bei jedem Telefonklingeln zuckte ich innerlich zusammen.

Ein besonders aberwitziger Gedanke der Verwandtschaft war, daß ich mich von der Frau des Vetters, die Gynäkologin war, untersuchen lassen sollte, wozu ich in die Hauptstadt des Landes hätte reisen müssen. Über soviel Mißtrauen, das mir entgegenschlug, ärgerte ich mich sehr. Keiner der Vorschläge, die mir von der Familie gemacht wurden, war annehmbar für mich.

Erst einige Zeit später konnte ich das Ausmaß der Aufregung verstehen, da Husseins Hochzeit mit der Frau, von der er mir geschrieben hatte, unmittelbar bevorstand. In zwei Tagen sollte die Vermählung sein. Für mich bedeutete das, daß die Sachlage durch Umstände, die ich gar nicht beeinflussen konnte, immer klarer wurde. Meine Beziehung zu Hussein war endgültig beendet – dachte ich.

*

Wochen und Monate gingen ins Land, es wurde November, und der Sommer in Botswana brach an. Eine Dürreperiode machte den Menschen Sorge, und wir beteten in der Kirche regelmäßig für Regen, der leider genauso regelmäßig ausblieb. Viele Leute, denen ich auf meinen Buschtouren begegnete, mußten ihr Vieh verkaufen, um den Hunger einigermaßen zu stillen.

Ray hatte am Abend oft Gäste und lud Freunde, darunter auch Familien aus dem Dorf, Kirchenmitglieder, Häuptlingstanten und sonstige Menschen, zum Abendessen ein. Ihre Großzügigkeit war nicht zu übertreffen, so daß jeder Abend mit einem schönen Ereignis garniert wurde. Am Wochenende fuhr ich oft mit Rays Söhnen zu ihren Viehweiden im Busch, wo Brahmanenbullen mit großen Höckern auf dem Rücken, aber auch Pferde grasten. Reiten kam zwar mit meinem dicken Bauch nicht mehr in Frage, trotzdem genoß ich diese Ausflüge sehr.

In der kommenden Woche sollte ich in die Hauptstadt zu einer Besprechung reisen. Zuvor bekam ich noch einen Anruf von meinem Kollegen Mike, der mir mitteilte, daß Hussein nach Botswana kommen würde und unbedingt mit mir sprechen wollte. So stand mir eine weitere nervliche Belastung bevor; ich machte mir jedoch keine großen Sorgen. Diese Begegnung würde ich auch noch überstehen. Ich ließ Hussein ausrichten, abends um fünf Uhr solle er mich in der Zahnklinik in Gaborone aufsuchen. Mike bot sich an, bei der Unterhaltung anwesend zu sein, was ich selbstsicher ablehnte.

Hussein kam pünktlich, und ich sah ihn bereits auf dem Gang auf mich zukommen. Er hatte einen Safarianzug an, in dem er so dünn wirkte, wie ich ihn noch nie gesehen hatte. Schon bevor wir uns begrüßten, war mir klar, daß er alles andere als glücklich war. Man sah ihm von weitem an, daß er Sorgen hatte.

Die Unterhaltung verlief ruhig, und er klärte mich darüber auf, daß er seine Hochzeit am Abend vorher abgesagt hatte. Auch seine Brüder hätten ihm geraten, zu mir zurückzukehren. Er hatte viele Geschenke aus Ägypten für mich dabei, doch ich blieb hart, so wie ich es mir vorgenommen hatte. Ich erklärte ihm, daß ich die Verantwortung für das Kind allein tragen wollte. Auf ihn würden keine Verpflichtungen zukommen, denn ich wollte unabhängig sein und ihn nicht in meiner Nähe haben. Ich bat ihn, sich nicht wieder in Serowe zu bewerben, wenn er nach Botswana zurückkommen würde.

Wir verabschiedeten uns zwar äußerlich kühl voneinander, doch innerlich waren wir beide sehr aufgewühlt, denn uns beiden war zu diesem Zeitpunkt klar, daß sich unsere Gefühle füreinander nicht geändert hatten. Jeder hatte dem anderen einen Platz in seinem Herzen eingeräumt, nur aussprechen konnten wir das nicht.

*

Hussein bewarb sich wie abgemacht für eine Chefarztstelle im 500 Kilometer entfernten Molepolole. In meinem kleinen Garten stand noch immer unser Pferd, mit dem Hussein und ich so viele wunderbare Ausflüge unternommen hatten. Ich konnte nicht mehr reiten, und selbst die Pflege des Pferdes wurde mir manchmal zuviel. So kam mir die Idee, Hussein zu fragen, ob er nicht das Pferd zu sich nach Molepolole nehmen wollte. Er war einverstanden, und an Silvester sollte jemand kommen, um das Tier abzuholen.

Doch erst einmal wurde Weihnachten gefeiert, mein fünftes Weihnachtsfest in Botswana. Rays Enkelkinder kamen in ihren Sommerferien aus dem Internat, um das Fest bei ihrer Großmutter zu feiern. Ich hatte mich langsam daran gewöhnt, Weihnachten in großer Hitze am Swimmingpool zu begehen. In Rays Familie gestaltete man alles im englischen Stil, wir kochten Plumpudding und sangen englische Lieder.

Im Krankenhaus veranstalteten wir am Heiligabend ein Patientenfest. Mit der Frau des Präsidenten von Botswana zog ich durch die Zimmer und begleitete auf meiner Gitarre die gesungenen Lieder, die wir fast alle vorher aus dem Englischen und Deutschen in die Landessprache übersetzt hatten.

Zu Silvester 1982 kam Hussein mit seinem Auto nach Serowe, begleitet von einem jungen Mann, der das Pferd nach Molepolole reiten sollte. Seine Ankunft rief in mir viele Erinnerungen wach, und es kam, wie es kommen mußte. Wir verbrachten drei Tage miteinander, die uns unsere Liebe wiederbrachten, tauschten dabei schöne und weniger schöne Erinnerungen aus und ließen die Gedanken in die Zukunft schweifen. Mein Entschluß, Hussein auf keinen Fall zu heiraten, blieb jedoch fest bestehen. Trotzdem machten wir Wanderungen und genossen unsere gemeinsame Zeit. Meine Freunde hatten mir bereits vorausgesagt, daß alles so kommen würde.

Am letzten Morgen sattelte Hussein das Pferd und gab dem Reiter Instruktionen für seinen Weg. In Botswana herrschte in einigen Regionen die Maul- und Klauenseuche, deswegen wurden überall im Lande Viehkontrollen durchgeführt. Ohne Berechtigungsschein konnte man die öffentlichen Straßen nicht passieren, aber unser mutiger Reiter wollte sowieso nicht die Hauptstraße benutzen, sondern durch den Busch reiten. Hussein fuhr am selben Tag auch wieder weg, denn wir mußten ja beide zurück an unsere Arbeit gehen.

Drei Tage nach seiner Abreise rief Hussein überraschend an, denn der Reiter war zwar mit Sattel und Zaumzeug über den Schultern in Molepolole angekommen, aber das Pferd war auf der Strecke geblieben. Während der Reiter eine Pause gemacht hatte und das Tier grasen ließ, nutzte das Pferd die günstige Gelegenheit, in Richtung Heimat davonzutraben. Es lebte ja seit drei Jahren in Serowe, so war der Heimweg für ihn das Normalste von der Welt. Nur durch die Viehkontrollen konnte es natürlich nicht ohne weiteres kommen.

Hussein und ich trafen uns am nächsten Tag, um das Pferd zu suchen. Da es mehr an mich gewöhnt war, mußte ich mit meinem dicken Bauch durchs Gelände stiefeln. Wir sprachen mit Häuptlingen und Dorfbewohnern und baten sie, nach einem freilaufenden Pferd, was auch in Botswana ein Kuriosum war, Ausschau zu halten. Von dem Pferd war jedoch weit und breit nichts zu sehen, und wir mußten uns unverrichteter Dinge wieder trennen.

Hussein fuhr in seine Hunderte von Kilometern entfernte Wirkungsstätte, und ich hatte keine Lust mehr, mich weiter um die Pferdegeschichte zu kümmern. Noch waren es sieben Wochen bis zur Geburt, die Hitze und mein ungewohntes Gewicht machten mir zu schaffen, so daß mir die Arbeit in der Klinik zunehmend schwerer fiel.

Mein Frauenarzt nannte mich bei jedem Besuch eine „Spätgebärende", was ich mit 34 Jahren wohl auch war. Zum nächsten Frauenarzttermin wollte Hussein, der recht besorgt um mich erschien, mitkommen und selbst mit dem Gynäkologen sprechen. Anschließend wollte er mich nach Molepolole mitnehmen. Da ich noch nach Gaborone mußte, lag Molepolole fast auf dem Weg, und ich freute mich auf ein ruhiges Wochenende, das das schönste werden sollte, das wir je miteinander verbrachten. Wir badeten, gingen gut essen, machten Picknicks, besichtigten das Krankenhaus, in dem Hussein arbeitete, und saßen abends romantisch am Lagerfeuer. Eine Frage blieb jedoch zwischen uns noch offen: Hussein wollte mich heiraten, und ich geriet ins Wanken.

Die Verlockung, nun endlich eine eigene Familie haben zu können, war so groß, daß ich nicht mehr darüber nachdachte, welche Schwierigkeiten diese Ehe mit sich bringen könnte. Wir kamen aus zwei so verschiedenen Kulturen und hatten einen ganz unterschiedlichen Glauben, der uns beiden viel bedeutete. Doch durch die rosarote Brille kann man nicht sehr weit sehen, und wir lebten sorglos in die Zukunft hinein, in der sicheren Annahme, daß uns nichts scheiden konnte von der Liebe Gottes – wobei wir dachten, zu ein und demselben Gott zu beten. Darin bin ich heute anderer Meinung, aber damals erschien mir alles möglich.

Wir nahmen uns fest vor, das Leben mit Verständnis, Toleranz und Liebe zu meistern, und so sagte ich schließlich ja. Dieses Ja war ein Ja des Herzens, nicht unbedingt des Verstandes. Vor allem aber liebte ich diesen Mann. Wir wollten die Formalitäten nun möglichst rasch hinter uns bringen.

Husseins Vetter kam noch am selben Wochenende nach Molepolole, um uns ein großes Hochzeitsgeschenk zu überreichen. Er entschuldigte sich für alle Bedenken in der letzten Zeit und sagte uns seine Hilfe zu. Alle Schwierigkeiten schienen aus dem Weg geräumt zu sein. Hussein kümmerte sich um den Papierkrieg, denn sein Scheidungsdokument mußte er übersetzen und beglaubigen lassen, damit unsere standesamtliche Hochzeit bald stattfinden konnte.

Yosef

Am 20. Januar sollten wir vom Distriktkommissar getraut werden. Abgehetzt nach der Arbeit, warf ich mich in das einzige mir noch passende Kleid und raste mit meiner Trauzeugin im Schlepptau zum Standesamt in Serowe, das in einer kleinen Wellblechhütte untergebracht war. Hussein hatte zwei Inder als Trauzeugen mitgebracht, die Moslems waren. Ray hatte vorher Hussein in ihrem Laden noch eine saftige Standpauke gehalten, daß er mir ja nie etwas Böses antun sollte.

Die Hochzeitszeremonie war kurz und bündig. Da wir keine Eheringe gekauft hatten, zog Hussein seinen alten Ring aus der Tasche und ich den Ring, den ich mir im Sauerland gekauft hatte. Später holten wir den Kauf unserer Ringe nach. Hussein versorgte die Beamten auf dem Standesamt mit Schokolade und Cola, bevor wir in Windeseile ein paar Sachen zusammenpackten, um zu unserer Hochzeitsreise ins Holiday Inn nach Bulawayo aufzubrechen.

Wir hatten zwar nur ein Wochenende zum Flittern, aber das schmälerte unser Glück keineswegs. Wir lagen einfach drei Tage faul am Swimmingpool und genossen die Ruhe und den Hauch von Luxus. Montags waren wir zwar immer noch frisch getraut, aber sonst blieb erst einmal alles unverändert, fuhren wir doch wieder in die weit voneinander entfernten Krankenhäuser, um unseren Dienst zu tun. Doch Hussein wollte um eine Versetzung nach Serowe bitten. Ich würde meine letzten Wochen vor der Geburt arbeiten und mich dann ganz dem Mutterglück hingeben. *Der Mann geht arbeiten. Die Frau versorgt die Familie. Das ist doch das Normalste von der Welt.* Mit diesen Gedanken fuhr ich wieder zurück nach Serowe.

Dort angekommen fand ich einen Berg Post auf meinem Schreibtisch, darunter nicht nur Glückwünsche zu unserer Vermählung. Auch ein Brief meiner Eltern, die ihr Entsetzen ausdrückten, war dabei. Mein Vater, von dem ich bis dahin noch nie einen Brief bekommen hatte, schrieb mir, daß ich durch die Heirat mit einem Moslem alle Rechte als seine Tochter verwirkt hätte. Mein Bruder, der ebenfalls sehr schreibfaul ist, nahm auch den Stift zur Hand, um in seinem Brief so zu tun, als könnte man die Uhr noch einmal zurückdrehen.

Keiner der Menschen, die mir etwas bedeuteten, hatte für meine Entscheidung Verständnis, während ich kurz vor der Geburt meines ersten Kindes stand, das eine gesicherte Zukunft und eine liebevolle Familienatmosphäre erleben sollte. Botswana war uns in seinem toleranten Zusammenleben der Rassen ein Vorbild, so daß unser Kind in diesem Land zunächst gut aufgehoben war. Finanzielle Sorgen mußten wir uns auch nicht machen, denn Hussein war ein guter Chirurg und ich eine gute Zahnärztin. Überall auf der Welt würden wir zurechtkommen und Arbeit finden, wobei Hussein von Anfang an kein Geheimnis daraus machte, daß er wieder zurück nach Ägypten wollte.

Natürlich würde er nur mit seiner Familie dorthin gehen wollen, doch mich lockte Ägypten wenig. Ich hatte keine rechte Vorstellung von Husseins Heimat, die er mir in den leuchtendsten Farben schilderte. Die Fleischtöpfe Ägyptens standen nach seiner Darstellung für uns bereit, denn schließlich wartete ein Job bei der Regierung auf Hussein, von dem er nur beurlaubt war. Außerdem besaß er in einem noblen Stadtteil von Kairo eine große Wohnung, und zwar direkt am Nil.

Hussein versicherte mir, daß meine religiöse Freiheit sicher wäre, denn es bezeichneten sich immerhin zehn Prozent der Menschen in Ägypten als Christen. Die Religion unseres Kindes war für ihn kein großes Diskussionsthema. Noch vor der Hochzeit hatten wir darüber lange gesprochen, wobei ich wie immer der hitzige Gesprächsteilnehmer und Hussein die Ruhe selbst war. Er argumentierte ganz ruhig und sachlich, eine Eigenschaft, die ich vom ersten Augenblick an sehr an ihm geschätzt hatte und entfaltete seine Argumente mit großer Sicherheit. So vermittelte er mir mit seiner Art ein Stück Geborgenheit und glich damit mein leicht überschäumendes Temperament aus.

Mein Leben bekam durch das Zusammensein mit Hussein eine neue Dimension des Ausgewogenseins. Gerade in der Frage der religiösen Erziehung unserer Kinder hatte er eine sehr offene und vernünftige Auffassung, die mich beeindruckte, hatte ich doch mein Leben lang an die Intoleranz der Moslems geglaubt.

Hussein wollte den Kindern absolute Freiheit in der Wahl ihrer Religion lassen, und wir würden uns in ihre Entscheidungen nicht einmischen. Er dachte, wie ich damals auch, daß die Religion eigentlich nur der äußere Rahmen der menschlichen Beziehung zu Gott wäre und daß die Liebe zu Gott schließlich von Gott selbst käme, so daß nur er im Herzen der Kinder letztlich überzeugend wirken konnte und nicht die Religion, in der wir sie erzogen. Ich konnte mir diese große Freiheit der religiösen Erziehung zwar praktisch nicht so recht vorstellen, doch die Idee gefiel mir, und ich hatte genug Vertrauen zu Gott und zu meinem Mann, daß wir einen Weg finden würden. Heute weiß ich, daß diese Vorstellung eine Illusion war.

Botswana war gerade das richtige Land für uns, um nicht immer vor Augen haben zu müssen, daß wir aus verschiedenen Kulturen kamen. Mit keinem meiner Freunde verbanden mich gemeinsame kulturelle Erfahrungen. Ray, Marge, Pater Oswald, die Schwestern aus den verschiedenen Erdteilen – alle hatten völlig andere Hintergründe als ich, doch wir verstanden uns gut, weil wir Menschen waren. Ich bewertete unsere europäische Kultur nicht mehr höher als die afrikanische. Das hört sich selbstverständlich an, aber viele Europäer und Amerikaner mußten das in Afrika erst lernen und entdecken, so wie ich auch.

⋆

Im neunten Monat meiner Schwangerschaft war ich natürlich sehr auf das Kind fixiert und wollte, daß wir endlich als

Familie zusammenlebten. Durch einen traurigen Umstand konnte Hussein wieder an seine alte Stelle nach Serowe zurückkehren: Ein Arzt aus Deutschland war schwer erkrankt. Eine genaue Diagnose konnte nicht gestellt werden, aber er mußte seinen Dienst abbrechen und nach Deutschland zurückkehren. Leider war sein Haus noch nicht frei, so daß Hussein und ich in ein Hotel in Serowe ziehen mußten, was sich besser anhört, als es war.

Wir waren in einer kleinen Hütte am Hügel untergebracht, in der es keine Kochmöglichkeit gab. Das Bad, das an einem steilen Felsen gelegen war, benutzten viele andere Gäste gemeinsam mit uns. Das Essen wurde nach Landessitte zubereitet, was bedeutete, daß es morgens, mittags und abends Maisporridge gab, mittags und abends als Beilage zu Ziegenfleisch, wobei man bereits während des Frühstücks die zerlegte Ziege bewundern konnte. Ich bin normalerweise nicht empfindlich, was das Essen betrifft, aber nun bekam ich nichts mehr herunter und verlor deshalb einiges an Gewicht. Mein Frauenarzt war nicht glücklich darüber. Er besprach sich lange mit uns, und wir beschlossen, daß die Geburt eingeleitet werden sollte. Mir war das nur recht, denn wir hatten bereits überlegt, wie wir mit dem Auto die lange Strecke überstehen würden, während ich in den Wehen lag.

Am Samstag gingen wir also wie verabredet in die Klinik. Der behandelnde Arzt war sehr nett zu uns, und der Tropf mit dem wehentreibenden Mittel wurde angeschlossen. Hussein hatte einige Bücher mitgenommen, aus denen er mir vorlesen wollte, doch wir hatten auch so genug Gesprächsstoff, denn eine ganze Zukunft war ja noch zu planen. Ich hatte keine Angst vor dem, was da kommen sollte.

Der Tag verging, der Tropf tröpfelte, und es passierte nichts. Nachmittags kam der Arzt, nahm alle Schläuche wieder ab und empfahl uns, einen schönen Abend im Hotel zu verbringen. Die ganze Zeit am Tropf zu hängen, wäre zu anstrengend für mich geworden. Am nächsten Tag wollte er nochmals versuchen, die Geburt einzuleiten. Also war dies eigentlich unser letzter Abend ohne Kinder. Am nächsten Morgen fanden wir uns zur verabredeten Zeit im Krankenhaus ein, die nun folgende Übung kannten wir schon. Der Arzt erhöhte die Dosis des Medikaments, und siehe da, es tat sich was.

Nach langer, für mich schmerzhafter Arbeit erblickte unser Sohn Yosef am 13. Februar 1983 um 16 Uhr das Licht der Welt. Ich war zunächst sehr matt von den Anstrengungen der letzten Stunden und konnte noch gar nicht fassen, daß ich nun nicht mehr schwanger war. Doch sehr schnell stellte sich das Glücksgefühl über die Geburt unseres Sohnes ein, obwohl das Kind winzig und objektiv gesehen sicher nicht das hübscheste war. Aber ich betrachtete es als Mutter natürlich mit liebenden Augen, und für mich war Yosef einzigartig. Ich verlangte gleich ein Ferngespräch nach Deutschland, um meinen Eltern die frohe Nachricht zu überbringen.

*

Da das Kind sehr klein war, sollte ich sicherheitshalber noch eine Nacht im Krankenhaus bleiben. Es sollte eine schlaflose Nacht werden, denn ich war mit zehn schwarzen Frauen auf einem Zimmer, die alle gerade erst entbunden hatten. So bekam ich von Mitternacht bis zum Morgengrauen lange Vorträge über Kinderpflege gehalten. An Schlaf und Ausruhen war nicht zu denken, zumal jede der Frauen noch Mutter, Schwiegermutter und Tante dabeihatte.

Ich stach sehr von den anderen Müttern ab. Eine blasse Frau mit gelben Haaren – wie konnte ein Mann bloß Gefallen an so einer finden? Und auch das Kind war farblos, ohne schwarze Locken. Es sah aus, als wäre es gerade aus einem Termitenhügel gekrochen. Wie konnte man so etwas bloß zur Welt bringen? Diese und andere Fragen sah ich förmlich auf der Stirn der Menschen um mich her. Ich wünschte mir schon fast, ebenso schwarz auszusehen wie sie. Ich stellte mir vor, wie ich mich dann über Maisporridge mit Ziegenfleisch freuen würde und auch in eine Schar von Tanten, Müttern und Schwiegermüttern eingebunden wäre.

Meinen wirren Tagträumen wurde zum Glück bald ein Ende gesetzt, denn am nächsten Morgen kam endlich Hussein, um uns mitzunehmen. Mit vielen guten Wünschen wurden wir entlassen. Den Ärzten mußten wir versprechen, noch eine Nacht im Hotel zu bleiben, damit wir schnell wieder in der Klinik wären, falls Komplikationen auftraten. Ich verschwieg die Tatsache, daß wir zu dieser Zeit sowieso kein richtiges Zuhause hatten.

Alle Höschen und Hemdchen, die ich für unser Kind gekauft hatte, waren Yosef viel zu groß, doch er würde sicher noch hineinwachsen. Der Kleine machte es mir nicht schwer, in meine neue Mutterrolle zu finden, denn er war ausgesprochen lieb und brav. Hussein vertraute darauf, daß ich schon alles richtig machen würde, so wie er es von den ägyptischen Frauen gewöhnt war. In Botswana machte man sich ohnehin nicht so viele Sorgen, wie ein Kind großzuziehen war. Dieser Unbekümmertheit schloß ich mich gerne an. Jedes Kind mußte hierzulande seinen Fähigkeiten entsprechend auch im Haushalt mithelfen und Verantwortung übernehmen, und so wollte auch ich es handhaben.

*

Am Dienstag nach der Geburt packten wir unsere Sachen zusammen, nahmen unser Kind, bestiegen unser Auto und fuhren in sengender Hitze nach Serowe zurück. Wir hatten zwar kein Haus, aber Hussein schaffte es trotzdem, mir immer wieder ein Gefühl der Sicherheit zu geben. Glücklicherweise wurde das Haus auf dem Krankenhausgelände nun endlich für uns frei gemacht. Alte Möbel und Matratzen lagen noch herum, und dazwischen standen unsere wenigen Habseligkeiten. Hussein hatte einem Kollegen einige Elektrogeräte abgekauft, so daß wir einen Kühlschrank, eine Stereoanlage, ein Videogerät und einen Fernseher hatten. Für botswanische Verhältnisse stellte das schon eine luxuriöse Ausstattung dar. Es gab zwar keine Fernsehstation in Botswana, aber mit etwas Geduld, Geschick und Glück konnte man manchmal südafrikanisches Fernsehen empfangen.

Zur Mittagszeit saßen wir zwischen den vielen Sachen und wußten gar nicht, wo wir mit dem Einräumen beginnen sollten. Wir wollten es nach den Entbehrungen der letzten Wochen sehr schnell in unserem Heim gemütlich haben. So packten wir in Windeseile alles aus, schoben und schleppten

Möbel herum, während ich nur ab und zu kleine Stillpausen einlegte.

Am Abend kamen meine besten Freunde: Ray, Pat und Marge, die den Zuwachs bestaunen und gratulieren wollten. So saßen wir in froher Runde beieinander und beteten gemeinsam für ein harmonisches Familienleben. Wir waren alle glücklich und genossen die Harmonie.

Auch im nun folgenden Alltag hielt dieses Hochgefühl an. Ich nahm mir vor, meine Freiheit richtig auszukosten. Drei Monate konnte ich nun machen, was ich wollte. Also lief ich morgens, wenn Hussein zu seinem anstrengenden Dienst mußte, über die holprigen Straßen zu Ray und hatte dabei Yosef in einem Tuch vor der Brust.

Ich fühlte mich, als wäre ich die einzige Mutter der Welt und wüßte alles über Kinder, denn ich hatte ja schließlich gerade eines bekommen! Ich kannte mich mit Bade- und Schlafgewohnheiten, Stillrhythmus und Kinderkleidung aus, so daß ich mich „fachfrauisch" neben jede andere Mutter stellen konnte. Unsere Ehe war vorbildlich, und ich sah mich nach einigen Monaten schon als erfahrene Ehefrau! Schwierigkeiten wegen der unterschiedlichen Hautfarbe, Rasse, Nationalität und Religion kannte ich nicht, denn wir waren schließlich etwas ganz Besonderes; uns konnte keine Differenz etwas anhaben! So selbstsicher und unerschütterlich beurteilte ich damals meine Lebenssituation.

*

Ich ging zur Kirche, wann immer Hussein auf Yosef aufpassen konnte. Seine Idee von der totalen Religionsfreiheit hieß für ihn, daß sein Sohn keine Kirche betreten würde, solange er als Vater darüber wachte. Trotzdem taufte ich Yosef heimlich an einem Nachmittag, an dem Hussein bei der Arbeit war, und machte ein kleines Fest daraus. Diese Freiheit nahm ich mir einfach heraus, denn mir war die Taufe wichtig, und Hussein hätte die Sache sowieso nicht verstanden.

Unsere Zukunft lag in Gottes Hand, da war ich mir ganz sicher. Damit auch nichts schiefging, wollte ich allerdings ein bißchen nachhelfen. Die Harmonie zwischen uns verlor auf diese Weise mit der Zeit ihre Echtheit, weil ich jede Differenz sofort wegbügelte, statt mich wirklich damit auseinanderzusetzen. Wir umgingen notwendige Auseinandersetzungen, weil wir soviel Glück nicht aufs Spiel setzen wollten. Unsere Einmaligkeit sollte nicht auf das normale Maß einer Ehe zurückfallen.

*

Immer wieder gab es auch Abenteuer zu bestehen. Wir hatten ja noch unser entlaufenes Pferd einzufangen, an dem ich nun noch mehr als früher hing, nicht zuletzt deswegen, weil es uns wieder zusammengebracht hatte.

Eines Tages bekamen wir einen Anruf: Unser Pferd stand auf einem Feld unreifer Melonen, und wir sollten sehen, daß es von dort weggeholt würde. Ein zufriedenes, gut gefüttertes Pferd war jedoch nicht so ohne weiteres zu fangen. Die Dorfältesten und der Häuptling des Nachbardorfes versprachen uns ihre Hilfe, doch alle Versuche, das Tier einzufangen, schlugen fehl. Wer konnte schon ein halbwildes Pferd zu Fuß einfangen?

Wir hatten eine tolle Idee: Wir kauften eine riesige Menge Beruhigungsmittel, und an einem freien Tag fuhren wir mit unserem Kleinlaster zu dem Feld hinaus. Das Mittel sollte mit viel Zucker, auf den unser Pferd ganz verrückt war, gemischt werden.

Als wir ankamen, ließen wir Yosef in einer Tragetasche auf der Ladefläche des Lasters. Ich mischte in einer großen Schüssel mehrere Kilo Zucker mit dem Beruhigungsmittel und stellte das köstliche Gemisch in der Nähe des Pferdes auf, das sich erwartungsgemäß sehr über die Leckerei freute und alles restlos auffraß. Kurz darauf fing es an, wie betrunken herumzutorkeln und konnte sich kaum noch auf den Beinen halten. Doch jedesmal, wenn wir ihm das Zaumzeug anlegen wollten, kam in ihm wohl die Erinnerung hoch, wozu dieses lästige Gerät gut war, und es lief taumelnd, aber noch immer recht schnell davon. Wir verfolgten es unablässig, wobei das Tier aber leider nicht schläfriger, sondern immer munterer wurde.

Inzwischen war der ganze Ort auf den Beinen und hinter dem Pferd her. Eine illustre Jagdgesellschaft war zusammengekommen: Frauen mit Kochlöffeln, im Viehtreiben geübte Männer, der Häuptling mit dickem Porridgebauch und unzählige Kinder, die einen schulfreien Tag witterten, während ich in ständiger Sorge war, daß Yosef aufwachen und mich dann brauchen könnte. Wir rannten, wir lockten, wir schlichen uns an, vor uns immer das Pferd, das die Freiheit des Melonenfeldes mehr liebte als unsere Fürsorge.

Die Sonne stand mittlerweile hoch am Himmel, wir waren müde und abgehetzt, hatten Durst und Hunger und wollten uns schon geschlagen geben. Nach Sonnenuntergang konnte man sowieso nichts mehr ausrichten. Doch sollte dieser ganze Tag umsonst gewesen sein? Ich war wütend und wollte mir unsere Unfähigkeit nicht eingestehen, also bat ich den Häuptling, die Krieger zusammenzurufen, um ihnen für ihren Einsatz zu danken.

Dann verbannte ich meinen Mann ins Auto und näherte mich allein und ohne Hast dem Pferd, während ich wie früher mit ihm sprach. Ich rief ihm unsere gemeinsamen Ausflüge ins Gedächtnis und erzählte ihm von der großen Schlange, die wir einmal umgangen hatten, von den vielen Schüsseln Futter, die ich ihm schon zusammengemischt hatte. Freundlich hielt ich ihm seine Undankbarkeit vor. Schließlich versuchte ich, ihm noch deutlich zu machen, daß die Melonen auch irgendwann weggefuttert sein würden und es dann ziemlich dumm dastehen würde.

Das Pferd hörte sich alles geduldig an und überlegte sich die Sache gut. Ganz ruhig ließ es sich schließlich das Zaumzeug umlegen, so daß ich es endlich zum Häuptling führen konnte, der bereits zu Abend aß. Eine Dorfbewohnerin rief: „Die Doctora hat das Pferd gefangen!“

Wenn der Häuptling einen Orden zur Hand gehabt hätte, hätte ich ihn feierlich verliehen bekommen. Natürlich durfte er vor einer Frau nicht zugeben, daß ich eine große Leistung vollbracht hatte. Doch im Auto war Hussein des Lobes voll und konnte für meine Tat gar nicht genug Worte finden. Die Mühen des Tages waren vergessen, und Yosef schlief so fest, als ob er den ganzen Tag mitgejagt hätte. Glücklich fuhren wir nach Hause, am nächsten Tag ritt uns jemand das Pferd nach Serowe zurück, und ich zehrte noch einige Tage von der Erinnerung an meine Heldentat.

⋆

Als Yosef drei Monate alt war, mußte ich beruflich wieder voll einsteigen. In der Klinik wurde einiges neu organisiert; viele Schulen und Kliniken wollten besucht werden, und Krankenschwesternkurse verlangten nach Ausbildungsleitern, so daß ich wieder vollbeschäftigt war. Ich hatte viele Ideen, wie ich Familie, Kind und Beruf unter einen Hut bekäme. Mit Gottes Hilfe und meiner Einsatzfreude konnte doch nichts schiefgehen, dachte ich. Ich fand ein Kindermädchen für Yosef, auf das man sich mehr oder weniger verlassen konnte. Zum Stillen brauchte ich nur über das Klinikgelände zu gehen, da unser Haus genau gegenüber lag.

An den Wochenenden hatte Hussein selten dienstfrei, und wenn das doch einmal der Fall war, fuhren wir nach Gaborone, wo wir nach einem Großeinkauf meistens noch Husseins Vetter besuchten. Blieben wir zu Hause, arbeiteten wir gemütlich im Garten, ritten ein bißchen aus oder machten Ausflüge mit dem Auto. An manchen Wochenenden fuhren wir mit den Watsons zu den Viehherden im Busch, denn wir liebten das Land und die Leute.

Doch vor allem liebten wir uns. Alles Glück der Erde schien sich auf uns zu konzentrieren. Die vorehelichen Auseinandersetzungen und Unsicherheiten hatten ihr Ende gefunden. Wir konnten uns so annehmen, wie wir waren, und überbrückten elegant alle Differenzen. Die Bedenken der Bekannten und Verwandten trafen auf uns nicht zu, denn wir waren ja anders als die anderen und uns ganz sicher, daß wir unsere Ehe meistern würden.

Hussein hatte viel in der Klinik zu tun, er war ein guter Chirurg und ein kluger Chefarzt und arbeitete oft Tag und Nacht. Natürlich gab es wie in jedem anderen Beruf Mißerfolge, doch glücklicherweise überwogen bei Hussein wie auch bei mir die Erfolge. Hussein unterstützte mich sehr in meiner beruflichen Laufbahn. So sprach er mir beispielsweise

Mut zu, wenn ich vor einer schwierigen Operation stand. Wir lasen gemeinsam viel Fachliteratur, bildeten uns weiter und teilten mit Kollegen und Krankenschwestern in der Klinik unser Wissen.

Hussein hielt seine Gebetszeiten ein, ich meine. Er fastete im Ramadan, ich nicht. Er feierte die islamischen Feste mit mir und ich die christlichen mit ihm. Sonntags ging ich zum Gottesdienst und beteiligte mich an kirchlichen Aktionen, wobei mich Hussein ebenfalls unterstützte, wo er nur konnte. Er hingegen hatte mit einigen anderen Moslems im Dorf ein kleines Haus gemietet, und sie eröffneten dort mit einem großen Fest eine Moschee. Hussein versuchte sich sogar als Imam und ließ am Abend den Ruf zum Gebet aus dem Fenster erschallen. Wir halfen uns gegenseitig in unseren religiösen Aktivitäten und dachten nicht viel über Verständigung zwischen den Religionen nach, wir lebten sie einfach.

Es war in unseren Augen wunderbar, daß unsere Liebe zueinander sogar die Schranken zwischen unseren verschiedenen Religionen überwinden konnte. Ich empfinde es auch heute noch als bereichernd, was ich durch Hussein über den Islam gelernt habe. Mittlerweile könnte ich allerdings nicht mehr so sorg- und zwanglos mit den Unterschieden umgehen. Der Islam und der christliche Glaube weisen nicht nur graduelle Unterschiede im religiösen Leben und Denken auf. Sie sind vielmehr grundsätzlich verschiedene Religionen und beziehen sich auch nicht auf ein und denselben Gott. Das ist mir in den letzten Jahren schmerzhaft klargeworden.

*

Während eines Besuches bei Husseins Vetter in Gaborone, der ebenfalls Arzt war, kaufte ich einen Schwangerschaftstest, da mir in letzter Zeit immer häufiger übel wurde. Der Test fiel dann auch prompt positiv aus, worüber wir beide sehr glücklich waren, denn Yosef sollte kein Einzelkind bleiben und ruhig noch einige Geschwister bekommen.

Hussein sprach nun immer häufiger davon, daß er wieder nach Ägypten zurückgehen wollte. Darin sah ich kein großes Problem. Unser Leben würde immer so glücklich und ungetrübt weitergehen, egal, wo wir uns aufhielten, dachte ich. Der nun langsam wachsenden Familie gehörte jetzt meine ganze Aufmerksamkeit, und alles weitere würde sich auch irgendwie fügen.

Die zweite Schwangerschaft machte mir noch mehr zu schaffen als die erste, doch die Vorstellung, bald zwei Kinder zu haben, gab mir immer wieder den nötigen Schwung.

Auch wenn wir schon einige negative Erfahrungen in Südafrika gemacht hatten, lockten uns die vielen Naturwunder wieder dorthin, so daß wir einen weiteren Urlaub dort verbringen wollten. Es war nicht leicht, an die nötigen Papiere zu kommen, da den Behörden unsere multikulturelle Ehe verdächtig erschien. Da Hussein als Araber aber wie ein Europäer zu behandeln war, bekamen wir schließlich doch ein Einreisevisum und fuhren mit Yosef auf dem Arm und dem zweiten Kind in meinem Bauch nach Südafrika.

Zunächst bereisten wir die bekannten Städte entlang des Indischen Ozeans. Wir mieteten uns meist in Feriendörfern ein, die eigentlich für Schwarze reserviert waren. Dann fuhren wir in Richtung Atlantik, in einen Landstrich namens Transkei, der mich mit seinen grünen Bergen etwas an Kärnten erinnerte. Die Menschen lebten dort in großer Armut. Die Transkei hatte zu diesem Zeitpunkt einen Status, der zwischen einem Homeland und der Unabhängigkeit lag. In den Dörfern fand man fast nur Frauen, denn die Männer arbeiteten in den Diamantenminen, um Geld zu verdienen. Oft trafen wir auf Jugendliche, die sich gerne mit uns fotografieren ließen. Die Mädchen malten sich in einem bestimmten Alter die Gesichter weiß an, um zu demonstrieren, daß sie bald heiratsfähig waren. Die Jünglinge gingen traditionell gekleidet zum Fest der Beschneidung, das noch häufig begangen wurde und bei dem die Jungen neben der Beschneidung bestimmte Mannesproben zu bestehen hatten. Dann erst wurden sie in die Riege der Krieger und heiratsfähigen Männer aufgenommen.

Wir kamen auch an den legendären Seefahrerort Coffee Bay. Viele Seefahrer sollen hier dem Volksmund nach wegen ungünstiger Windverhältnisse ihr Leben gelassen haben. Man berichtete uns, daß ihre Schiffe oft mit großen Schätzen beladen gewesen waren. Wir mieteten uns in einem Hotel ein und gingen an den Strand. Da es in den Homelands keine nach Hautfarben getrennten Strände gab, tummelten wir uns mit Indern, Chinesen und Schwarzen am Strand. Uns fiel jedoch auf, daß außer uns niemand zum Schwimmen ins Wasser ging.

Als wir am Abend mit Yosef einen Spaziergang am Meer machten, hatten sich zu unserem großen Erstaunen viele Angler eingefunden, die mit sehr großen Geräten fischten. Wir fragten sie, was für Fische sie denn da angelten, und sie beschrieben uns begeistert die riesigen Haie, die man hier fangen konnte. Die Größe der Haie überträfe alles, was man sonst in den Weltmeeren zu sehen bekäme. Bei dem Gedanken, daß wir hier nachmittags unbeschwert gebadet hatten, wurde uns noch nachträglich etwas flau im Magen.

*

Nach unserem Urlaub konnte ich nun bald wieder Bauch zeigen und ging regelmäßig zu den Vorsorgeuntersuchungen. Daß ich immer müde war, führte ich auf die Schwangerschaft zurück.

In Windeseile stand wieder ein Weihnachtsfest vor der Tür, und ich schmückte das Haus. Dieses Mal lohnte es sich richtig, weil ich ja nun eine eigene Familie hatte, die sich über den Schmuck freuen konnte. Meine Mutter schickte uns eifrig Pakete aus Deutschland, in denen Christstollen, Plätzchen, schöne Spielsachen und hübsche Kleidung für Yosef waren. Ich richtete das Kinderzimmer immer schöner ein und wagte gar nicht, daran zu denken, dieses Heim eines Tages aufgeben zu müssen.

Yosef wurde von unserem Kindermädchen und der Haushaltshilfe ständig auf dem Rücken umhergetragen. Sie sprachen mit ihm in Setswana und Kalanga. Wir unterhielten uns mit ihm auf Arabisch, Englisch und Deutsch. Und der Erfolg war, daß Yosef mit zwei Jahren noch kein einziges Wort sprach! Das bereitete uns aber wenig Kummer, denn unsere Kinder sollten sich nach ihrem eigenen Rhythmus entwickeln und nicht in eine vorgegebene Schablone gepreßt werden.

Im Krankenhaus wurde Weihnachten zu einem besonderen Fest, da Hussein die Idee hatte, ein großes Festessen vor dem Gebäude zu veranstalten. Die Patienten der TBC-Station hatten Bier gebraut, und der Jugendchor der Kirche sang Weihnachtslieder. Wir alle, ob gesund oder krank, waren an diesem Tag eine Familie.

Unsere offizielle Eheschließung jährte sich erstmalig, und unseren Hochzeitstag wollten wir in Gaborone verbringen. Für Yosef hatten wir einen Babysitter besorgt und gingen eine ganze Nacht lang tanzen. Wir lebten mitten in einem Entwicklungsland in Reichtum und Luxus und stießen uns kaum daran, denn wir waren ja unserer Meinung nach diejenigen, die zur Entwicklung beitrugen. So hatten wir uns eingerichtet und waren zu Respektspersonen geworden, belehrten die Unwissenden, liebten die Armen und hatten dabei ein reines Gewissen. In Wirklichkeit entfernten wir uns immer mehr vom normalen Alltag der Bedürftigen. Mein kirchlich-missionarisches Leben sah genauso festgefahren aus, denn unbemerkt gehörte ich auch hier längst zu den Reichen und nicht mehr zu den Missionaren.

Hussein und ich kamen gar nicht zum Nachdenken über dieses Ungleichgewicht zwischen Ideal und Wirklichkeit, denn wir steckten bis zum Hals in Arbeit. Kamen neue Entwicklungshelfer ins Land, fühlten wir uns ihnen weit überlegen, denn wir kannten ja dieses Land, das zu *unserem* Land geworden war. Doch unsere Heimat war es nicht, das war uns stets bewußt. Bald würden wir nach Ägypten weiterziehen, und ich war mir nach wie vor sicher, daß wir uns überall auf der Welt eine Heimat schaffen könnten. Wenn wir nur als Familie zusammen waren, konnte uns doch nichts passieren. Gott würde alle Wege ebnen.

Nadiah

Die Geburt des zweiten Kindes rückte näher, und der Winter kündigte sich an. Der hinter uns liegende Sommer hatte wieder einmal keinen Regen gebracht, und die Dürre hinterließ immer deutlicher ihre Spuren. Hunger und Durst waren eine Folge davon. Im Krankenhaus lagen viele unter- und fehlernährte Kinder. Ich sah Krankheiten, die ich nur aus alten Lehrbüchern kannte.

Auf der Kinderstation lag ein Mädchen, das durch eine schlimme Krankheit fast eine Gesichtshälfte verloren hatte. Wegen ihres entstellten Aussehens fand sie keine Spielkameraden auf der Station, und ich besuchte sie deshalb oft und freundete mich mit ihr an. Die plastischen Operationen ließ sie tapfer über sich ergehen, während ihre Mutter teilnahmslos an ihrem Bett saß. Die Frau wäre am liebsten wieder in den Busch zurückgekehrt, denn der ganze medizinische Aufwand war ihr lästig. Ich hätte das kleine Ding zu gern mit nach Hause genommen, doch Hussein war strikt dagegen, denn im Islam sind Adoptionen ein Ding der Unmöglichkeit. Kinder gehörten seiner Meinung nach zu ihren Eltern, ob diese sich für sie verantwortlich zeigten oder nicht.

Anfang Mai machten wir wieder einmal einen Wochenendausflug nach Gaborone, denn ein Großeinkauf stand auf dem Programm. Hussein wurde es auf dem Rückweg so übel, daß er nicht mehr fahren konnte, also klemmte ich mich mit meinem dicken Bauch hinters Steuer. Mir war auch nicht ganz wohl, und Kopfschmerzen kamen noch dazu. Eine Darmgrippe mußte uns wohl erwischt haben, doch Yosef blieb glücklicherweise davon verschont.

Nach einer Woche war Hussein wieder gesund, aber ich

fühlte mich noch immer elend, so daß ich ins Labor ging, um Blut und Urin untersuchen zu lassen. Zwei Stunden später bekam ich die Diagnose mitgeteilt: Hepatitis B.

An ein Weiterarbeiten war überhaupt nicht mehr zu denken. Niedergeschlagen ging ich nach Hause und wußte so mitten am Tag gar nichts mit mir anzufangen. Den Mädchen im Haus war ich bei ihrer Arbeit nur im Weg. Yosef und unser Hund waren die einzigen, die sich über meine unverhoffte Anwesenheit freuten. Hussein kam zum Mittagessen nach Hause und hörte sich die Hiobsbotschaft ruhig an.

Wir erwarteten am selben Tag noch einen Gast. Der Gynäkologe, der mich betreute, kam nach Serowe, um in der Klinik seinen obligatorischen Operationstag einzulegen. Ich freute mich zwar, diesen netten Menschen im Haus zu haben, andererseits mußte er auch versorgt werden, und ich gehörte eigentlich ins Bett. Ich bereitete dann trotzdem das Abendessen vor, zu dem auch die anderen Ärzte aus der Klinik eingeladen waren. Es wurde ein langer Abend, doch die Nacht wurde noch länger, da ich erste Wehen bekam, mich schwach und elend fühlte. Am Morgen wurde es nicht besser, und ich blieb einfach im Bett liegen, was sehr selten vorkam. Nur zum Mittagessen stand ich auf, um unseren Gast zu bewirten. Am Nachmittag hatte ich das Gefühl, entweder würde ich gleich sterben oder das Kind bekommen.

Gegen Abend reichte meine Kraft gerade noch, um mich durch den Garten in die Klinik zu schleppen. Eine halbe Stunde später kam Nadiah zur Welt. Sie war zwar sehr klein, aber niedlich. Gleich nach der Entbindung nahm ich mein Kind und ging wieder zurück in mein eigenes Bett. Eine Stunde später bekam ich plötzlich starke Blutungen und wußte nicht, was ich machen sollte. Hussein war noch bei der Arbeit, und ich ließ ihn sofort holen.

Mich beschlich das Gefühl, daß mein Lebensende nun kurz bevorstand, und so gab ich Hussein Anweisungen, was im Falle meines Ablebens mit den Kindern geschehen sollte. Sogar die Lieder für meine Beerdigung nannte ich ihm. Er hingegen sah den Dingen wie immer wesentlich realistischer ins Auge als ich, besorgte im Krankenhaus eine Spritze für mich, und bald darauf war ich sanft eingeschlafen.

Mit dem ersten Tageslicht kehrten auch meine Lebensgeister wieder zurück. Die erste Besucherin an meinem Krankenbett war eine Schwester aus dem Kloster. Sie schaute sich unsere Tochter genau an, ob sie auch komplett geliefert worden war, und betete dann mit mir für unsere Familie, was mir Kraft und neuen Mut gab.

Meine Eltern und Geschwister waren sehr besorgt und riefen an, um sich zu erkundigen, wie es um mich stünde. Ich konnte sie jedoch zum Glück beruhigen, denn ich war nun doch nicht sterbenskrank, wie sich herausgestellt hatte. Trotzdem mußte die gesamte Familie untersucht und gegen Hepatitis geimpft werden. Hussein kümmerte sich rührend um unsere beiden Kinder, und ich empfing einen Besucher nach dem anderen und staunte, wieviele Freunde ich in Serowe hatte.

Hussein wollte sich nach einer Amme umsehen, doch in Botswana war es nicht üblich, fremde Kinder zu stillen, es galt als unglückliches Vorzeichen für das weitere Leben des Kindes. Also kauften wir Milchpulver und gaben uns ganz westlich, wobei ich diese Prozedur entsetzlich kompliziert fand. Das Fläschchen mußte erst ausgekocht werden, damit es steril war, bevor die Babynahrung hineingefüllt werden konnte, was in einem bakterienverseuchten Entwicklungsland leider unbedingt notwendig war.

Hussein nahm mir diese aufwendige Aufgabe oft ab, und ich beobachtete ihn, wie er das Baby im Arm hielt und versuchte, ein paar Milliliter Flüssigkeit in es hineinzubekommen. Mir ging es von Tag zu Tag besser, doch ich durfte wegen der Ansteckungsgefahr noch nicht wieder arbeiten gehen. Ich sollte mich grundsätzlich von anderen Menschen fernhalten, was leichter gesagt als getan ist, wenn man eine Familie hat.

Besonders Yosef klopfte häufig an meine Zimmertür und bat um Einlaß, ich brachte es dann nicht übers Herz, ihn wegzuschicken. In der folgenden Zeit mußte ich noch mehrmals in die Hauptstadt zu Untersuchungen. Der Internist schrieb mich einen ganzen Monat krank und prophezeite mir, daß ich mindestens drei Monate außer Gefecht gesetzt sein würde. Ich konnte es zwar zunächst nicht glauben, doch er sollte letztendlich recht behalten.

Meine drei Monate Schwangerschaftsurlaub waren also drei Monate des Krankseins. Das Baby und ich hatten die aufwendige Ernährung mit der Flasche bereits nach zwei Wochen satt. Nachdem ich alle Fachliteratur gewälzt hatte, deren ich habhaft werden konnte, faßte ich den Entschluß, mein Kind doch zu stillen. Die ungeliebte Flasche verschwand von der Bildfläche, und das Milchpulver verschenkte ich an die Klinik. Das Stillen klappte dann nach einigen Umstellungsproblemen sehr gut.

Hussein hatte nach wie vor in der Klinik sehr viel zu tun. Er trug große Verantwortung, und durch seinen Einsatz, seinen Mut und seine Souveränität rettete er manchem Patienten das Leben. Wir waren überall in Serowe bekannt und beliebt. Wenn wir an sehr entlegenen kleinen Siedlungen im Busch vorbeifuhren, erkannte uns immer jemand wieder und hieß uns herzlich willkommen.

Wir fühlten uns in Serowe sehr wohl, doch Hussein bestand immer noch darauf, daß er nach Ablauf seines Vertrages in seine Heimat zurückkehren wollte.

Nadiah wuchs und gedieh ebenso prächtig wie Yosef, und wir hatten unsere helle Freude an den Kindern und an uns als Familie. Trotzdem blieb der Unterschied von Kultur und Religion, über den wir einfach nicht redeten, zwischen uns existent.

Deshalb mußte ich auch Nadiah heimlich taufen, denn meine Kinder waren Geschenke Gottes, und durch ihre Taufe wollte ich das auch vor ihm deutlich machen. Hussein hätte das nicht verstanden, und was sollte ich mit ihm darüber diskutieren? Ich machte es einfach so, wie ich es für einen Christen angemessen hielt.

Nach der Lehrmeinung der katholischen Kirche, der ich noch immer angehörte, waren Hussein und ich nicht verheiratet, und der irische Missionar im Ort ließ mich deswegen nicht am Abendmahl teilnehmen, was mich sehr kränkte. Ich überlegte, was ich dagegen tun konnte, und beklagte mich schließlich beim Bischof des Landes, der prompt reagierte und einen Kirchenrechtskenner schickte.

Er befragte Hussein sehr eingehend und einfühlsam nach seiner ersten Ehe. Einige Zeit später bekam ich vom Bischof einen Brief und war von Stund an wieder zum Abendmahl zugelassen, was mich überglücklich machte. Ich war sehr froh, daß Hussein dies alles so verständnisvoll über sich hatte ergehen lassen. Er wußte ja, wie wichtig mir die Ausübung meines Glaubens war, und wollte mir dabei auf gar keinen Fall im Wege stehen. Auch merkte er, wie ich aus Gottesdienst und Abendmahl Kraft schöpfte, und so hatte er indirekt selbst etwas davon. Umgekehrt profitierte ich ebenso von dem Vertrauen, das er in seinen Gott hatte, und von der Gelassenheit, mit der er aus diesem Vertrauen heraus den Herausforderungen des Lebens entgegentrat. Die negativen Auswüchse, die dem Islam immer nachgesagt wurden, konnte ich bis dahin noch nicht an meinem Mann entdecken.

Mein berufliches Engagement verkraftete es ganz gut, daß ich nun zweifache Mutter war. Nach überstandener Krankheit war ich wieder voll einsatzfähig, machte lange Touren durch den Busch und fuhr zu Konferenzen in die Hauptstadt. Hussein kam währenddessen mit Haushalt und Kindern wunderbar zurecht, außerdem hatten wir ja auch Personal, so daß die Belastung nicht zu groß war.

*

Ich merkte in dieser Zeit in meinem Innern, daß eine Sanduhr ablief und das Leben in Botswana bald sein Ende finden würde. Hussein liebte Botswana nicht so sehr wie ich. Seine Motive, hier zu leben, unterschieden sich erheblich von meinen. Er war nämlich in dieses Land gekommen, um von seiner Ehemisere in Ägypten Abstand zu bekommen und um Geld zu verdienen, denn er wollte sich in Ägypten eine eigene Existenz aufbauen.

Mir waren diese Gründe fremd, denn ich hatte mich nach Botswana berufen gefühlt. Mein Orden hatte mich damals in dieses Land geschickt, und vom ersten Tag an hatte ich hier heimisch werden wollen, was mir auch gelungen war. Ein anderes Zuhause, wohin ich hätte zurückkehren können, hatte ich nicht mehr. Mit meiner Abreise aus Deutschland hatte ich einen neuen Anfang gesetzt, so daß meine Heimaturlaube auch wirklich nicht mehr als reine Besuche waren.

Hussein erzählte mir begeistert von Kairo, von der Wohnung direkt am Nil im Stadtteil Gardencity, wo eine Praxis und eine staatliche Anstellung nur auf seine Rückkehr warteten. Es gab dort außerdem eine deutsche Schule, auf die die Kinder gehen könnten. Zudem besaß er einiges an Land, unter anderem große Baumwollfelder. Er war der Meinung, daß wir dort eine Praxis aufbauen und glücklich weiterleben könnten wie bisher. Ich glaubte ihm, weil ich ihm glauben wollte . . . oder mußte. Was sollte aus unserer Familie werden, wenn wir nicht einen gemeinsamen Weg fänden?

Unsere Regierungsverträge sollten Ende Juni ablaufen, und Ende April stellte ich fest, daß ich wieder schwanger war. Unsere Freunde freuten sich zwar mit uns, doch ganz vorsichtig hinterfragten sie auch unsere Pläne, Botswana verlassen zu wollen. Wir stellten uns diesen Fragen jedoch nicht, denn wir meinten, daß sich wie schon zuvor eine Lösung für unser Leben finden würde.

Die letzten Monate in Botswana zählten zu den schönsten unserer Ehe. Wir machten uns keine Zukunftssorgen und sahen durch den bevorstehenden Abschied die Dinge mit anderen Augen. Vieles nahmen wir intensiver wahr und genossen immer wieder die Natur Afrikas, an deren Schönheit wir uns einfach nicht satt sehen konnten.

*

Ein letzter Urlaub stand uns bevor, der jedoch mit Pflichten verbunden war. Wir waren zwar verheiratet und hatten zweieinhalb Kinder, was unsere Ehe aber nach ägyptischem Recht noch lange nicht rechtsgültig machte. Hussein wollte das unbedingt nachholen, denn anderenfalls hätten wir in Ägypten nicht als Familie leben können. Ich war ein bißchen skeptisch, was diesen Akt anging. So sollte ich zum Beispiel unterschreiben, daß unsere Kinder Moslems wären, womit ich mich nicht abfinden wollte.

Hussein beruhigte mich und versprach mir, daß dieses Papier nichts an unserer Abmachung bezüglich der religiösen Erziehung unserer Kinder ändern würde. Da wir uns in

Ägypten niederlassen wollten, war dieser Schritt unumgänglich, und wir mußten dazu eine ägyptische Botschaft aufsuchen. Weil es in Botswana jedoch keine gab, entschlossen wir uns, nach Sambia zu reisen, wo wir in der Hauptstadt Lusaka eine ägyptische Botschaft fanden.

Sambia war ehemals eine englische Kolonie, in der es reiche Kupfervorkommen gab. Leider war das Land durch den Sozialismus ziemlich abgewirtschaftet worden, und es war bekannt, daß es nicht ungefährlich war, nach Sambia zu reisen. In der Hauptstadt Lusaka trieben sich viele Diebesbanden herum, die nicht davor zurückschreckten, auch für eine geringe Beute Menschen zu töten.

Wir mieteten uns im besten Hotel Lusakas ein, denn alles andere wäre zu unsicher gewesen. Die Straßen waren verdächtig menschenleer, deshalb wollten wir in dieser Stadt nicht länger als nötig bleiben. Hussein vereinbarte einen Termin mit dem ägyptischen Botschafter, und an einem Vormittag kreuzten wir mit unseren zweieinhalb Kindern im Büro auf, um nach ägyptischem Recht vermählt zu werden. Während der kurzen Zeremonie mußte ich Nadiahs Windeln wechseln und verpaßte dadurch einige Minuten, doch dann hatten wir alle Formalitäten schnell hinter uns gebracht.

Nach zwei Tagen verließen wir Sambia, frisch ägyptisch verheiratet. Unser nächstes Ziel sollte der Karibasee sein, der zwischen Sambia und Simbabwe liegt und als Energiequelle für diese beiden Länder diente. Hier machten wir unseren wohlverdienten Urlaub, und die Kinder hatten viel Spaß beim Schwimmen im See und im Swimmingpool. Über Harare, Bulayawo und Francistown ging es zurück nach Serowe, wo wir uns wie immer auf unser Häuschen, auf Hund und Pferd freuten.

Da unsere Tage im Land bereits gezählt waren, wurden wir oft von unseren Freunden eingeladen. Ich wußte, nun kam unweigerlich die Zeit zum Abschiednehmen. Am schwierigsten würde wohl der Abschied von Ray werden, deren beispielhaftes Leben mir zum Vorbild geworden war. Sie war mir in den letzten acht Jahren Mutter und Freundin gewesen, die alle meine Entscheidungen akzeptierte, obwohl sie einige davon sicher nicht verstand und gutheißen konnte. Sie umgab mich mit Sicherheit und Liebe und war einfach ein unendlich wertvolles Geschenk Gottes an mich.

Abschied und Neuanfang

In der Klinik war für Hussein bereits ein Nachfolger gefunden worden, der ihn nach unserer Meinung natürlich nie richtig ersetzen würde. Wir fühlten uns mittlerweile unentbehrlich in Serowe. Ich mußte die Zahnklinik, die von Misereor extra für meine Bedürfnisse zugeschnitten worden war, an meine Kollegin Ruth übergeben, was mir nicht leicht fiel, steckten doch in diesem Projekt viele meiner Ideen.

Wir packten unsere Habseligkeiten zusammen und kauften Geschenke für die Lieben in Deutschland, die wir vor unserer Übersiedlung nach Ägypten noch besuchen wollten. Unsere Erinnerungen waren wohl die wertvollsten Souvenirs, die wir mitnehmen konnten. Bei den vielen Einladungen, Abschiedsessen und Partys wurde uns immer schwerer ums Herz. Wir hatten uns aber fest vorgenommen, vertrauensvoll in die Zukunft zu blicken.

Mit Ray trafen wir eine Abmachung, die ihrer grenzenlosen Gastfreundschaft entsprach: Die letzten Tage in Serowe wollten wir in ihrem Haus verbringen, so daß wir ohne Hektik unseren Haushalt auflösen konnten und dennoch einen Ort der Ruhe hatten. Unser Dienstpersonal wurde gut entlohnt und dann entlassen. Neben allem, was zu erledigen war, fand ich noch Zeit, mit den Schwestern des Klosters einige wertvolle Stunden zu verbringen.

In der Missionsstation arbeitete mittlerweile ein junger polnischer Priester, der unserer Zukunft sehr skeptisch gegenüberstand und große Vorbehalte wegen unserer Religionsverschiedenheit hatte. Er war jedoch der einzige, der die Schwierigkeiten offen ansprach, die mich in Ägypten erwarten könnten, und er riet mir sehr eindringlich, in Botswana zu bleiben.

Ich schlug seine Warnungen in den Wind, in der wie immer felsenfesten Überzeugung, daß unser gemeinsames Glück durch nichts erschüttert werden konnte. Ray sparte dieses Thema aus, denn sie wußte, daß ich von einer einmal getroffenen Entscheidung nicht wieder abzubringen war. In ihrer Klugheit wußte sie auch, daß ich nur durch eigene Erfahrungen lernen würde.

Ray mußte, bevor wir abfuhren, zu einer medizinischen Untersuchung nach Südafrika, so daß sie an unserem Abschiedstag nicht in Serowe war. Natürlich fuhr sie mit schwerem Herzen davon und sah uns noch lange traurig nach. Als ich sie wegfahren sah, wurde mir plötzlich klar, daß genau jetzt ein neuer Lebensabschnitt für mich begann.

Zuletzt mußten wir uns um unsere vielen Haushaltsgeräte kümmern, die wir nicht mitnehmen konnten. In Botswana, wo es so etwas wie Sperrmüll nicht gab, war jedes Gerät wertvoll und fand dankbare Abnehmer. Es gab immer Dinge, die andere Leute noch gut gebrauchen konnten. Da alle Einwohner Serowes wußten, daß wir bald wegziehen würden, kamen jeden Tag Schaulustige vorbei und spekulierten darauf, entweder noch etwas geschenkt zu bekommen oder uns billig abkaufen zu können. Für alles, was wir nicht mitnehmen konnten, fanden wir dankbare Abnehmer. Der Hund fand einen neuen Herrn, und unser geliebtes Pferd kam zu Watsons auf die Viehweide.

*

Wir gehörten nun schon fast nicht mehr zu Serowe und tauchten für die Menschen um uns her langsam in die Vergangenheit ab. Unsere Gedanken waren hingegen ganz auf die Zukunft gerichtet.

Wir als Familie steuerten auf zwei Monate Urlaub in Oberursel zu, und die Vorfreude auf das große Wiedersehen erfüllte mein Herz. In unserem neuen Leben wollte ich nur noch Hausfrau und Mutter sein, mein Ehemann sollte endlich die Führung unserer Familie ganz in die Hand nehmen.

Der Traum von einer gesicherten und etablierten Zukunft ließ mich nicht los. Eines Tages würde unsere Familie nach dem Muster funktionieren, nach dem Millionen andere auch abliefen. Diese Tagträume erleichterten mir den gefürchteten Abschied.

Heute denke ich, daß es immer wieder eine wahre Gnade ist, nicht in die Zukunft schauen zu können. Wir waren uns so sicher, daß nichts auf uns zukommen würde, was nicht mit Glaube, Liebe und Hoffnung würde überwunden werden können.

Rückblickend denke ich nun, daß bereits zu diesem Zeitpunkt Risse in meinem Leben entstanden, als ich unsere eigenen Ideen vor die Ideen Gottes stellte. Ich wich von Gottes Weg ab, indem ich uns als überlegene, unverletzbare Meister der Zukunft sah, die alles unter Kontrolle hatten. Ich hatte Gott total die Zügel aus der Hand genommen und dachte doch, mit ihm im Einklang zu leben.

*

Jetzt standen wir erst einmal an der Schwelle zu einem neuen Lebensabschnitt. Viele Lobeshymnen wurden zum Abschied auf uns gesungen und viele Geschenke aus Dankbarkeit und Pflichtgefühl heraus gemacht.

Mit den Schwestern des Klosters feierten wir in der kleinen strohgedeckten Kapelle eine schöne Messe. Schwester Christine, die sich oft Rat bei Hussein geholt hatte, gab uns ein Lied mit auf den Weg, in dem es darum ging, einander zu folgen und nicht zu vergessen, daß Gott immer derselbe wäre, wo immer wir auch hingingen. Ich hatte dieses Lied oft mit der Gitarre begleitet, und wir versprachen, es nicht zu vergessen.

Mein Bauch wuchs wieder einmal kräftig an, und unser drittes Kind sollte ein waschechter Ägypter werden. Der letzte Tag in Serowe kam unweigerlich herbei, und unser Geländewagen wurde mit Koffern, Kind und Kegel beladen. Zunächst fuhren wir in die Hauptstadt Gaborone, wo wir unsere letzten Botswana-Tage bei Husseins Vetter verbringen wollten. Einige Amtsgänge waren noch zu erledigen, damit unser Abtritt von der Bühne Botswanas ordentlich vollzogen werden konnte. Wir zählten nun die Tage und Stunden und versuchten unsere Kinder auf das Kommende einzustellen.

In dem Moment, in dem wir das Flugzeug bestiegen, flogen auch unsere Gedanken in die Zukunft, und die Abschiedstränen versiegten. Die Wurzel, die nun abgeschnitten wurde, blutete zwar, aber unser Familienglück sollte alle Schmerzen heilen.

Der Flug war erwartungsgemäß anstrengend, hatten wir doch viel Gepäck und zwei kleine Kinder zu versorgen. Mein dicker Bauch machte mich auch nicht gerade dynamischer. An Reiseschwierigkeiten hatte ich mich ja in den letzten Jahren bereits gewöhnt, aber nun hatte ich jemanden bei mir, der die Verantwortung mittragen konnte.

*

In den frühen Morgenstunden erreichten wir Frankfurt und konnten uns auf ein großes Empfangskomitee gefaßt machen. Ich war stolz auf meine Familie, die ich nun den Lieben in Deutschland vorführen konnte. Meine Eltern und meine Schwester Birgit samt Familie nahmen uns herzlich auf. Zwei Monate würden wir in Oberursel sein und konnten in dem Haus, in dem meine Mutter ehemals ihre Praxis hatte, wohnen.

Das Wetter war sommerlich, so daß die Kinder viel im Garten spielen konnten. Sie wurden wie alle Enkelkinder auf der Welt verwöhnt und beschenkt. Die Verständigung war jedoch nicht ganz so einfach, denn Yosef sprach bis dahin nur Englisch, worauf wir uns schließlich geeinigt hatten, damit er nicht durch ein zu großes Sprachengewirr irritiert würde.

Für Hussein war es der erste Aufenthalt außerhalb von Afrika. Er sah meine Heimat und alles das, was mir so vertraut war, mit ganz anderen Augen als ich. Doch keine Minute dachte ich daran, daß es ihm schwerfallen könnte, sich an mein Leben anzupassen.

Es gab jedoch einiges, was ihn störte. Das fing beim Essen an und hörte bei der Freizügigkeit der Menschen im Schwimmbad und auf der Straße auf. Ich fühlte mich ständig in die Verteidigungsposition gedrängt, aber die Freude überwog schließlich. Sowohl das Wiedersehen mit meiner Familie als auch dieses Leben, das sich vom afrikanischen sehr unterschied, genoß ich sehr. Ich entdeckte das satte Grün wieder neu, die reifen Kirschen ebenso wie die mit Waren vollgestopften Geschäfte.

Wir wollten natürlich auch nach Österreich fahren, denn meine Freundin Schwester Vera Marie mußte meine wundervolle Familie natürlich kennenlernen.

Für Hussein ein Visum zu bekommen, war nicht einfach, und er mußte einmal mehr mühselige Amtsgänge hinter sich bringen. Ich dachte kaum daran, wie die Seen und Berge auf einen Afrikaner wohl wirken mochten; gleichzeitig erwartete ich von ihm ein europäisch-selbstsicheres Auftreten.

*

Unsere Reise nach Ägypten planten wir so, daß wir auf dem Weg dorthin unseren Österreichbesuch einlegten. Im August 1985 fuhren wir los, ich war bereits im sechsten Monat schwanger und ziemlich behäbig. Der Abschied von meinen Eltern und Geschwistern fiel tränenreich aus – auf ihrer Seite. Ich dagegen war so angespannt, ob wir auch nichts vergessen hätten, und bis zu den Haarspitzen angesteckt vom Reisefieber, daß ich keine Tränen hatte.

Erst in Salzburg dämmerte es mir, wie viele Sachen wir dabeihatten, denn wir waren mit zwei Autos gefahren. Zudem geriet ich jetzt langsam ins Grübeln darüber, wie Ägypten sein würde. Ich kannte das Land bisher nur von den goldenen Erzählungen meines Mannes, der mir versicherte, daß ich nichts zu befürchten hätte. Immer wieder beschrieb er mir ausführlich, wie Praxis und Wohnung aussahen, und auch die Verwandtschaft stand schon vor meinem inneren Auge.

Trotzdem fragte ich mich, ob es auch in Ägypten einen lieben Menschen wie Vera Marie oder Ray für mich geben würde. *Wird mich die Verwandtschaft Husseins akzeptieren?* Ich wollte Hussein nicht durch zu viele kritische Fragen verunsichern, und vor allem wollte ich keine Unsicherheit zeigen.

*

Das erste Hindernis auf unserer Weiterfahrt war die italienische Grenze. Niemand glaubte uns, daß wir nur auf der Durchreise waren. So wurden wir gründlich durchsucht und mußten alles aus den Autos ausräumen. Erst durch meine Vortäuschung eines Ohnmachtsanfalles konnten wir der nervenaufreibenden Prozedur ein Ende bereiten, und man ließ uns weiterziehen.

Ein einfaches Backgammonspiel aus Botswana bereitete uns mehrmals Schwierigkeiten, da die Grenzbeamten dachten, die weißen Steine wären aus Elfenbein.

Am Nachmittag kamen wir in Venedig an und waren von unseren Erlebnissen schon ziemlich matt. Außerdem war von unserem Schiff weit und breit noch nichts zu sehen. Wir erfuhren, daß es noch gar nicht angekommen, geschweige denn entladen worden war.

Eigentlich hätten wir nun Zeit gehabt, die Stadt zu besichtigen, doch wir trauten uns nicht, den Hafen zu verlassen. Man wußte ja nie, was geschehen würde. Ich war mittlerweile für einen Stadtbummel ohnehin zu müde, und auch die Kinder waren nicht mehr so entspannt. Essen und Windeln hatten wir zwar genug dabei, doch mußten wir damit gut haushalten, denn für die Schiffahrt hatten wir keine Essensmarken mehr bekommen, so daß wir uns in den nächsten Tagen selbst versorgen mußten.

*

Als das Schiff endlich kam, ging ein großes Gerangel los. Hussein sollte sofort die zwei Autos in den Schiffsbauch fahren, doch vorher mußten wir alles ausladen, was wir für die nächsten Tage brauchten, da wir nicht mehr zum Auto gelangen konnten, bis wir in Alexandria sein würden. Jeder Zentimeter des Laderaumes im Schiffsbauch wurde ausgenutzt. Das Ran-

Elisabeth Stahlschmidt mit ihren Kindern Yosef, Nadiah und Salem auf dem Land.

Elisabeth mit ihrem Mann Hussein El Sayed Mohamed.

Die katholische Trauung Jahre später in Deutschland.

Elisabeth (Sr. Natanjah) während ihrer Zeit im Orden der Ursulinen.

Das Krankenhaus in Serowe, Botswana.

Schwester Vera Marie – ihre enge Freundin aus Ordenszeiten.

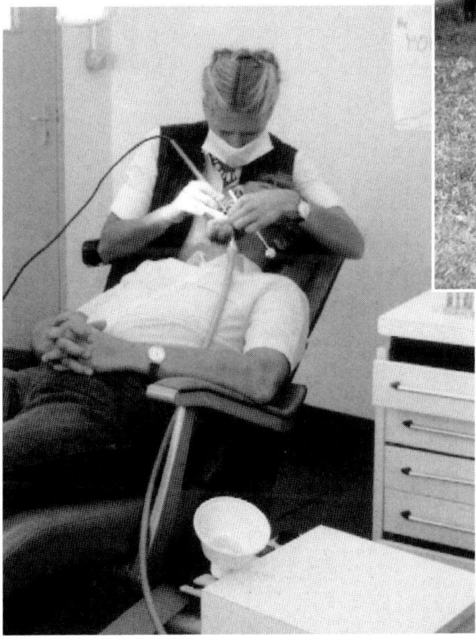

In der zahnärztlichen Praxis in Kairo.

Die Kinder Yosef, Nadiah
und Salem in Kairo.

Elisabeth mit Yosef und Nadiah in der Wohnung in Kairo.

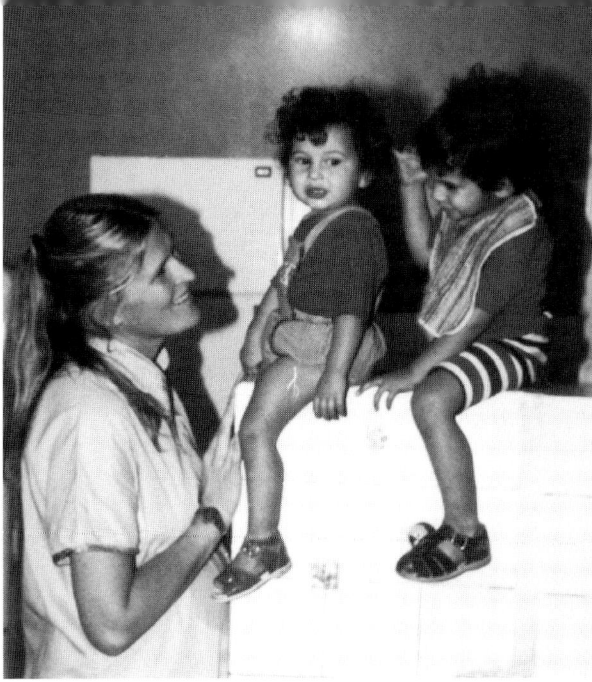

Elisabeth und Salem während eines Ausflugs zu den Pyramiden von Gizeh.

Hussein bei einem seiner Besuche in Deutschland.

Während eines Ausfluges mit der ganzen Familie im Sinai.

Elisabeth mit Yosef, Salem und Hannaa.

Hannaa, Salem,
Nadiah und Yosef
in Oberursel.

Nagaha
mit
Salem
und
Nadiah.

Ray Watson,
Elisabeths
gute Freundin
aus Serowe,
Botswana.

Ecki (Vollmer) und Elisabeth mit ihrem Vater in Oberursel.

gieren dauerte schier endlos. Kurz vor Mitternacht kletterten wir dann mit unseren Siebensachen endlich aufs Schiff.

Am Eingang wurden wir vom Schiffssteward begrüßt, der mich gleich beiseite nahm. Nach einigem Getuschel kam heraus, daß keine Schwangeren mitgenommen werden durften, weil das Risiko zu groß wäre, außerdem wäre kein Arzt an Bord. Bei den Menschenmassen, die sich aufs Schiff drückten, konnte ich mir das kaum vorstellen. Wir konnten glaubhaft versichern, daß die Geburt meines Kindes noch in weiter Ferne läge und daß Hussein außerdem Arzt wäre.

Ich glaube aber, das beste Argument war noch ein ganz anderes: Ich erklärte nämlich dem Mann in aller Ruhe, daß auch unsere Autos wieder aus dem Schiffsbauch geholt werden müßten, wenn man mich nicht mitnehmen wollte.

Nun wurden wir zu unseren Kabinen geschleust. Wir hatten zwei gebucht, die beide so klein waren, daß man die Tür öffnen mußte, wenn man sich umdrehen wollte. Es gab weder eine Luke noch Tageslicht. Ich hätte sicher enorme Platzangst bekommen, wenn uns nicht die Kinder, für die es sehr viel zu entdecken gab, so in Atem gehalten hätten.

Bis das Schiff aus dem Hafen lief, war es weit nach Mitternacht. Nun begann das Abenteuer, wie wir das Schlafen organisieren sollten. Wie immer wir es anstellten, der Raum war ungemütlich und zu eng. Schlief ich unten, stieß ich mit meinem Bauch ans obere Bett. Schlief ich oben, bekam ich meinen Bauch kaum zwischen Bett und Kabinendecke. Wir entschieden uns schließlich für die Lösung, eine Kabine zum Schlafen und die andere nur zur Gepäckaufbewahrung zu nutzen.

Nach der ersten schrecklichen Nacht gingen wir völlig übermüdet in den Speisesaal, der so überfüllt war, daß wir weder einen Sitzplatz noch Kaffee bekamen. Also gingen wir an Deck und liefen dort herum. Da es an den ersten beiden Tagen nicht viel zu sehen gab, vertrieben wir uns die Zeit mit Kinderspielen. Der Swimmingpool ähnelte eher einer Pfütze und wurde sogar von unseren „Wasserratten“ verschmäht.

Am zweiten Abend ergatterte Hussein für uns vier Plätze im Speisesaal. Hungrig bestellten wir eine Lasagne, aber das, was die Bedienung uns brachte, war so ekelerregend, daß keiner von uns einen Bissen herunterbekam. Also ernährten wir uns weiter von unseren mitgebrachten Plätzchen, und die Kinder versuchten es mit kalter Babynahrung.

Eine willkommene Abwechslung stellte das Ausfüllen von diversen Formularen für unsere Autos dar. Ich trug auf eines der Blätter aus Versehen eine falsche Motornummer ein, was einen Riesenärger zur Folge hatte. Doch so waren wir wenigstens beschäftigt. Die Kinder hatten sich in der Zwischenzeit mit zwei Mädchen angefreundet, die halb aus Innsbruck, halb aus Ägypten kamen.

Am dritten Tag erreichten wir Athen, wo wir glücklicherweise einen Tag Landaufenthalt hatten. Wir nutzten die Zeit, um uns ein Auto zu mieten und Athen im Schnelldurchgang zu erkunden. Mir graute davor, wieder auf das Schiff zurückzukehren, denn es stiegen zwar in Athen Leute aus, doch dafür kamen um so mehr an Bord.

Erdrückender Empfang

Am fünften Tag unserer Reise erreichten wir Alexandria. Ich schwankte zwischen Übermüdung, rasendem Hunger und innerer Anspannung, und meine Nervosität übertrug sich ausnahmsweise auch auf Hussein. Ich fuhr den größeren Wagen aus dem Schiff, Hussein den anderen. Doch die Geduldsprobe nahm dann erst richtig ihren Anfang. In endlosen Schlangen warteten wir am Zoll, während die Luft vor lauter Staub und Hitze zum Schneiden war.

Der Papierkrieg im Orient ist unvergleichlich. Will man nach Ägypten einreisen, muß man von einem Beamten zum nächsten laufen. Aus diesem Grund sah ich Hussein zunächst nicht mehr wieder. Die Kinder waren vor lauter Hunger und Durst ungeduldig geworden, und es gab in der Warteschlange kein Vor und Zurück. In der Ferne sah ich ein Menschenhäuflein, das uns aufgeregt zuwinkte, sollte das womöglich meine neue Verwandtschaft sein?

Bevor wir irgend jemanden begrüßen konnten, mußten wir jedoch noch unzählige Formulare ausfüllen, dann wurden kleine Zahlungsmärkchen gekauft, abgeleckt und aufgeklebt. Mir war diese Bürokratie, die auf Feilschen und Betteln fußte, sehr fremd und unangenehm.

Dazu kam noch diese unerträgliche Hitze, und auch die Gerüche um uns herum waren überwältigend. Trotzdem betrachtete ich neugierig meine neue Umgebung, in der ich nur verschleierte Frauen und Männer in langen Gewändern erblickte. Meine Wahrnehmung, die noch auf Botswana eingestellt war, mußte sich auf diesen Anblick erst einmal umstellen. Keine dieser Frauen, die bis zum Scheitel zugehängt waren, hätte es gewagt, ihr Kind auf offener Straße zu stillen.

Wir alle hatten großen Durst, doch leider gab es nur unglaublich süße Getränke zu kaufen. *Ein Königreich für ein Mineralwasser!* dachte ich. Wir kamen in der Warteschlange nur zentimeterweise voran, ab und zu wurden unsere Sachen im Auto kontrolliert. Während mir mittlerweile schon fast alles egal war, klappte ich auf Verlangen den Kofferraumdeckel des Wagens auf und zu und lächelte dabei freundlich. Die Beamten verhielten sich so, als ob sie mein Englisch verstünden, und ich nickte und unterschrieb alles, was man mir vor die Nase hielt. Daraufhin durfte ich ein paar Meter weiterfahren, wo ich wieder die Kofferraumklappe aufmachte, und so ging das noch einige Zeit weiter.

Menschen, mit denen wir uns auf dem Schiff noch nett und angeregt über Ägypten unterhalten hatten, wurden nun zu Feinden und Vordränglern. Hussein und sein Auto hatte ich schon lange aus den Augen verloren. Nach ich weiß nicht wievielen Stunden passierte ich die letzte Kontrolle, wo man sich noch einmal vergewisserte, daß Windeln, Plastikpferdchen und Kinderfaltbetten wirklich nicht zu verzollen waren.

Hinter mir stöhnte ein deutscher Oberstudienrat in seinem Campingbus, da er schon wieder seine deutschen Bierdosen und Toilettenpapierrollen vorzeigen mußte, wobei mir schlagartig klar wurde, was in diesem Land Mangelware sein könnte.

Der letzte Schlagbaum hob sich, und ich fand mich plötzlich in den Armen meiner angeheirateten Verwandtschaft wieder. Die Kinder waren dem Weinen nahe, und ich hätte glatt mitheulen können. Wir wurden geküßt und geherzt, während die aufgeregten Menschen um mich herum irgendwie alle gleich aussahen. Ich sehnte mich nach Hussein, der noch immer beim Zoll beschäftigt war. Ein Bad und ein Bett waren die nächsten Dinge, die ich mir wünschte.

*

Es schien noch Stunden zu dauern, bis Hussein endlich zu uns stieß. Er hatte wegen der Spülmaschine, die er in seinem Auto hatte, Ärger beim Zoll bekommen und mußte letztendlich Auto und Spülmaschine dort lassen, um am nächsten Morgen sein Glück noch mal zu versuchen. Ich war froh, ihn wieder an meiner Seite zu haben, doch nun ging das Küssen und Umarmen erst richtig los.

Einer der fremden Menschen machte den Vorschlag, essen zu gehen und sich Alexandria anzuschauen. Mit Nichten, Neffen, Brüdern und Schwägerinnen gaben wir eine ganz beachtliche Prozession durch die Stadt ab. Die Kinder klammerten sich an mich, denn sie fanden die Küsserei eklig. Nadiah trug ich auf meinem dicken Bauch, und Yosef wollte meinen Rockzipfel gar nicht mehr loslassen. Zum Glück fanden wir irgendwann ein typisch ägyptisches Restaurant, gingen hinein und setzten uns an lange ungehobelte Tische.

Husseins Verwandte bestellten Fool und Tarmeia, was sich als ein Bohnengericht mit frikadellenartigen Gebilden entpuppte. Ein Krug Wasser wurde in die Mitte gestellt, dazu einige Gläser, die man mit seinem Nachbarn teilte. Mir wurde ein Fladenbrot in die Hand gedrückt, auf das alles mögliche gepackt wurde, bevor ich es in den Mund stopfen sollte.

Die Kinder waren von dieser Art der Nahrungsaufnahme nicht begeistert und aßen deshalb nichts. Ich hingegen war erwachsen, also kaute ich höflich das, was man mir gab, ohne zu wissen, was ich da genau zu mir nahm. Dazu lächelte ich immer freundlich, während mich meine neuen Nichten und Neffen pausenlos anstarrten. Die Schwägerinnen waren etwas diskreter, aber nicht weniger neugierig.

Nach dem Essen schob sich unsere Gruppe wieder durch die dichtgedrängten Menschenmassen auf der Straße. Ich kam mir wie auf einem Volksfest vor, denn ich konnte zu diesem Zeitpunkt noch nicht ahnen, daß man sich in Ägypten eigentlich immer in einer Menschenmasse bewegt.

Am Nachmittag landeten wir alle in der Wohnung eines Vetters, die er dem Clan zur Verfügung gestellt hatte. Es wurde wieder gegessen und dabei viel erzählt, ich verstand natürlich kein Wort und wäre am liebsten auf der Stelle ins Bett gesunken.

Endlich brach die Verwandtschaft auf und ließ uns allein. Sofort brachten wir unsere übermüdeten Kinder ins Bett und fielen dann selbst in einen Tiefschlaf.

*

Am Morgen brachte Hussein ein typisch ägyptisches Frühstück auf den Tisch, und ich freute mich schon auf ein ruhiges Beisammensein. Doch ehe ich mich versah, war die ganze Verwandtschaft wieder da und saß fröhlich mit uns um den Tisch.

Hussein ging am Vormittag nochmals zum Zoll, während ich mit den Frauen an den Strand gehen sollte. Es gab in Alexandria eine alte königliche Villa mit Strand, wo ich mit meinen Schwägerinnen den Tag verbrachte. Da saßen wir also, teils verschleiert, aber auf jeden Fall mit hochgeschlossenen Kleidern. Ich trug bei größter Hitze mein Umstandskleid, obwohl ich viel lieber im Badeanzug am Wasser gesessen hätte. Die Kinder waren nicht mehr zu halten und wollten unbedingt ins Wasser. Da ich keine Badeanzüge für sie dabeihatte, ließ ich sie einfach nackt laufen und ignorierte die verständnislosen und abfälligen Blicke der Menschen um mich her. Meine damals 15- und 16jährigen Nichten gingen komplett mit ihren langen Jeans bekleidet ins Wasser.

Als Hussein am Nachmittag dazukam, hatten wir bereits literweise süße Limonade getrunken. Ich hatte schon ein bißchen Arabisch gelernt und wußte jetzt, daß „haram" „falsch" und „Sünde" bedeutete. Dieses Wort hatte ich nämlich am häufigsten zu hören bekommen.

Zu den Gebetszeiten warfen sich alle Menschen am Strand urplötzlich auf ihre Handtücher und neigten sich gen Mekka. Ich hatte bis dahin den Islam immer als Religion respektiert, doch jetzt fühlte ich mich wie auf einem anderen Planeten. In Gedanken wiederholte ich immer wieder: *Jesus, hol uns bitte hier wieder heraus. Laß alles nur ein Traum gewesen sein!*

Je rührender die Verwandtschaft sich um mich kümmerte, desto bekümmerter wurde ich. Bis Hussein schließlich zu mir sagte: „Komm, laß uns packen und nach Hause nach Kairo fahren." Er betonte immer wieder, daß dort in Kairo unser Zuhause sein würde.

Erneut bepackten wir das Auto mit unseren Habseligkeiten. In meinem Wagen sollte Husseins Neffe Jasser, der ein bißchen Englisch konnte, mitfahren und aufpassen, daß wir die richtige Autobahn finden würden. Sie war nicht leicht zu erkennen, und zudem war ich unsicher, da immer wieder unversehens Menschengruppen und Kamelherden auf der Fahrbahn auftauchten.

Es war bereits nach Mitternacht, als wir endlich die ersten Pyramiden erblickten. Postkartenreif lagen sie kunstvoll angestrahlt am Rande von Kairo. Ihr Anblick überwältigte mich, zum erstenmal sah ich etwas, das für mich typisch für Ägypten war. Irgendwie machte mir dieser Anblick das Herz ein bißchen leichter, denn diese Pyramiden hatten schon viele Sandstürme überstanden, und vielleicht konnte ich von ihnen Standfestigkeit lernen.

Ich faßte den Entschluß, diesem Land meine Familie und mein Herz zu geben, und so mußte es doch gelingen, das Leben hier zu meistern.

Wir fuhren in Gardencity ein, wo die Villen der Reichen und viele Botschaften standen und auch Husseins Wohnung lag, von der er mir bereits soviel vorgeschwärmt hatte. Sie sollte nun unser Domizil und unsere Heimat werden.

Ehrfürchtig betrat ich diese Wohnung mit ihren 320 Quadratmetern im siebten Stock eines Mehrfamilienhauses. Sie besaß vier Meter hohe Räume und Kronleuchter an der Decke. Die Wände waren jedoch leider kakaobraun gestrichen. Die Plastikblumen und der große Fernseher im Entree, die Gänge aus Marmor, die gekachelten, ölfarbenen und verlotterten Badezimmer, die mit Möbeln vollgestellten Schlafzimmer, der riesige Kühlschrank auf dem Parkettboden im Wohnzimmer, all das entsprach überhaupt nicht meinem Geschmack.

Zu allem Überfluß war auch noch das Wohnzimmer mit neuer Verwandtschaft angefüllt, die uns herzlich empfing. Am herzlichsten hätte ich es allerdings gefunden, wenn sie mich mit meinem Mann und meinen beiden Kindern allein gelassen hätten.

Als sie endlich nach Hause gegangen waren, brachte ich die Kinder ins Bett und ging mit Hussein auf den Balkon. Der Blick, der sich uns bot, entschädigte mich für manche Strapazen des Tages: Wir blickten auf den Nil, der als Vater Ägyptens verehrt wird und vielleicht der wichtigste Lebensspender des

Landes ist. Er floß träge, fast majestätisch dahin und war doch so voller Leben. Ich spürte, daß ich meinen Mann für seine Bodenständigkeit, für seine Liebe zu seiner Heimat und auch zu mir noch mehr liebte. Er vermittelte mir soviel Hoffnung und Glauben an die Zukunft, in der alles besser und schöner für uns werden sollte, und er wünschte sich, daß ich das auch glauben könnte.

★

Bereits der nächste Tag brachte neben dem Auspacken unserer Habe weitere Abenteuer mit sich. Freundlicherweise hatten die Schwestern meines Mannes die Wohnung, die viele Jahre verwaist gewesen war, gesäubert und den Kühlschrank mit Lebensmitteln gefüllt, die ich jedoch nicht kannte. Sie hatten neue Gasflaschen aufgehängt und den Heißwasserboiler angeschlossen. Mir erschien zwar alles reichlich provisorisch, aber ich kannte mich ja mit Haushalten in Entwicklungsländern glücklicherweise aus; daß ich dieses Wissen in Kairo auch würde gebrauchen können, hatte ich vorher allerdings nicht ahnen können.

Als ich die erste Wäsche auf dem Balkon aufhängen wollte, wurde mir schwindelig. Ich mußte mich nämlich mit meinem dicken Bauch über das Geländer beugen, da die Wäscheleine außerhalb des Balkongeländers angebracht war. Außerdem bescherte mir dieser Balkon fast jede Nacht wilde Träume darüber, was alles mit den Kindern passieren könnte, wenn sie auf das Balkongeländer kletterten, denn jedes Zimmer hatte einen Zugang zu ihm. Noch nie in meinem Leben hatte ich in einem mehrstöckigen Haus gewohnt, das zweistöckige Kloster in Salzburg ausgenommen.

Unter uns rauschte der Verkehr vorbei, und der Nil floß ruhig und langsam dahin. In unserer Straße war außerdem die Hauptpolizeistation von Kairo, folglich war das Aufgebot an Polizei- und Wachpersonal riesig. Noch nie in meinem Leben hatte ich so viele Uniformierte um mich herum gesehen wie dort. Daß Kairo eine Stadt mit 15 Millionen Einwohnern war, merkte man vor allem am Verkehr und am Menschengetümmel. Frankfurt war ein Dorf gegen eine solche Stadt.

Unsere Wohnung konnte ich nur mit dem Aufzug erreichen, denn das Treppenhaus war so voller Unrat, daß man sich kaum einen Weg hindurch bahnen konnte. Der Aufzug kam mir vor wie aus dem letzten Jahrhundert, denn er war ganz mit Holz getäfelt. Da ich in ihm nie einen Nachbarn sah, wußte ich auch nicht, wem ich mich als neue Mitbewohnerin vorstellen sollte.

Als ich das Küchenfenster öffnete, erlebte ich aber die größte Überraschung: Man blickte in einen langen Schacht, der zum Innenhof hinunterführte. Von dem widerlichen Gestank, der von dort unten kommen mußte, wurde mir speiübel. Ich blickte hinunter und sah den Hausmüll, der samt Kompost einfach aus dem Fenster hinuntergeworfen wurde. Ging man über diesen Hof, mußte man den Kopf einziehen, denn nicht selten regnete es verrottete Salatköpfe von oben.

Wie sollte ich meinen Kindern klarmachen, daß das, was sie in diesem Land sahen, nicht überall auf der Welt die Norm darstellte? Nach dieser nur kurzen Zeit hatte ich bereits festgestellt, daß ich mich hier in einem weit weniger entwickelten Land befand, als es Botswana war.

*

Meine Verwandtschaft brachte mir die süßesten Süßigkeiten mit, die ich jemals bekommen hatte. Ich bedankte mich zwar höflich, versuchte ihnen aber deutlich zu machen, daß das wirklich nicht nötig wäre.

Bei allen ungewöhnlichen Dingen, die auf mich einstürmten, erinnerte ich mich beständig daran, daß ich mir fest vorgenommen hatte, mich schnell an die Landessitten zu gewöhnen.

Also brachte ich erst einmal ein wenig Ordnung in das Chaos um mich herum. Hussein versuchte mir Kairo von seiner besten Seite zu zeigen, und ich war neugierig auf seine Praxis, die in einem anderen Stadtteil lag, wo die Straßen nicht geteert waren und die Händler ihre Stände bis fast zur Straßenmitte hin aufbauten. Endlich fanden wir in einer holprigen Seitenstraße einen Parkplatz. Der Eingang zur Praxis war gleichzeitig der zu einer Metzgerei.

Als wir uns durch die Sonderangebote der Woche – Ochsenfüße, mit Mull verhängte Kuhhälften und Schafsköpfe – gekämpft hatten, erreichten wir das Wartezimmer, das nach ägyptischen Maßstäben sicher schön eingerichtet war: Goldgerahmt hing an der Wand Husseins Examenszeugnis und seine Facharzturkunde. Die Stühle waren golden gepolstert, ansonsten zierte noch ein großer löwenfüßiger Schreibtisch das Zimmer. Die Patienten saßen erwartungsvoll und ordentlich aufgereiht auf den Stühlen und hatten bereits alle ihre Untersuchungsgebühr von einer Mark fünfzig bezahlt.

Im Mittelpunkt des Geschehens stand nun nicht Hussein, sondern der Mann, der hinter dem Schreibtisch saß und Husseins Praxishelfer war. Sein eigentlicher Beruf war Aktenträger eines hohen Regierungsbeamten. Der etwa Fünfzigjährige hatte sehr viele Kinder, so daß er nebenbei noch von 16 bis 23 Uhr als Praxishelfer Geld verdienen mußte. Hussein hatte ihn vor vielen Jahren angelernt, und er kassierte nun das Geld, hielt die Praxis sauber, legte Verbände an, setzte Spritzen aller Art, assistierte Hussein und verwaltete auch die Finanzen. Er hatte einen Sohn, der Krankenpfleger war und ebenfalls mithalf. Vater und Sohn kannten alle Leute in der Straße, und das waren nicht wenige. Allein in dieser Straße lebten nämlich eine Million Menschen, so viele wie in ganz Botswana. Es gab dort auf engstem Raum unendlich viele Apotheker, Metzger, Gemüsehändler, Klempner, Elektriker, Nichts- und Alleskönner, die alle viele Kinder und dadurch immer zu wenig Geld hatten.

Je näher ich diese Leute kennenlernte, um so mehr gewann ich sie lieb. Sie hießen praktischerweise alle entweder Mohammed, Mustafa oder Mahmoud und die Frauen Cenab, Fatmah, Nabila oder Nabaweia.

Von dieser Praxis sollte also unser Lebensunterhalt abhängen, das konnte ich mir aber kaum vorstellen. Hussein wollte sich jedoch außerdem für eine Stelle als Chirurg beim Ministerium melden, die ihm eigentlich zugestanden hätte. Bei einem Bewerbungsgespräch wurde er darauf hingewiesen, daß es nicht leicht sei, mitten in Kairo eine solche Anstellung zu bekommen. Er müsse bereit sein, für eine kurze Zeit auch außerhalb der Hauptstadt zu arbeiten.

Bei der Regierung verdiente ein Chirurg umgerechnet nicht ganz hundert Mark im Monat – langsam begann ich aufzuwachen. Wir hatten zwar zwei Autos, eine Spülmaschine, Kleidung und Geschirr für die nächsten Jahre mitgebracht, aber woher unser Lebensunterhalt kommen sollte, war noch lange nicht geklärt.

Ägypten war ein Land mit geringen Lebenshaltungskosten, aber ich sah, daß vor allem die Kinder in den nächsten Jahren Einschränkungen würden hinnehmen müssen. Wir hätten natürlich auch von unseren Ersparnissen leben können. Doch was ist eine Kuh wert, wenn sie geschlachtet wird? Ich sah nur noch eine Möglichkeit, und die hieß, daß ich auf keinen Fall nur Hausfrau und Mutter sein konnte. Ich mußte mich um die Anerkennung meines Examens bemühen, um ebenfalls praktizieren zu können.

★

Zunächst schrieb ich mich an einer amerikanischen Universität für das Fach Arabisch ein. Ich wollte erst die Sprache der Menschen sprechen können, bevor ich sie behandelte. Auf der Straße war es außerdem nützlich, die Menschen zu verstehen, und den Gesprächen mit meinen neuen Verwandten wollte ich schließlich auch irgendwann folgen können.

Zwei Nachmittage in der Woche verbrachte ich also beim Arabischkurs an der Uni. Mit mir lernten eine Chinesin, eine Amerikanerin, die schon 15 Jahre in Ägypten verheiratet war, Professoren und Bibliothekare von der Uni. Es wurde uns prophezeit, daß unser Sprachenstudium nicht einfach werden würde . . . und es wurde nicht einfach!

Am Anfang beteiligten sich alle eifrig, doch mit jeder Stunde wurden wir weniger. Bis zur Prüfung blieben nur noch die Chinesin und ich übrig, so daß für uns der Unterricht natürlich sehr intensiv und gewinnbringend war.

Zu Hause kämpfte ich mich durch den großen Haushalt, den Schmutz und die Unordnung. Der Alltag wurde mir oft zur Last, aber sonntags ging ich pflichtbewußt in die Kirche, und freitags ertrug ich den arabischen Feiertag. Die Brüder meines Mannes waren jeden Freitag zur Stelle und bemühten sich rührend, mir sowohl das christliche als auch das moslemische Kairo näherzubringen.

Fathi, Husseins ältester Bruder, war ein behäbiger, gutmütiger, toleranter und fast zahnloser Mann und von Beruf Bankdirektor. Er zeigte mir viele Orte der Stadt, die ein Tourist nicht zu sehen bekommt; er führte mich zu Märkten, Sehenswürdigkeiten, Moscheen und in typisch ägyptische Lokale.

Jeden Freitag zwängten wir uns bei großer Hitze durch die staubigen Gassen, und die übermüdeten Kinder mußten immer mitkommen, während ich meinen dicken Bauch vor mir herschob. Die Kinder waren von dieser Prozedur keineswegs begeistert, denn in den Straßen gab es keine Spielplätze. Deshalb versuchten wir auch, ihnen in der Wohnung ein kleines Kinderparadies zu schaffen. Platz hatten wir ja genug, dazu auch schöne deutsche Spielsachen und Bücher. Wir stellten sogar ein Schwimmbad auf dem Balkon auf, im Türrahmen konnten sie schaukeln, und im Kinderzimmer stand ein Indianerzelt.

Das Einkaufen gestaltete sich ebenso schwierig wie das Kochen, denn Fertiggerichte gab es nicht. Wegen der kleinsten Kleinigkeiten mußte man losziehen, und, um Zucker, Öl, Tee und Mehl zu bekommen, in einer endlos langen Schlangen anstehen. Als offensichtliche Ausländerin wurde ich zwar freundlich behandelt, aber dauernd übervorteilt. Jeder Händler und jeder Postbote hielt uns für unendlich reich, da diese Leute nicht wissen konnten, daß wir nicht zu den reichen Botschaftsangehörigen in Gardencity gehörten.

Das Kochen war zudem nicht gerade meine Lieblingsbeschäftigung. Alles erschien mir unnötig aufwendig. So mußte man zum Beispiel die Hühner erst weichkochen, bevor sie gebraten wurden. Bis dann der zähe Vogel aus dem Ofen geholt wurde, war entweder das Gas in der Gasflasche leer (und der Händler weit weg) oder der Küchenabfluß verstopft, so daß das Geschirr im Fettwasser stand, oder die Spülmaschine durchgeschmort, weil das Elektrizitätsnetz dem Stromverbrauch nicht standhielt.

Jeden Tag mußte Hussein etwas anderes reparieren und spielte geduldig den Handwerker. Mal war die Toilette verstopft, ein anderes Mal tropfte Wasser von der Decke. Bei Husseins Geburtstagsfeier gab es im ganzen Haus kein Wasser. Für dreißig Gäste konnte ich weder Kaffee noch Tee kochen, und im Bad gab es natürlich auch kein Wasser zum Waschen oder für sonstige „Notwendigkeiten".

Ich begann mich zu fragen, ob ich zu anspruchsvoll oder einfach diesen Herausforderungen nicht gewachsen war. Jedenfalls fühlte ich mich unendlich genervt und quälte mich durch manche Tage nur hindurch.

Der Arabischkurs ging schließlich seinem Abschluß entgegen, aber ich hatte nicht das Gefühl, viel gelernt zu haben. Mir fielen immer nur Begriffe auf Setswana ein, wenn ich etwas auf Arabisch sagen wollte.

*

Das erste Weihnachtsfest in Ägypten kam auf uns zu, und Hussein besorgte aus dem Garten seines Onkels eine Art Weihnachtsbaum für mich, den wir mit einem Dübel in der Wand festmachen mußten.

Die Geburt unseres dritten Kindes stand nun unmittelbar bevor, und wir rechneten fest mit einem Mädchen, denn ich war bei einem Kollegen Husseins gewesen, der auf seinem Ultraschallgerät kein Anzeichen für einen Jungen hatte feststellen können.

In Ägypten wurde gerade der Jahrestag der Fertigstellung des Suezkanals gefeiert und deswegen die Oper Aida aufgeführt. Dieser Name gefiel uns gut, und so beschlossen wir, daß unsere Tochter Aida heißen sollte. Ihre zukünftige Großmutter in Deutschland hieß immerhin Ida Elisabeth. Wir waren froh, uns dieses Mal einig zu sein, anders als bei Nadiah, die zwei Wochen lang Sarah geheißen hatte, weil wir uns über den Namen nicht einig werden konnten.

Ich freute mich sehr auf das Kind, es sollte eine Art Synthese aus Botswana und Ägypten sein, und mit seiner Geburt würde ich dort heimisch werden.

Salem

Schon am Vormittag des 21. Dezembers 1985 hatte ich das sichere Gefühl, daß es an diesem Tag soweit sein würde. Hussein und ich fuhren in die Klinik und verständigten den Gynäkologen, der mich kurz untersuchte und meinte, bis zum Geburtsbeginn würde es noch lange dauern.

Zu Hause versorgte Husseins älteste Schwester Cenab, die ich mochte und zu der ich Vertrauen haben konnte, die Kinder. Eigentlich hätte ich beruhigt sein können, doch trotzdem verspürte ich eine gewisse Nervosität, da die Kinder ihre neue Tante nur flüchtig kannten und sich natürlich kaum mit ihr verständigen konnten. Wie Cenab mit meinem Haushalt zurechtkommen würde, war mir ein weiteres Rätsel.

So wollte ich die Geburt schnell hinter mich bringen. Trotz meiner fast 37 Jahre und 82 Kilo Lebendgewicht fühlte ich mich fit und gelassen. Das Krankenhaus war zudem ein wahrer Nobelbau, zumindest was die Ausstattung der Zimmer anging. Ich hatte einen Fernseher und einen Videorecorder auf dem Zimmer, aber am wichtigsten war mir eine eigene Badewanne. Hussein kämpfte sich durch den Verkehr von der Praxis zur Wohnung ins Krankenhaus und wieder zurück und wollte überall gleichzeitig sein. Wenn er bei mir war, hätte ich ihn lieber zu den Kindern geschickt. War er bei den Kindern, hätte ich ihn gerne in meiner Nähe gehabt, denn ich brauchte ihn in vielerlei Hinsicht, vor allem in der Verständigung mit den Ärzten und Schwestern. Mein Arabisch reichte einfach noch nicht aus, um alles zu verstehen.

Die arabischen Frauen schreien und weinen sehr laut bei ihren Geburten. Der Krach in der Klinik war daher beeindruckend. Hinter jeder Tür schien eine Frau tausend Tode zu sterben oder zumindest Zwillinge oder Drillinge zur Welt zu bringen. Nach einiger Zeit durchschaute ich den Grund für dieses Geschrei: Die Frauen zeigten dadurch ihrer Umwelt, daß die Aufgabe, die nur ihnen zukam, eine sehr wichtige und wertvolle war. Die Männer sollten den Beitrag der Mütter zur Gesellschaft würdigen, und das konnten sie nur, wenn sie wahrnahmen, wie schwierig eine Geburt für eine Frau war.

Da ich mich sehr ruhig verhielt, dachte der Arzt, daß es bei mir noch nicht soweit sein konnte. Ich mußte ihn leider eines Besseren belehren und ließ ihn rufen. Wenig später rannte man mit mir zur Entbindung, und sofort wurde mir eine Maske aufs Gesicht gedrückt, um mir ein Schmerzmittel zu verabreichen. Weil ich die Geburt jedoch bewußt mitbekommen und nicht benebelt sein wollte, wehrte ich mich dagegen, denn diese Entmündigung konnte ich wirklich nicht akzeptieren.

Das Kind kam zur Welt, während ich noch ganz mit meinem Kampf gegen das Kreißsaalpersonal beschäftigt war. Hussein stand vor der Tür, da er, wie es in Ägypten üblich war, nicht bei mir sein durfte. Der Arzt rief nur: „Vallet." Dieses Wort kannte ich von meinem Arabischkurs, und es hieß „Junge". Ich dachte, daß damit nicht mein Kind gemeint sein konnte, denn wir bekamen ja ein Mädchen. Als nächstes fand ich mich auf meinem Bett wieder, und neben mir lag ein Baby. Hussein stand gerührt im Zimmer und sagte nur: „Es ist ein Junge. Fi Vallet."

Ich verstand erst nach und nach, daß wir einen Sohn bekommen hatten. Nun begannen wir fieberhaft, nach einem Namen zu suchen. Ich hätte den Kleinen gerne Amir genannt, das heißt auf Arabisch „Prinz", was Hussein aber gar nicht gefiel. Er wußte, daß ein typisch moslemischer Name wie Mohammed für mich nicht in Frage kam, und so hatte unser nächstes Kind wieder erst einmal keinen Namen. Spätestens in zwei Wochen mußten wir uns aber entschieden haben, denn bis dahin mußte er amtlich gemeldet sein.

*

Ich ließ mich gleich am nächsten Tag nach Hause schicken, da der Trubel und die Lautstärke im Krankenhaus alles andere als eine Erholung für mich waren. Die Schwestern kamen nur selten in mein Zimmer, und obwohl ich die Zeit mit unserem kleinen, namenlosen Jungen genoß, vermißte ich doch meine beiden anderen Kinder. Außerdem war ich etwas besorgt, in welchem Zustand ich sie und mein Heim vorfinden würde, und fühlte mich den vielfältigen Aufgaben, die jetzt auf mich zukommen würden, noch nicht ganz gewachsen. Doch irgendwie würde ich das schon bewältigen.

Meine Eltern waren bereits verständigt worden und freuten sich über ihr neues Enkelkind. Als ich mit meiner Mutter telefonierte, klang in ihren Worten die Sorge mit, ob ich denn auch alles schaffen würde. Sie meinte zum Schluß des Telefonates, daß drei Kinder aber nun genug wären, und ich stimmte ihr zu.

Am 22. Dezember kam ich wieder nach Hause. Die Wohnung war wie erwartet in einem chaotischen Zustand. Die Kinder waren trotzdem sehr vergnügt und staunten, daß ihre Mutti mit dem neuen Brüderchen schon so schnell wieder bei ihnen war. Ihre Tante wirkte inmitten der Unordnung wie die Ruhe selbst.

Ich stürzte mich also sofort wieder in die Arbeit, zwischen der Hausarbeit wurden die Kinder versorgt und das Baby gestillt und gewickelt. Ich ahnte schon, daß bald die Verwandtschaft kommen würde, und tatsächlich, sie kam . . . in großer Menge. Ich mußte Tee, Kaffee und Kuchen servieren, rannte hin und her, um alles perfekt zu machen, und wollte doch eigentlich nur allein sein.

Am liebsten hätte ich mich auf eine der Inseln im Nil gewünscht. Um Mitternacht stand ich auf dem Balkon, betrachtete den Nil und weinte. Mein Mut war mir irgendwie abhanden gekommen, so daß ich gar nicht mehr aufhören konnte zu weinen. Wo waren meine Courage und meine Initiative geblieben? Ich fühlte mich so ohnmächtig und klein. Obwohl ich natürlich in den medizinischen Büchern gelesen hatte, daß man nach der Entbindung in ein seelisches Loch fallen kann, saß ich nun ganz unverhofft in diesem Loch und wußte nicht mehr, wie ich wieder hinauskommen sollte.

Nur langsam kamen mir meine Stärken wieder ins Bewußtsein. Ich hatte doch immer Schwierigkeiten als Herausforderungen im Leben gesehen. Mit Gottes Hilfe müßte ich doch wieder Land in Sicht bekommen, hatte ich doch einen guten, lieben Mann und eine wunderbare Familie. Ich wollte mich nicht mehr unterkriegen lassen und würde mich in das ägyptische Leben einordnen, indem ich einfach so tat, als ob ich dazugehörte. Einen anderen Weg, das Leben in meiner damaligen Situation zu meistern, sah ich nicht.

*

Meine Freundin Gerlinde, die ebenfalls mit einem Ägypter verheiratet war, kam mit ihrer Familie zu Besuch, um gemeinsam mit uns Weihnachten nachzufeiern. Alle Kinder bekamen Geschenke, und Ahmed, Gerlindes Mann, der auch Arzt war, betete laut und eifrig seine islamischen Gebete. Zu Neujahr machte er uns unendlich viele Vorschläge, wie wir unser Kind nennen könnten. Währenddessen lag unser noch immer namenloser Sohn in einer Tragetasche auf dem Schreibtisch und schlief selig, ohne zu ahnen, welche Probleme wir Erwachsenen mit ihm hatten.

Der Tag der Anmeldung rückte näher, und wir mußten uns entscheiden. Wie immer legten wir uns recht spät ins Bett. Unsere Bettlektüre bestand in letzter Zeit aus dem dreibändigen Telefonbuch Kairos. Wir lasen es von vorne bis hinten durch und überlegten, welche Namen in Frage kamen. Männer mit den Vornamen Ahmed, Mohammed, Mustafa und Machmood füllten locker zwei der drei Bände. Auf der letzten Seite des dritten Bandes fand ich den Namen Salem, den ich sofort faszinierend und wunderschön fand, bedeutete er doch auf Arabisch „Frieden" und „Rettung"; außerdem ist er Bestandteil des Namens der heiligen Stadt Jerusalem. Wer im arabischen Sprachgebrauch über einen Menschen sagt, er sei „salem", meint, daß dieser rundum ausgeglichen, zufrieden und gerettet ist. Der Name war also zukunftsweisend für uns und für die ganze Welt und paßte auch zu diesem friedlichen und genügsamen Kind. Erleichtert konnte Hussein, der den Namen auch sehr schön fand, am nächsten Tag Salem auf dem Standesamt anmelden.

Am darauffolgenden Tag taufte ich Salem heimlich. Wie auch schon bei den anderen Kindern war mir dieser Akt sehr wichtig. Ich betete mit den Kindern und sprach das Glaubensbekenntnis, taufte meinen Sohn mit Wasser und betete um den Beistand des Heiligen Geistes.

Nun waren wir eine fünfköpfige Familie mit einem eigenen Heim, das immer unordentlich und dreckig aussah, soviel ich auch schrubbte und kratzte. Ich bemühte mich wirklich, Ordnung in die Wohnung zu bekommen, aber es half alles nichts. Über dem Tisch im Speisezimmer hing ein röhrender Hirsch, der sich wohl irgendwie aus dem Schwarzwald in den Orient verirrt hatte, das Blattgold konnte ich schlecht wieder an die durchgesessenen Stühle kleben, und es gelang mir auch nicht, die Heere von Kakerlaken aus der Wohnung zu verbannen.

Ein weiteres Abenteuer war das Einkaufen. Eines Tages rief mich meine Schwägerin Zuzu an, um mir mitzuteilen, daß es in einem Stadtteil gerade Zucker gäbe. Also fuhren wir dorthin und kauften 30 kg Zucker. Noch nie in meinem Leben hatte ich soviel Zucker auf einmal gekauft. Danach mußte ich eine Plastiktonne kaufen, um den Zucker irgendwo aufzubewahren.

Als nächstes wurde eine riesige Kühltruhe angeschafft, um auch schon mal 30 kg gefrorene Hähnchen unterzubringen. Ich mußte in diesem Land einfach eine aufwendige Vorratswirtschaft betreiben. Zwischendurch wurde immer wieder getauscht, geschenkt und gehandelt. Tee, Reis und Öl, alle normalen Lebensmittel waren rationiert und nur mittels Bezugscheine zu bekommen. Wenn man dann nach endlosem Anstehen schließlich an die Reihe kam, passierte es ab und zu, daß man auf den nächsten Tag oder auch den nächsten Monat vertröstet wurde.

Meine Höflichkeit mußte ich in diesem Land völlig ablegen, sonst hätte ich nie etwas bekommen. Ich fing an, mich wie die anderen Menschen auch vorzudrängeln und Dinge zu kaufen, die ich eigentlich nie brauchen würde. Einmal hörte ich, auf dem Markt gäbe es Butter. Ich träumte plötzlich von Butterbroten, die ich schon lange nicht mehr gegessen hatte. Ich schnappte mir also meinen Rucksack, nahm die Kinder mit und kaufte zehn kg Butter, die ich durch die Hitze nach Hause schleppte. Es passierte, was passieren mußte: Zu Hause merkte ich, daß mein ganzer Rücken eingebuttert war. Die Bluse konnte ich gleich wegwerfen, und die Lust auf Butterbrote war mir vergangen.

Hussein hingegen brauchte drei volle Arbeitstage, um Salem bei der Stadtverwaltung anzumelden. Er war oft mit Amtsgängen beschäftigt, um Aufenthaltsgenehmigungen, Führerscheinerneuerungen und andere Dokumente ausstellen zu lassen. Der Staat Ägypten schien hauptsächlich von amtlichen Dienstleistungen zu leben.

Für meine vielen Erledigungen hätte ich eigentlich unser zweites Auto benutzen können, doch ich konnte die Verkehrsschilder nicht lesen, außerdem war ich es nicht gewöhnt, wie die anderen Autofahrer wüst hupend durch die Gegend zu rasen. Doch auch das lernte ich schnell. Meine defensive Fahrweise mußte ich mir gezwungenermaßen abgewöhnen, wenn ich jemals irgendwo heil ankommen wollte.

Nach drei Tagen Wartezeit in diversen Amtszimmern hatte ich einen ägyptisch anerkannten Führerschein, packte die Kinder ins Auto, drückte auf die Hupe und orientierte mich am Nil. Fast machte es mir ein bißchen Spaß, so enthemmt Auto zu fahren, wie man es in amerikanischen Krimis sehen konnte. Ich paßte mich also doch in einigen Dingen schnell der ägyptischen Lebensweise an. Nur mit der Sprache kam ich noch nicht so gut zurecht.

Da ich den Zustand unserer Wohnung auf Dauer nicht ertragen konnte, entschlossen wir uns, für eine gründliche Renovierung Handwerker zu bestellen. Hätte ich gewußt, was auf uns zukam, hätte ich diesem Unternehmen nicht zugestimmt. Drei Monate lebten wir mit Handwerkern, Staub und Schmutz als Untermietern in unserer Wohnung. Den Elektriker sah ich häufiger als Hussein. Die Anstreicher fingen zwar nur in einer Ecke an zu streichen, nahmen aber gleich Besitz vom ganzen Haus. Der Polsterer, ein besonders frommer Mann, verbrachte mit seinem Sohn volle acht

Wochen bei uns und verwandelte unsere Wohnung in eine Moschee.

Von 11 Uhr morgens bis 11 Uhr abends waren sie alle da und tranken Unmengen an Tee.

Ich kochte jeden Tag entweder Nudeln, Hähnchen, Tomatensoße oder Gemüse in riesigen Mengen. Da Hussein auch abends in der Praxis arbeitete, war ich mit den Handwerkern immer allein, die sich schamlos über mich lustig machten. Für sie wirkte sowohl mein Arabisch als auch meine Kochkunst dilettantisch.

Außer den Handwerkern mußten auch meine Kinder versorgt und der Haushalt in Ordnung gehalten werden. Salem wurde gestillt, wann immer er Hunger hatte. Nadiah mußte aufs Töpfchen, und Yosef spielte im Dreck. Mal durften wir laut Anweisung der Handwerker nicht ins Wohnzimmer, mal für mehrere Tage nicht ins Schlafzimmer. Drei Tage lang hatten wir weder Bad noch Toilette zur Verfügung.

⋆

Eines Morgens machte sich Hussein schon früh auf den Weg, um wieder einen Amtsgang zu bewältigen. Um 11 Uhr kamen normalerweise die Handwerker. Da ich wegen der Reparaturen gerade keinen Stuhl mehr hatte, um mich zu setzen, stillte ich Salem auf dem Bett. Yosef und Nadiah nahm ich mit ins Schlafzimmer, damit sie nicht auf das Balkongeländer stiegen. Alles um uns herum erschien mir auf einmal so verdächtig still: kein Verkehr, keine Handwerker, keine Radiomusik. Mir wurde unheimlich, und ich stellte Radio und Fernseher ein, die aber nicht mehr funktionierten. Über unserem Haus hörte ich Hubschrauber und Flugzeuge kreisen, Schüsse fielen und hallten durch die leeren Straßen. Ich bekam Angst, denn ich war allein in einer Stadt, in der 15 Millionen Menschen gerade aufgehört hatten, irgendwelche Lebenszeichen von sich zu geben. Die Straßenkreuzungen unter uns waren gespenstisch leer und der Himmel über uns mit Armeeflugzeugen bedeckt. Ich konnte niemanden fragen, was eigentlich los war, und Hussein war unterwegs.

Nach langer, langer Zeit klingelte plötzlich das Telefon,

und ich war froh, ein vertrautes Geräusch zu hören. Am anderen Ende war meine Mutter, die mich besorgt fragte, ob wir noch lebten und ob es uns gutginge. Sie erzählte mir, sie hätte in den Nachrichten gehört, daß in Kairo gerade ein Soldatenaufstand stattfände. Viele Hotels wären beschossen und zerstört worden, und Präsident Mubarak hätte den Notstand ausgerufen. Meine Eltern fürchteten um unser Leben, doch ich war geistesgegenwärtig genug, sie zu beruhigen, obwohl ich innerlich sehr aufgewühlt war.

Nach vielen Stunden kam Hussein endlich nach Hause. Ich merkte erst in diesem Moment, wieviel Angst ich um ihn gehabt hatte. Er erzählte mir, was ich über meine Mutter bereits erfahren hatte. Hussein hatte im Verkehrschaos festgesteckt, doch nun saßen wir glücklich in unserer schmutzigen Wohnung und waren froh, einander zu haben. Für die nächsten Tage wurde eine Ausgangssperre verhängt, so daß Hussein nicht in die Praxis mußte und wir handwerkerfrei waren.

Unsere Farm

Da Husseins Vorfahren in Saudi-Arabien zu Zeiten des Königs Faruk sehr wohlhabend gewesen waren, hatten wir nicht nur die riesige Wohnung in Gardencity geerbt, sondern auch ein großes Stück Land, 160 Kilometer südlich von Kairo. Dieses Land war teils verpachtet, teils bewirtschafteten Husseins Geschwister die Ländereien. Zu dem Ganzen gehörte auch noch ein riesiges Haus in der Kreisstadt Beni Suef, umgeben von einem Garten, in dem Mango- und seltene Nußbäume standen.

In Botswana hatte mir Hussein viel von diesem Stück Erde vorgeschwärmt, und schon damals hatten wir Pläne geschmiedet, wie wir in die Landwirtschaft einsteigen könnten, denn Hussein interessierte sich sehr dafür. Zudem ist jeder Ägypter, auch wenn er in einer Großstadt wie Kairo lebt, im Grunde seines Herzens ein Bauer, was man auch daran merkt, daß auf jedem Flachdach in Kairo, und sei es noch so hoch, ein Hühnerstall, ein Schaf oder sogar ein Wasserbüffel zu finden ist.

Unsere erste Tour aufs Land öffnete mir die Augen, was Landwirtschaft in Ägypten heißt. Sicher, sie hatte eine lange Tradition, nur daß sie seit zwei Jahrtausenden auf dem Stand der Pharaonenzeit betrieben wurde. Die Schöpfräder drehten sich noch immer von Eseln und Kühen bewegt, und das so geförderte Wasser lief in kleine Kanäle zur Bewässerung der Felder, die seit der Amtszeit von Staatspräsident Nasser in kleine bis kleinste Parzellen eingeteilt waren und von kinderreichen Familien bewirtschaftet wurden. Man sah praktisch keine Maschinen, da das Hauptwerkzeug der Farmer eine einfache Hacke war. Alles lief nach jahrtausendealten Traditionen ab. Die Kinder rannten halbnackt auf der verkehrsreichen Straße herum und spielten im Staub, die Frauen hockten an den Wasserkanälen und wuschen ihr Geschirr und ihre Wäsche im stehenden, trüben Wasser. Nicht selten lag weiter unten im Kanal ein toter aufgeblähter Esel, und auch verendete Hunde trieben durch das Schilf.

*

Im Heimatdorf meines Mannes angekommen, packte mich das kalte Entsetzen, als unser Verwalter das schwere, klemmende Hoftor zu unserem Landgut öffnete. Seine Kinder und Kindeskinder bestaunten mich wie eine gerade vor ihren Augen aus dem Boden geschossene Pyramide. Eine so blonde und so dünne Frau hatten sie wahrscheinlich bisher nur im Fernsehen gesehen, das den ganzen Tag im Haus lief. Ich mußte für sie wirken, als wäre ich einer amerikanischen Seifenoper entsprungen. Sie fraßen mich förmlich mit ihren Blicken auf.

Ich ließ mich derweil in Staub und Dreck nieder und bezog nach einer kurzen Teepause die Betten, damit die Kinder schlafen konnten.

Am nächsten Tag, nach einem ausgiebigen ägyptischen Frühstück mit Eiern und Fladenbrot, erkundeten wir die Gegend und fuhren zur Familiengrabstätte. Zwei arme alte Frauen, die das Monument der El Sayed Mohameds wie Grabwächter beaufsichtigten, öffneten uns die Familienmoschee und die Gruft, wo Husseins Vorfahren lagen. Wir gingen barfuß hinein, und ich bemerkte, daß die Familiengräber wie Backofenlöcher in einer Backstube aussahen. Auf der einen Seite lagen die Frauen, auf der anderen die Männer, jeweils nur in Leinentücher gehüllt. Wir entlohnten die zwei alten Frauen beim Abschied für ihre treue Bewachung und gingen, begleitet von ihren Hühnern und Ziegen, zurück zum Auto, wo sich bereits viele Menschen versammelt hatten, um sich „die Ausländerin“ anzuschauen.

Ein solch dreistes Verhalten hatte ich selbst im Busch von Botswana nicht erlebt. Die Leute schauten mich mit unverhohlener Neugier an und folgten unserem Auto, so daß wir nur im Schrittempo fahren konnten. Ich kam mir wie eine verkleidete Prinzessin vor und war fest entschlossen, das nächste Mal zu Hause zu bleiben, wenn Hussein aufs Land fahren würde.

*

Die nächste Tour führte uns zu dem eigentlichen Landgut, das Hussein bewirtschaften wollte. Auf dem Grundstück stand ein kleines, heruntergekommenes Häuschen, das aber sicher wieder schön zurechtgemacht werden konnten. Hinter dem Haus lagen die Stallungen. In dieser Gegend wohnten die echten Fellachen, die Bauern Ägyptens, und ich sah endlich, wovon Hussein immer gesprochen hatte. Es sah zwar nach sehr viel Arbeit aus, aber mir gefiel dieses Stückchen Erde. Wir dachten sogar daran, unsere Praxen hierher zu verlegen. Was uns letztlich davon abhielt, waren die fehlenden Schulen für die Kinder. Mit diesem Schritt hätten wir ihnen fast alle Chancen für ihre Zukunft genommen. Ansonsten hätte ich nichts dagegen gehabt, Kairo zu verlassen.

Der Ort El Fashen, in der Nähe von Beni Suef, schien mir sehr viel übersichtlicher zu sein als die Großstadt Kairo, obwohl in dieser Stadt auch einige Millionen Menschen lebten.

Eine Gegebenheit mußte man jedoch überall in Ägypten hinnehmen: Man war immer von Menschenmassen umgeben, und wenn man dem ausweichen wollte, war man fast gezwungen, sich in die Wüste zurückzuziehen. Ich bekam schnell einen guten Überblick, was alles an Arbeit auf uns zukommen würde, vertraute aber dabei wie schon so oft auf Gottes Hilfe und die Kraft, die er uns immer wieder gab.

Als wir nach Kairo zurückkamen, drückten mich aber zunächst andere Sorgen, denn die Anerkennung meines Examens wurde immer unwahrscheinlicher. Es führte wohl kein Weg daran vorbei, daß ich in einigen zahnmedizinischen Fächern mein Staatsexamen an der Hochschule in Kairo wiederholen mußte. Dieses Hindernis schien mir unüberwindbar. Doch in dieser Situation kam mir mein Onkel

Sepp zu Hilfe, der in seiner Klinik in Mainz einen ägyptischen Oberarzt beschäftigt hatte, der wiederum mit dem Oberbürgermeister von Kairo verwandt war. Mit diesem Herrn sollte ich Kontakt aufnehmen, was ich mir natürlich nicht zweimal sagen ließ. Ich brachte seiner Frau Blumen mit, erwähnte im Gespräch meine illustre Verwandtschaft und ließ so ganz nebenbei mein Problem einfließen. Mit den Damen der höheren Gesellschaft, die meist französische Schulen besucht hatten, unterhielt ich mich auf Französisch, das sie dem Englischen und Arabischen wegen seiner Eleganz vorzogen.

Nach einiger Zeit bekam ich eine schriftliche Einladung in die zahnmedizinische Fakultät, um mit den Professoren einen Examenstermin auszumachen. Außerdem wurde mir bescheinigt, daß meine Papiere alle in Ordnung wären. Ich machte mich also schön, lief zur Uni, die man von unserer Wohnung aus bequem zu Fuß erreichen konnte, und bekam dort einen Termin genannt. Wenige Minuten später stand ich auf einer großen Straße mitten in Kairo und überlegte, wie lange mein Frankfurter Examen nun schon her war und ob mein theoretisches Wissen überhaupt ausreichen würde.

Die Aufgaben in der Familie ließen mir glücklicherweise nicht viel Zeit, um mir Sorgen zu machen, und zum Lernen kam ich natürlich nur selten.

Hussein wollte mir einen Gefallen tun, indem er ein Hausmädchen zu meiner Entlastung einstellte. Die junge Frau, die bei uns zu arbeiten anfing, brachte gleich ihre beiden eigenen Kinder mit, und da ich nun mal sehr kinderlieb war, konnte ich es ihr nicht abschlagen. Das jüngste Kind mußte noch gestillt werden, und das ältere war noch nicht sauber. So hatten wir mit ihren Kindern fast mehr zu tun als mit meinen.

Diese Lösung befriedigte uns nicht, so daß wir uns ein Mädchen nahmen, das noch keine Kinder hatte und auch bei uns schlafen sollte. Nagaha war ein echter Glücksgriff und wurde mir eine sehr gute Freundin, die erste einheimische in Ägypten. Sie war sehr geschickt, zuverlässig und konnte gut mit den Kindern umgehen. Da sie weder lesen noch schreiben konnte, lief zu ihrer Unterhaltung den ganzen Tag das Fernsehen. Von Nagaha lernten sowohl die Kinder als auch ich viel Arabisch, so daß wir uns bald besser mit den Einheimischen verständigen konnten.

*

Mein Examen rückte näher, aber meine Vorbereitung fiel nach wie vor sehr dürftig aus. Dennoch lief die Prüfung letztlich sehr gut. Die Prüfer sprachen sehr sachlich mit mir und waren fachlich auf dem neusten Stand. Bereits direkt nach der Prüfung hatte ich das Gefühl, bestanden zu haben, und meine Freude war riesengroß, als das Papier, das meinen Eindruck bestätigte, per Einschreiben ankam. Weder Nagaha noch ich konnten das Formular genau lesen, doch wir freuten uns darüber, denn wieder hatte ich eine wichtige Hürde in meinem Leben in Ägypten genommen.

Eigentlich hätten wir jetzt eine Praxis für mich einrichten können, aber die Landwirtschaft ging vor. Wir hatten viele Ideen, was wir verändern würden, bauten zunächst die Ställe um und kauften einige ägyptische Kühe, die immer so aussehen, als ob sie gleich verhungern würden. Diese Tiere gaben zwar nicht sehr viel Milch, aber sie waren ungemein widerstandsfähig.

Unser ganzer Stolz war jedoch ein Frieslandbulle, den wir aus Dänemark importierten. Er sollte in den nächsten Jahren unsere mageren Kühe befruchten, so daß wir eine Kreuzung aus widerstandsfähigen und milchgebenden Tieren hätten, um eine bessere Milchwirtschaft betreiben zu können. Nun hatten wir zwar einige gute Tiere, aber keine Ersparnisse mehr. Wir bereuten unseren Schritt nicht, denn schon zwei Jahre später hatten wir Kühe, die zwar mehr fraßen als die ägyptischen, aber auch viel mehr Milch gaben.

Anfangs stellte die Landarbeit einen echten Kampf für uns dar. Jedes Wochenende fuhren wir die weite Strecke nach El Fashen. Meine Freundin Gerlinde, die in der Nähe wohnte, kam oft dazu und entwickelte fast soviel Tatendrang wie ich. Wir schrubbten das ganze Haus, tapezierten die häßlichen Wände mit Schrankpapier und waren stolz auf die positiven

Veränderungen. In der Küche standen Herd und Kühlschrank, im Schlafzimmer ein riesiges Bett mit Baldachin, das Hussein von seinem Großvater geerbt hatte und das hoch genug war, daß keine Schlange hineinkriechen konnte. Auch die Kinder bekamen ein eigenes Schlafzimmer, und eine Dusche wurde installiert.

Hussein verbrachte jede freie Minute auf dem Feld oder im Stall. Die Abende, die wir uns im Vorfeld sehr gemütlich vorgestellt hatten, liefen so ab, daß Hussein nach der Feldarbeit zum Melken in den Stall ging. Kam er dann müde ins Haus, fand er vor der Tür eine lange Warteschlange von Fellachen vor, die eine ärztliche Behandlung oder einen medizinischen Ratschlag brauchten. Ich durfte mich während der Behandlungszeit nicht im Wohnzimmer aufhalten, da Frauen und Männer getrennt sitzen mußten, und so saß ich oft mit der alten Frau unseres Verwalters in der Küche. Sie kochte ständig Kaffee und Tee, und zwischendurch erzählten wir uns von unseren Sorgen und Erlebnissen. Mein Arabisch wurde auf diese Weise immer besser, und sie fühlte sich geehrt, daß ich als Frau Doktor und ihre Herrin zusammen mit ihr auf dem Boden saß.

Oft mußte Hussein sogar unser Schlafzimmer für gynäkologische Untersuchungen mitbenutzen, und des öfteren hatten wir anschließend Flöhe in unserem Bett, was mir glücklicherweise nicht sehr viel ausmachte.

Die Kinder fanden auf dem Land jede Menge Spielkameraden, vor allem Nadiah hatte in jeder Hütte mindestens eine Freundin. Wir besaßen einige Esel, auf denen die Kinder sehr gerne ritten, doch die vielen Tiere verbrauchten auch einiges an Futter. Ich knüpfte Verbindungen zu einem deutschen Facharbeiter, der uns eine Tonne Futterkonzentrat günstig besorgen konnte, so wurde ich immer mehr eine Meisterin im „Organisieren".

Doch die Landwirtschaft, soviel Zeit und Energie sie uns auch abverlangte, sollte nur eine Nebenbeschäftigung und unsere Altersversorgung sein, denn im Hauptberuf waren wir nach wie vor Ärzte. Wie unsicher unser finanzielles Kalkül war, zeigte mir ein Anruf von unserem Landgut mit der Nachricht, daß alle Kühe gestorben wären.

Als Hussein spät abends aus der Klinik kam, überbrachte ich ihm die Hiobsbotschaft. Er reagierte wie immer gefaßt und fuhr noch am selben Abend die 160 Kilometer hinaus aufs Land. Als er ankam, stellte er fest, daß lediglich die zehn Kälber gestorben waren, da sie Unkrautvernichtungsmittel gefressen hatten.

*

Im Sommer 1986 flogen wir für sechs Wochen nach Deutschland, um eine Art Bildungsurlaub für Agrarwirtschaft einzulegen. Wir besichtigten die Milchwirtschaft auf der Alm und in städtischen Großställen, lernten den Arbeitsablauf in riesigen Molkereibetrieben kennen und studierten die Produktion von Joghurt, Butter und Käse. Von Verwandten bekamen wir zwei ausrangierte Melkmaschinen und ein Weidezaungerät geschenkt. Wir kauften Hilfen für die Kälberaufzucht und Fachliteratur über Viehfütterung.

Am Ende waren wir so beladen, daß wir gar nicht mehr wußten, wie wir unsere Schätze nach Ägypten transportieren sollten. Hussein flog zwei Wochen früher zurück, auf diese Weise konnten wir die Lasten besser verteilen, bevor ich mit den Kindern und einer Melkmaschine abreiste und ebenfalls so beladen war, daß am Zoll der vollbepackte Kinderwagen zusammenbrach.

Das dritte Weihnachtsfest in Ägypten verbrachte ich nicht unter dem Christbaum, sondern mit der Produktion von Joghurt, den ich in 300 Gläser abfüllte. Unser Produkt war biologisch einwandfrei, so daß wir ein Krankenhaus in Kairo mit Milchprodukten verschiedenster Art beliefern konnten. Aus Kostengründen lebten auch wir von unseren eigenen Erzeugnissen, hatten wir doch Milch und Joghurt in rauhen Mengen. Unser bestes Produkt war ein Fetakäse, der vorzüglich schmeckte. Aus eigener Schlachtung hatten wir außerdem genügend Fleisch. Ich war im Schlachten bereits so versiert, daß ich an einem Vormittag mit zwei Metzgern in unserer Wohnung in Kairo eine ganze Kuh in kühltruhengerechte Teile zerlegte.

Leben in der Wüste

Unseren Ackerbau und die Viehzucht betrieben wir leidenschaftlich gerne . . . und natürlich auch, um uns am Leben zu erhalten. Genauso gerne waren wir aber auch Ärzte und wollten in unserem Beruf arbeiten. Hussein war ein guter Chirurg und immer bereit, Verantwortung zu übernehmen, und auch ich hatte ja nun alle Voraussetzungen, um in Ägypten Zahnärztin zu sein.

Die Einkünfte aus der Praxis in Kairo reichten bei weitem nicht aus, um unseren Lebensunterhalt zu bestreiten. In Ägypten war es üblich, mehrere Stellen gleichzeitig zu haben, und so lief Hussein von Behörde zu Behörde, um seine staatliche Stelle in Kairo wiederzubekommen, von der er während seines Botswana-Aufenthaltes beurlaubt worden war. Zunächst mußte er sich bereit erklären, als Facharzt auch an einem anderen Ort zu arbeiten. Das hieß im Klartext, dorthin zu gehen, wo freiwillig kein anderer hinging. Er wurde für drei Monate nach Safarga geschickt, einer von Industrie geprägten Hafenstadt am Roten Meer, wobei das Meer dort nicht so schön war wie im Süden oder Norden des Landes, wo die Touristen ihre Badeurlaube verbrachten.

Ich sollte eigentlich mit den Kindern in Kairo bleiben. Doch da sich niemand um uns kümmerte und Husseins Verwandtschaft mit mir alleine nicht viel anzufangen wußte, holte uns Hussein zu sich, denn er vermißte uns ebenso wie wir ihn.

In brütender Hitze fuhren wir also gen Süden, während die Wüste vor uns flimmerte. Ich hatte keine Ahnung, was mich erwartete, freute mich aber auf einen Badeurlaub. Nach der mühseligen Reise merkte ich sofort bei unserer Ankunft in

Safarga, daß ich mir völlig falsche Vorstellungen gemacht hatte.

Der Hafen in Safarga war ein Umschlagplatz für Güter nach Saudi-Arabien. Außerdem war der Ort angefüllt mit unzähligen Menschen und das nicht nur, wenn große Pilgergruppen aus aller Welt auf ihrer Durchreise zu den heiligen Städten des Islam in der Stadt ankamen. Elektrizität und Wasser bekam man nur an drei Tagen in der Woche, und von einer Infrastruktur konnte keine Rede sein. Riesige Wohnblöcke standen leer, da niemand dort arbeiten und wohnen wollte. Das Krankenhaus, in dem Hussein arbeitete, war primitiv eingerichtet, und auch die anderen Ärzte arbeiteten hier für einen Hungerlohn und nicht ganz freiwillig. Sie wären alle lieber bei ihren Familien in Kairo gewesen.

Auf den Märkten wurde öliger Fisch für die Einheimischen und getrocknete Waren für die Pilger angeboten, in den schmutzigen Schnellrestaurants aßen die Touristen, die auf der Durchreise nach Luxor oder Abu Simbel waren. Die Familien der vielen Stahlarbeiter, die in der Stadt beschäftigt waren, konnten hier unter primitivsten Verhältnissen 14 Tage Urlaub machen. Während eines solchen Urlaubs gingen die Frauen in ihren Schleiern barfuß am Strand entlang. Die Jungen badeten in Unterhosen im öligen Wasser, während die Mädchen ihren Müttern nacheiferten, indem sie ebenfalls verschleiert ihre Geschwister beaufsichtigten. Diese Frauen saßen also mit ihren nachthemdartigen Kleidern am Strand und aßen beständig Fladenbrot mit Kartoffeln und Halawa, eine Süßigkeit aus Sesam und Honig. Außerdem waren sie fast alle schwanger oder stillten kleine Kinder und tauschten, wie wohl alle Frauen auf der Welt, Kochrezepte oder medizinische Neuigkeiten aus.

Die Wohnung im dritten Stock, die Hussein gemietet hatte, war bis auf einen Kühlschrank, einen Herd und zwei Betten leer. Wieder einmal bezog ich eine Wohnung, die vor Dreck und Kakerlaken strotzte. Die Kakerlaken in Größe XXL waren so zutraulich, daß man sie truppenweise mit der Fliegenklatsche erschlagen konnte. Es war brütendheiß, 45 Grad im Schatten, doch das hinderte uns nicht daran, gegen diese kleinen Ungeheuer zu kämpfen. Kakerlakenfangen wurde dort zum beliebten Nachtsport für Hussein und mich, da die Tierchen vor allem nachts aus allen Ritzen und Löchern gekrochen kamen.

*

Tagsüber ging Hussein in die Klinik und ich mit den Kindern an den Strand. Bis wir eine geeignete Stelle zum Baden gefunden hatten, dauerte es eine Weile. Am ersten Tag hatten wir keine glückliche Wahl getroffen, denn am Abend mußten wir uns gegenseitig das Öl vom Körper kratzen. Tagelang lagen die großen Schiffe in der Nähe des Ufers, und während ihrer Wartezeit, bis sie den Suezkanal passieren konnten, wurde eben schnell ein Ölwechsel vorgenommen – Umweltschutz war hier ein Fremdwort.

Am nächsten Tag jedoch fanden wir ein schönes Strandstück, wo wir zunächst ganz unter uns waren. Die Kinder schwammen und spielten im Sand, derweil ich im Badeanzug unter dem Sonnenschirm saß. Irgendwann näherte sich uns eine Gruppe ägyptischer Frauen. Neugierig stellten sie sich in einiger Entfernung von mir auf und bestaunten mich im Badeanzug. Endlich konnten sie sich eine fremde Frau, wie sie sie nur aus dem Fernsehen kannten, ausführlich aus der Nähe betrachten. Sie schauten mich solange an, bis ich mir fast nackt vorkam, gleichzeitig lächelte ich ihnen schüchtern zu, und sie grinsten hämisch zurück.

Als Hussein am frühen Nachmittag von einem anstrengenden Operationstag zum Strand kam, um uns abzuholen, fand er uns dicht umringt von einem Heer von Frauen. Yosef war dem Heulen nahe und fing an, die Frauen zu beschimpfen. Ich mußte mir von ihnen unzählige Ratschläge anhören, wie man Kinder stillte und was man während der Stillzeit am besten aß. Sie wunderten sich, daß ich drei Kinder hatte, denn Ausländerinnen brächten doch sonst nur ein oder zwei Kinder zustande. Sie fragten, ob ich mich vor der Sonne fürchtete, ob meine Haare echt wären und wie ich sie frisierte, daß sie sich nicht lockten. Ich brauchte ihnen gar keine Antworten zu geben, weil sie sich die meisten Fragen selbst beantworteten. Ich saß also stumm wie ein Ölgötze da und war reichlich genervt.

Zum Glück machte Hussein dem Spuk ein Ende, und wir räumten den Schauplatz des Geschehens. Es vergingen Tage, bis wir endlich ein ruhiges Plätzchen gefunden hatten, wo wir wenigstens bis mittags ungestört im Badeanzug sitzen konnten.

*

Nach drei Monaten wurde Hussein zum Glück in eine Vorstadt von Kairo versetzt. Eigentlich gab es den Ort noch gar nicht, an den Hussein gehen sollte. „15. Mai City" hieß die Wüstenstadt, die gerade aus dem Boden gestampft wurde. In ihrer Mitte befand sich ein großes Einkaufszentrum im Rohbau, und gegenüber lag das Krankenhaus. Von Gardencity aus mußte man 40 Kilometer fahren, was uns nichts ausmachte, denn vor unserem geistigen Auge sahen wir eine Stadt mit mehreren Millionen Menschen aufblühen, die alle irgendwann einmal einen guten Arzt brauchten. Wir dachten immer öfter daran, uns mit unserem Hauptwohnsitz an diesem Ort niederzulassen, und erfuhren, daß im neuen Stadtzentrum große Eigentumswohnungen versteigert wurden. Ich schlug vor, unseren gerade gut verzollten Mercedes zu verkaufen. Es war nicht schwierig, für dieses begehrte Statussymbol einen Käufer zu finden, der Vertrag wurde gemacht, und der Mann kam mit sehr viel Bargeld, um zu bezahlen. In Ägypten bezahlte man alles bar, und so bekamen wir eine große Aktentasche, die mit Geld angefüllt war, überreicht.

Eine Woche später ersteigerte Hussein eine Wohnung, die ebenfalls bar zu bezahlen war. Ein Gynäkologe, mit dem wir eventuell zusammenarbeiten wollten, ersteigerte die Wohnung direkt neben uns, und wieder hatten wir einige Räume zu renovieren.

Dieses Mal nahmen wir alles selbst in die Hand: Hussein war Maurer, Anstreicher, Schreiner und Klempner zugleich. Ich versuchte mich wieder im Tapezieren und nähte gemeinsam mit Husseins Schwester Vorhänge. Außerdem begann ich, mit den Kindern Deutsch zu lernen. Da ich wieder eine Hepatitis bekam, hatte ich zwei Monate praktisch zur freien Verfügung und konnte mich als Lehrerin betätigen. Yosef und

Nadiah gingen in den Kindergarten gegenüber, so daß ich wenigstens vormittags ein bißchen Ruhe hatte. Salem wurde noch gestillt und war ein friedliches Kind. Yosef wurde während dieser Zeit bereits von Hussein in einer deutschen evangelischen Oberschule angemeldet, die schon von vierjährigen Kindern besucht wurde.

Unser Sohn, der gerade vier Jahre alt geworden war, bestand die schwierige Aufnahmeprüfung und wurde angenommen. Um sieben Uhr morgens mußte er zum Bus und kam mittags um zwei Uhr wieder nach Hause. Während der Einrichtung der chirurgischen Praxis, bei der ich mithalf, sah ich die Kinder oft erst spät abends. Obwohl Nagaha eine gute Ersatzmutter war, tat es mir leid, so wenig mit den Kindern zusammenzusein.

Hussein war vormittags in der Klinik in „15. Mai City", abends in seiner Praxis in Kairo, und am Wochenende waren wir eine Bauernfamilie auf dem Land. Hätte der Tag 48 Stunden gehabt, wir hätten sie ohne Probleme ausfüllen können.

*

Vor Yosefs Schulbeginn schob ich einen sechswöchigen Deutschlandaufenthalt mit den Kindern ein. Während des Fluges nach Deutschland fiel ein Triebwerk aus, der Pilot mußte über dem Mittelmeer umdrehen, und erst gegen Mitternacht kamen wir endlich in Frankfurt an. Hussein war zu diesem Zeitpunkt noch damit beschäftigt, seine Praxiseinrichtung zu vervollständigen. Damit er die Geräte und die nicht ganz billige Ausstattung für meine zahnärztliche Praxis kaufen konnte, überwies ich ihm mein letztes Sparguthaben.

Als wir nach sechs Wochen wieder in Ägypten ankamen, brauchte ich ungewöhnlich lange, um mich einzuleben. Ich erinnerte mich in diesen schwierigen Tagen daran, daß ich mir fest vorgenommen hatte, tapfer zu bleiben und die Unannehmlichkeiten des ägyptischen Lebens zu ertragen.

Nach einiger Zeit merkte ich, daß ich wieder schwanger war. Wir hatten dieses Kind zwar nicht eingeplant, und es kam zeitlich ungelegen, aber für mich war jedes Kind ein

Geschenk Gottes. Ich liebte meine Kinder, und jedes weitere würde ich genauso lieben. Wir freuten uns also alle auf ein neues Familienmitglied. Bei der Geburt würde ich zwar schon 39 Jahre alt sein, doch ich fühlte mich gut. Tagtäglich stand ich nun in meiner neuen Praxis in „15. Mai City" und wartete auf Patienten. Jeder, der durch die Tür kam, brachte uns dem Ziel näher, unsere Familie und das Vieh auf dem Land zu versorgen.

Nach einiger Zeit arbeitete ich ebensoviel wie Hussein. Meinen Eltern mußte ich am Telefon die Nachricht, daß ich wieder schwanger war, schonend beibringen. Ich wußte, sie würden über unsere neue Situation nicht begeistert sein. Meine Mutter fand es riskant, unsere Familie noch weiter zu vergrößern, und glaubte, daß meine Kraft nicht ausreichen würde, obwohl sie selbst vier Kinder großgezogen hatte und dabei ja auch nicht untergegangen war. Ich wollte mich ganz fest darauf konzentrieren, daß ein neues Leben immer auch Freude mit sich bringt. Für mein zukünftiges Glück mußte ich aber zunächst sehr fleißig arbeiten.

Hannaa

Ich stand bis zum 2. März 1988 am Zahnarztstuhl. Wie immer kam ich spät nach Hause, denn ich hatte an diesem Tag viele Patienten behandelt. In der Nacht beschlich mich eine Ahnung, wußte ich doch mittlerweile, wie man sich fühlte, wenn es mit der Geburt losging.

Ich weckte Hussein morgens zur gewohnten Zeit und bat ihn, seinen Freund, den Gynäkologen anzurufen, während ich noch ein gemütliches Bad nahm. Hussein drängelte zwar ununterbrochen, aber wir machten uns erst um 11 Uhr vormittags auf den Weg in die Klinik. Wir hatten mal wieder das übliche Verkehrschaos nicht bedacht und standen prompt ziemlich lange in einer Autoschlange. Als wir im Krankenhaus ankamen, war alles zur Geburt bereit. Um 12 Uhr mittags kam Hannaa auf die Welt, und um 13 Uhr waren wir wieder zu Hause. Die Kinder waren glücklich, ihre neue Schwester nach nur zwei Stunden Abwesenheit der Eltern bestaunen zu können.

Am nächsten Tag packte ich unsere neue Tochter in eine Tragetasche und ging in meine Praxis. Hannaa durfte mich von da an immer zur Arbeit begleiten. Sie wurde, wie auch Salem vor ihr, in einer Art Moseskörbchen durch die Gegend getragen, in der Praxis abgestellt und zwischen den Behandlungen gestillt. Meine Sprechstundenhilfe, die selbst keine Kinder bekommen konnte, freute sich morgens schon auf Hannaa und verwöhnte sie sehr.

Manchmal kamen auch die anderen Kinder mit und spielten ganz versonnen im Baudreck, der immer noch überall herumlag. Unter unseren Praxisräumen befand sich eine neue Apotheke, die den Besitzern wegen ihrer Nähe zu den verschiedensten Arztpraxen und der Klinik gute Einkünfte bringen würde. Wurden am Vormittag die Verbände in der Klinik gewechselt, kamen die Patienten in die Apotheke und kauften Verbandsmaterial. Auch Spritzen und deren Inhalt mußten die Leute selbst bezahlen. Dies nannte sich dann „freie medizinische Versorgung“ und war ein Ergebnis des ägyptischen Sozialsystems.

Am frühen Morgen stellten sich die Patienten vor dem Krankenhaustor auf. Gegen eine Einlaßgebühr konnten sie das Gebäude betreten, woraufhin sie wieder eine Weile anstehen mußten. Die Wartezeit konnte durch ein typisch ägyptisches Mittel abgekürzt werden: Dieses Mittel heißt „Bakschisch“ und ist eigentlich ein Schmiergeld. Zunächst schätzte eine Krankenschwester grob ein, zu welchem Facharzt der jeweilige Patient geschickt werden mußte. Die assistierende Schwester konnte dann je nach Können und Ansehen des Arztes Bakschisch einnehmen.

Einmal kam ein Fellache zu Hussein mit einem Leistenbruch, der ihn bei der Feldarbeit behinderte. Hussein erklärte, daß er ihm schnell und einfach helfen könnte. Der Bauer besaß natürlich wenig Geld, und Hussein hatte sich schon darauf eingestellt, entweder wenig oder gar kein Geld für die Behandlung verlangen zu können. Der Mann tauchte dann zur Operation nicht auf, und wir dachten schon, er hätte es sich anders überlegt.

Eines Tages kam er niedergeschlagen wieder und beichtete uns, daß er sich die Operation nicht leisten könnte. Wie wir später erfuhren, hatte er bereits Bakschisch im Wert eines Wasserbüffels ausgegeben, um bis zu Hussein vordringen zu können. Alles weitere konnte er nun nicht mehr bezahlen. Das gehörte zum normalen Leben in Ägypten.

Ein staatlicher Angestellter bekam so wenig Geld, daß er ohne Bakschisch praktisch nicht überleben konnte. Private Geschäfte und Bakschisch gehörten daher zu den Haupteinnahmequellen der Menschen. Wollte man bei der Polizei einen Strafzettel zum Verschwinden bringen, war das mit Bakschisch kein Problem. Gab man einen höheren Betrag als verlangt, wurde der Strafzettel vor den Augen in kleine

Stücke gerissen. Von mir nahm man immer gleich eine höhere Summe, denn als Ausländerin wurde ich von vornherein als reich eingestuft.

*

Ich hatte mir vorgenommen, Hannaa auf dem Stadtbüro selbst anzumelden, um meine eigenen Erfahrungen mit der ägyptischen Bürokratie zu machen. Hussein hatte für Salems Anmeldung insgesamt eine Woche gebraucht. Bisher hatte ich immer gedacht, die Pyramiden wären das Außergewöhnlichste, was Kairo zu bieten hatte. Nach diesem Tag wußte ich, daß es eigentlich die Stadtverwaltung war.

Trat man in aller Frühe durch den Eingang, oder besser gesagt, quetschte man sich durch das Tor zu dem Gebäude, befand man sich sofort in einem unbeschreiblichen Gewirr von Menschen. Von außen betrachtet, sah dieses Bürohaus ganz normal aus, doch im Inneren fand man eine Stadt in der Stadt, besser gesagt, einen Staat im Staat vor.

Ich hatte ursprünglich geplant, mich systematisch von Büro zu Büro durchzukämpfen, doch jetzt kam mir eine viel bessere Idee. Ich gab einem der vielen Tee- und Kaffeekocher ein gutes Trinkgeld und beauftragte ihn mit dem Amtsgang, den ich eigentlich hatte erledigen wollen, während ich mich in der Zwischenzeit auf einem wackeligen Stuhl niederließ. Ab und zu kam der Bursche zu mir, um mir alle Dokumente zur Unterschrift zu bringen, und ich gab fröhlich mein Autogramm, auch wenn ich eigentlich nicht lesen konnte, was ich da unterzeichnete. Ich saß auf meinem Stuhl, sah in zwei Stunden halb Ägypten an mir vorüberziehen und hatte schließlich mein wertvolles Dokument in Händen.

Hussein lobte mich sehr für meine Idee und wollte in Zukunft mich in bürokratischen Angelegenheiten losschikken. Ich gewöhnte mich so langsam an die landesüblichen Sitten und Gebräuche, doch richtig heimisch fühlte ich mich immer noch nicht. Dazu fehlte mir eine Freundin wie Ray oder Vera Marie und eine Perspektive, auf die ich zuarbeiten konnte. Wir hatten zwar sehr viel Arbeit, aber ich sah kein

Ziel. Ich hatte Angst, eines Tages den Überblick zu verlieren und nur noch in Arbeit zu versinken. Hatte ich mir so mein Leben vorgestellt?

*

Zu Ostern 1988 kam meine Schwester Birgit mit ihrem Mann und ihrer jüngsten Tochter zu Besuch. Wir planten, gemeinsam zwei Wochen Urlaub am Roten Meer zu verbringen. Ich wollte natürlich stolz vorführen, was wir schon alles in Ägypten erreicht hatten. Da meine Schwester nicht wußte, wie Wohnung und Praxen vor unserer Bearbeitung ausgesehen hatten, empfand sie alles als befremdlich, um nicht zu sagen schrecklich. Wir führten ihnen die Sehenswürdigkeiten vor – die Pyramiden, das Ägyptische Museum und alles, was ein Ägypten-Tourist sonst so sehen muß. Ich hatte mich an diese Besonderheiten bereits gewöhnt und ging an ihnen wie an Auslagen in x-beliebigen Schaufenstern vorüber.

Auch die koptische Kirche im christlichen Viertel Kairos war mir schon sehr vertraut. Die Moscheen und Märkte kannte ich bereits wie meine Westentasche. Ich brauchte nicht mehr die Familie meines Mannes, um mich in der riesengroßen Stadt orientieren zu können.

Als ich an Ostern mit meiner Schwester in der Stadt unterwegs war, hatten wir auch Hannaa dabei. Wir besichtigten eine Kirche; und ich taufte meine Tochter kurzerhand, ohne großes Aufsehen in einem Seitenschiff.

Trotz der vielen Sehenswürdigkeiten und Abenteuer, die ich der Familie meiner Schwester bieten konnte, waren sie entsetzt. Sie konnten sich einfach nicht vorstellen, wie man unter den Bedingungen in diesem Land zurechtkommen konnte. Nun ja, wir konnten es ja eigentlich auch nicht. Wir lebten sehr einfach, brauchten wenig Geld, hatten dennoch nie genug und waren auf Zuwendungen von meinen Eltern angewiesen. Unser Hausmädchen verdiente mehr als Hussein in der Klinik.

Jeder Besuch aus Deutschland brachte Spielsachen und Kleider für die Kinder mit, die wir so schon mal nicht selbst kaufen mußten. Jeder noch so weitläufig bekannte oder verwandte Besucher aus Deutschland wurde von meiner Mutter beauftragt, etwas für uns mitzunehmen. Sie hatte sich ein gutes System überlegt, um den ägyptischen Zoll zu umgehen. Wie man es aus Agentenfilmen kennt, ging ich in alle möglichen Hotels und holte Taschen oder Pakete ab, die Leute dort deponiert hatten, die ich oftmals gar nicht kannte und auch nie zu Gesicht bekam. Wenn wir die Pakete auspackten, war das immer wieder wie Weihnachten für uns.

Ich machte mir jedoch Sorgen um die Kinder, da ich sehr viel außer Haus war und deshalb wenig Einfluß und Überblick über ihr Leben hatte. Das schlechte Gewissen ihretwegen begleitete mich eigentlich immer. Wenn ich zu Hause war, dachte ich, ich müßte in der Praxis sein, und umgekehrt.

In der Praxis hatte ich dank der ständigen Sammelaktionen meiner Mutter eine für ägyptische Verhältnisse besonders gute Ausrüstung und war weit und breit für meine schmerzfreien Behandlungen bekannt. Vor allem das Ziehen oder Herausoperieren von Weisheitszähnen war meine Spezialität. Die Materialien, mit denen in Ägypten gearbeitet wurde, waren mit denen aus Deutschland überhaupt nicht zu vergleichen. Die Arbeit der Zahntechniker war leider qualitativ nicht besonders gut, und Zahnersatz wurde oft unpünktlich geliefert. Ich wußte, daß Qualität Geld kostete, doch ich wollte von meinen Vorstellungen nicht abweichen. Manchmal war ich allerdings einfach zu Kompromissen gezwungen. Im privaten Alltag hatte ich mich an die ägyptischen Schleichwege gewöhnt, im Beruf fiel mir das schwer.

In einer anderen Zahnarztpraxis hätten meine Patienten vielleicht nur ein Viertel der Qualität, die sie bei mir genossen, geboten bekommen, aber ich hatte ein Ideal im Kopf, wie es sein könnte und müßte. Immer wieder legte sich auch die Armut der Menschen in diesem Land auf mein Gewissen. Ich wollte mich noch stärker für die Ärmsten der Armen engagieren, und ich entschloß mich, zwei Tage in der Woche in einer Moscheeklinik zu arbeiten, wo vor allem Arme hinkamen.

Unser Ideenreichtum, wie man ein verantwortungsvolles Leben gestalten konnte, war noch nicht erschöpft, aber zur Verwirklichung der kleinsten Ansätze brauchten wir schon sehr viel Kraft.

Landleben ohne Idylle

Auch Hussein sah ein, daß sich irgend etwas ändern mußte. Ich wollte einfach mehr für meine Kinder dasein. Unser Kindermädchen Nagaha war wegen privater Sorgen nicht mehr so zuverlässig wie früher und erschien manchmal nicht zur Arbeit, so daß ich häufiger mit den Kindern allein dastand und meine Patienten vor meinem geistigen Auge schon im Wartezimmer sitzen sah.

Also wurde Nadiah als zweites Kindermädchen zur Unterstützung gefunden; sie war dick und rund, eine gute Köchin, ziemlich kurzsichtig, aber sehr verläßlich und wohnte auch bei uns. In unserem Haushalt lebten nun vier Erwachsene und vier Kinder. Zusammen mit dem Personal unserer Farm hatten wir jetzt fast 20 Angestellte: Krankenschwestern, Putzfrauen, Melkfrauen, Ärzte, Landarbeiter, einen Tierarzt und viele Hilfskräfte. Wir wußten oft nicht, woher wir am Monatsende das Geld für die Gehälter nehmen sollten.

Außerdem fühlten wir uns auch für die Familien unserer Bediensteten mitverantwortlich. Immerzu erwartete eine Frau ein Kind, jemand heiratete, ein anderer war krank oder hatte sonst irgendwelche Sorgen. Die Menschen waren nicht nur einfach bei uns angestellt, sie gehörten zu unserer Großfamilie. Vor allem draußen auf dem Land dachte man in diesen Strukturen. Die Leute wohnten seit Generationen auf unserem Land, das irgendwie auch zu ihrem Land geworden war. Gerade diese Leute lernte ich am schnellsten kennen. Zunächst waren sie mir gegenüber sehr zurückhaltend und ängstlich, doch das verlor sich zum Glück schnell. Ich ging in ihre Hütten, setzte mich zu ihnen und bekam Tee gekocht, schwarz wie Kaffee, mit sehr viel Zucker. Dann saßen wir lange zusammen, redeten miteinander, und ich lernte unendlich viel von ihnen, einfach nur aus der Betrachtung ihrer Lebensumstände. Ich sah vor allem, wie arm diese Leute waren.

In einem einzigen Raum lebten die Menschen mit Ziege, Schaf, Kuh und Wasserbüffel zusammen. Hier wurden ihre Kinder gezeugt und geboren. Vorräte wurden auf dem Flachdach aufbewahrt, Toiletten gab es keine; um dieses Geschäft zu erledigen, ging man aufs Feld. Das Trinkwasser wurde von den Frauen außerhalb des Dorfes an einer Wasserstelle geholt, und die körperliche Reinlichkeit wurde durch die Gebetszeiten geregelt, denn vor dem Beten mußte man sich bestimmten Waschungen unterziehen. So war es zum Beispiel nicht erlaubt, nach dem Geschlechtsverkehr zu beten, ohne eine vorherige Ganzkörperreinigung vorgenommen zu haben.

Die vielen Kinder, die fast jede Familie hatte, stellten die Altersversorgung dar. Oft wurden sie als Tagelöhner aufs Feld geschickt, um zum Familieneinkommen etwas beizutragen. Hochzeiten und religiöse Feste waren die einzigen Unterbrechungen des harten Alltags und wurden mit einem guten Essen begangen. Die Mädchen, die manchmal noch gar nicht in der Pubertät waren, wurden fast immer schon mit 12 Jahren verheiratet, obwohl es ein Gesetz gegen diese Sitte gab. Wenn sie ein Jahr nach der Hochzeit noch kein Kind hatten, wurden sie von der Familie zu einem Arzt geschickt oder gar verstoßen. Da sie aber zu diesem Zeitpunkt ihre Jungfräulichkeit bereits verloren hatten, sank ihr Wert auf dem Heiratsmarkt beträchtlich.

Eine weitere Sitte, die zwar durch die Regierung verboten worden war, war die Frauenbeschneidung. Bei dieser Operation, die auf dem Land vorzugsweise von Hebammen durchgeführt wurde, entfernte man den 4–6 Jahre alten Mädchen ohne Betäubung mit einer Rasierklinge die Klitoris. Diese entsetzliche Operation führte dazu, daß die Frauen später sowohl beim Geschlechtsverkehr als auch bei Entbindungen große Schmerzen hatten. So bekamen bereits kleine Mädchen die Härte und Brutalität des Lebens zu spüren, ohne ermessen zu können, was ihnen damit angetan wurde.

Auch unsere Mitarbeiter in der Praxis kamen aus armen Verhältnissen und lebten beengt in überfüllten Häusern, Straßen und Stadtvierteln. Sie litten beständig unter Geldmangel, und selbst kleine Teuerungen trafen sie besonders hart.

Unsere Kindermädchen bekamen neben den Mahlzeiten und ihrem Lohn auch die Kleidung von uns bezahlt. Zu jedem Fest, zu jeder neuen Jahreszeit durften sie sich ein neues Kleid kaufen. Wir hatten außerdem eine Köchin, die schon für Husseins Eltern gekocht hatte und mir interessante Geschichten über seine Familie erzählte. Sie kam alle acht bis vierzehn Tage zu uns. Tags zuvor ging ich auf den Markt, kaufte zehn bis fünfzehn Kilo Gemüse, Hähnchen und Fleisch. Zu Hause wurde dann eine regelrechte Kochorgie veranstaltet und anschließend alles in kleine Portionen eingeteilt und eingefroren, so daß wir an den folgenden Arbeitstagen genügend Mahlzeiten zum Aufwärmen hatten.

Da ich es nicht mehr ertragen konnte, tagsüber ständig von den Kindern getrennt zu sein, hatten wir die Idee, meine Zahnarztpraxis in unsere Wohnung nach Gardencity zu verlegen. Also bauten wir unsere riesige Küche in einen Praxisraum um. Wieder waren Handwerker in der Wohnung, um zu renovieren. Der Flur wurde zu einem eleganten Wartezimmer umfunktioniert, und selbst das Treppenhaus ließen wir verschönern, damit die Patienten nicht erst durch den Unrat steigen mußten. In der Praxis sollte wenigstens ein Hauch von einer deutschen Atmosphäre zu verspüren sein. Ich war mir sicher, das würde meine Patienten beeindrucken. Bald machte ich bei den Botschaften Werbung für meine Praxis und hatte innerhalb kurzer Zeit viele Patienten. Nach einem Monat hatte ich bereits so viel eingenommen, daß der Umbau abbezahlt werden konnte.

Meine Hauptarbeitszeit war noch immer ägyptisch: von 18 bis 23 Uhr. Obwohl ich zu Hause arbeitete, hatte ich nicht mehr Zeit als vorher, um sie mit den Kindern zu verbringen. Trotzdem war es vorteilhafter, meine Praxis hier zu betreiben, denn wir verdienten dadurch zum Glück mehr Geld, womit auch unser Lebensstandard stieg. Weil ich nun nicht mehr die Zeit hatte, mich beim Einkaufen in der Schlange anzustellen, gab ich gleich ein Bakschisch und war schneller wieder zu Hause.

*

Als Schulzahnärztin besuchte ich zwei deutsche Schulen. Ich bekam dafür zwar kein Geld, konnte aber für meine Praxis Werbung machen. Fachlich wurde ich immer anspruchsvoller und beschäftigte einen neuen Zahntechniker. Meine Ansprüche an mich und meine Arbeit schraubte ich höher und höher, was natürlich mehr Streß und mehr Verantwortung bedeutete.

Wenn ich abends um 23 Uhr meinen letzten Patienten durch die Tür hinausschob, war die Schublade im Schreibtisch zwar voller Geld, doch die Rechnungen wurden auch immer höher. Ständig stiegen die Lebenshaltungskosten; Reparaturen, Personal und Schulgeld mußten bezahlt werden, und unsere Kühe schienen auch immer mehr zu fressen.

Da ich soviel arbeitete, wollte ich mir auch mal etwas gönnen und etwas Luxus genießen. Wir gehörten zwar nicht zu einem der Clubs in Kairo, fuhren aber ab und zu ans Meer, um uns zu entspannen. Einen richtigen Urlaub machten wir aber nur, wenn wir Besuch bekamen. Die Urlaube in Deutschland wurden immer von meinen Eltern oder anderen Verwandten in Deutschland finanziert. Zu gerne hätte ich neue Möbel gekauft, aber das war unvernünftig, solange die Kinder noch klein waren. Doch einen Wunsch mußte ich mir erfüllen, und so bat ich Hussein, uns ein Pferd zu kaufen. Ich drückte ihm das Geld in die Hand, und daraufhin fuhr Hussein gemeinsam mit einem Tierarzt zu den Pyramiden, wo bereits seit vielen Jahrhunderten die ägyptischen Gestüte lagen.

Hussein erstand bei einer Auktion eine Araberstute, die ich Queeny Asia nannte, das bedeutet „süße Königin". Queeny war meine spezielle Freundin und ein echtes „Pippi-Langstrumpf-Pferd". Sie kam nämlich auf die Veranda unseres Landhauses getrabt und steckte den Kopf durchs Fenster. Man konnte sich sogar richtig mit ihr unterhalten. Um endlich wieder reiten zu können, kauften wir Sattel und Zaumzeug; Hosen, die für diesen Zweck praktisch gewesen wären, konnte ich auf dem Land nicht tragen, weil sich das für eine Frau nicht gehörte.

Trotzdem wollte ich mich gleich auf unser neues Pferd schwingen, als Hussein mich beiseite nahm, um mir etwas zu erklären: In Ägypten war es unüblich, daß eine Frau ein Pferd ritt. Sie konnte sich höchstens einmal auf einen Esel setzen. Pferde waren für Männer, besser gesagt, für Lords reserviert. Also bot Hussein mir an, mit mir und Queeny in die Wüste hinauszufahren, wenn er mal Zeit hätte, damit ich dort unerkannt reiten konnte.

Ich war zunächst erstaunt und dann wütend. Warum hatte er mir das nicht vorher gesagt? Schließlich hatte er Queeny von meinem Geld gekauft, und sie sollte ein Ausgleich für die viele Arbeit sein, die ich ständig zu bewältigen hatte. Zum ersten Mal fühlte ich mich betrogen, und zum ersten Mal dachte ich, daß ich das nicht einfach so hinnehmen würde.

Noch am selben Nachmittag sattelte ich das Pferd und ritt aus, was ein Erlebnis besonderer Art war. Am Wegesrand standen plötzlich sehr viele Menschen. Ich hatte bis dahin gar nicht gewußt, daß so viele Leute in diesem Ort wohnten. Hätte man mich zur Miß Ägypten gewählt, hätten nicht mehr Menschen kommen können. Queeny war zwar ein sehr liebes Pferd, doch sie wurde ziemlich nervös, denn so viele Leute auf einem Fleck hatte sie noch nie gesehen. Und das alles nur, weil die Frau Doktor auf einem Pferd saß. Ich selbst hatte auch ein bißchen Angst, denn seit zwei Jahren hatte ich nicht mehr auf einem Pferd gesessen, und zudem wußte ich auch nicht, wie Queeny reagieren würde. Sie ließ mich aber nicht im Stich, und wir besiegelten mit diesem Erlebnis unsere Freundschaft. Fröhlich trabten wir zwischen Kindern, Hühnern und Enten hindurch.

Meinem Mann würde sicher in Windeseile Bescheid gegeben werden, und er mußte dann so tun, als ob er mir diesen Ritt befohlen hätte. Ich galoppierte mit Queeny in die Abendsonne hinein, und bald flogen wir zwischen den Feldern und Wasserkanälen hindurch. Zum ersten Mal fühlte ich mich frei in diesem Land. Ich hätte tanzen können vor Glück. Ich sang und lachte, denn so viel Freude konnte es eigentlich nur im Himmel geben. Ich lobte Gott für dieses Erlebnis, und erst nach Anbruch der Dunkelheit kamen Queeny und ich schwitzend und schnaufend zurück.

*

So war unser Landleben zwar mit Abenteuern angefüllt, aber auch mühsam. Hussein versuchte in eineinhalb Tagen soviel zu arbeiten wie ein Fellache in einer Woche, was natürlich aussichtslos war. Meine Aufgabe am Wochenende bestand darin, kiloweise Fetakäse herzustellen, der mittlerweile wirklich köstlich schmeckte. Wir versuchten ihn zu verkaufen und belieferten nicht nur das Krankenhaus in Kairo, sondern auch meine Patienten und die Schulen, in denen ich Schulzahnärztin war. Mein Schwager hatte einige Bienenvölker, aber keine rechte Idee, wie er den Honig an den Mann bringen konnte. Da ich schon einmal dabei war, meinen Fetakäse zu vertreiben, verkaufte ich auch noch seinen Honig in ganz Kairo.

Wir versorgten uns mit Käse, Honig, Fleisch und Milch aus eigener Produktion. Ich fand einen Weg, aus der vielen Milch eimerweise köstliches Eis mit Vanille-, Erdbeer- und Schokoladengeschmack herzustellen.

Diese Aktivitäten liefen alle neben meiner medizinischen Tätigkeit her. In der Klinik in „15. Mai City" mußte Hussein plötzlich auch noch die gynäkologische Praxis des Kollegen, der nebenan wohnte, übernehmen, da der Mann bei einem Autounfall ums Leben kam. So kamen für ihn auch noch Entbindungen und folglich viele Nachtdienste hinzu.

Im Juni 1990 nahmen wir uns vor, mal wieder Urlaub in Deutschland zu machen, denn die Kinder hatten drei Monate Ferien. Endlich konnten wir den Urlaub sogar selbst finanzieren.

Ungewöhnliche Urlaubsverlängerung

Hussein hatte einmal am Anfang unserer Beziehung zu mir gesagt: „Wer mit dir zusammen ist, der wird nie Langeweile haben und immer Abenteuer erleben."

Wir hatten die Koffer für unseren Flug nach Deutschland gepackt, und ein Freund von Hussein wollte uns mit dem Auto zum Flughafen fahren. Die Kinder saßen also geduldig auf ihrem Gepäck und warteten, bis wir Erwachsenen endlich fertig waren. Plötzlich kippte Salem von einem der Koffer, stieß mit der Augenbraue gegen die Kante eines massiven Marmortisches und blutete fürchterlich. Wir ließen uns von diesem Zwischenfall nicht beirren, denn ich hatte ja glücklicherweise meine Praxis im Haus, und der Unfallchirurg war in unserer Familie auch gleich zur Hand. Ich hielt also Salem fest, und Hussein nähte schnell die Wunde. Das Blut wischten wir weg, und schon waren wir abfahrtbereit.

Am Flughafen angekommen, erfuhren wir, daß unser Flug gerade gestrichen worden war. Wir saßen von 14 bis 21 Uhr in der Halle und warteten auf die nächste Maschine. Dabei beobachteten wir die Mekkapilgerer, die zu Hunderten geduldig in ihren weißen, ungesäumten Gewändern dasaßen und ebenfalls warteten. Hussein malte sich aus, wie es wäre, wenn wir jetzt auch zu ihnen gehören würden. Ich konnte mir das überhaupt nicht vorstellen.

Die Kinder hatten zum Glück viel Geduld – ihre Nerven waren orientalischer als meine. Als wir um 21 Uhr das Flugzeug bestiegen, war mir klar, daß wir an diesem Tag Deutschland nicht mehr erreichen würden. Wir flogen zunächst nach Amsterdam, und erst am nächsten Tag konnten wir endlich meine Familie in Frankfurt in die Arme schließen.

*

Unsere Ferien verbrachten wir, wie es uns nun schon zur Gewohnheit geworden war, zwischen Oberursel und Salzburg. Wir lernten alle Seen des Salzkammergutes kennen, badeten, wanderten und freuten uns aneinander. Die Erinnerungen an Ägypten verdrängte ich so erfolgreich, daß ich mir gar nicht mehr vorstellen konnte, wie ich auf der Farm kiloweise Käse verpackte und stundenlang in der Praxis stand. Ich war nicht nur einige 1.000 Kilometer, sondern Lichtjahre von Ägypten entfernt. Doch auch der schönste Urlaub mußte einmal zu Ende gehen.

Während unseres Urlaubs war in Kuwait plötzlich Krieg ausgebrochen. Meine Verwandtschaft bot uns Hilfe an, damit wir länger in Deutschland bleiben konnten. Also flogen wir nicht nach Ägypten zurück, sondern blieben in Deutschland, ohne zu wissen, wann wir den Heimweg antreten würden. Hätten wir damals gewußt, was im folgenden auf uns zukommen würde, wären wir trotz der unsicheren politischen Lage nach Ägypten zurückgekehrt.

*

Ein Studienfreund hielt seit Jahren sein Angebot aufrecht, mich an seiner Praxis in Königstein zu beteiligen, also fing ich ab September dort an zu arbeiten. Die Kinder, mit Ausnahme von Hanna, gingen in Schule und Kindergarten. Auch Hussein begann zu arbeiten, zunächst in einem Altersheim, und lernte an der Volkshochschule Deutsch. Lange bekam er trotz Anerkennung seines Examens keine adäquate Stelle.

In dieser Zeit machten wir in unserer Beziehung unbemerkt einen Fehler nach dem anderen, denn wir merkten nicht, daß wir auf ein Leben in Deutschland zusteuerten, ohne darüber ausführlich gesprochen zu haben.

Im Hause meiner Eltern war das Zusammenleben dreier Generationen nicht einfach. Sie konnten sich an Husseins orientalische Lebensweise nicht gewöhnen, und er kam seinerseits mit ihrem deutschen Denken nicht zurecht. Ich lebte beständig zwischen den Fronten, verteidigte meine Eltern vor

Hussein und Hussein vor ihnen. Ich merkte leider erst sehr spät, daß dieser Zustand zu einer Verschlechterung unserer Ehe beitrug.

Hussein lebte in seiner Welt, ich in der meinen. Das Schlimmste war, daß wir nicht darüber sprechen konnten, denn mein Mann verfiel in ein strafendes Schweigen und war mit seinem und unserem Zustand absolut unzufrieden. Manchmal sprach er sechs Wochen lang kein einziges Wort mit mir. Diese Situation war für unsere Familie natürlich sehr belastend, zumal wir auf engem Raum miteinander lebten. Ich hatte außerdem sehr viel Arbeit; den Tag über war ich in der Praxis, und abends und morgens kümmerte ich mich um die Kinder. Hussein war dabei keine große Hilfe.

An den Wochenenden nahm er oftmals die Kinder und fuhr ohne mich weg; so schloß er mich aus allen gemeinsamen Aktivitäten aus. Zwar brauchten wir uns endlich einmal keine Sorgen ums liebe Geld zu machen, aber dafür hatten wir andere Nöte.

*

Schließlich konnte ich Hussein eine Assistentenstelle in einem Krankenhaus verschaffen. Diese Arbeit war natürlich nicht das, was er sich gewünscht hatte, doch er konnte immerhin als Arzt tätig sein. Trotzdem fühlte er sich unter Wert verkauft.

Oft war er einfach nicht da, wenn ich abends aus der Praxis nach Hause kam. Einmal suchte ich ihn mitten in einer kalten Winternacht, weil ich mir Sorgen machte. Später erfuhr ich, daß er abends manchmal ins Kino ging. Daraufhin versuchten wir, eine eigene Wohnung zu bekommen, doch mit vier Kindern war es schwierig, im Großraum Frankfurt etwas zu finden. Von Oberursel wegzuziehen wäre auch nicht einfach gewesen, da ich dort wenigstens die Hilfe meiner Eltern und meiner Schwester in Anspruch nehmen konnte, wenn mal etwas mit den Kindern war.

Endlich ergab sich eine Perspektive: Eine Verwandte baute ein Häuschen und wollte es nach der Fertigstellung günstig an uns vermieten. Doch Hussein wurde zunehmend ungeduldiger. Ich hatte ihm vor einiger Zeit angeboten, daß wir nach Ägypten zurückgehen könnten, aber daraufhin hatte er damals gesagt: „So schnell geben wir nicht auf!“

Nun schien er aber im Begriff genau das zu tun.

*

Im Mai 1991 eröffnete er mir, daß er sich ein Flugticket nach Kairo gekauft hatte. Also flog er dann allein nach Ägypten zurück, und von diesem Zeitpunkt an hörte ich sehr wenig von ihm. Wenn ich versuchte ihn anzurufen, war er oft nicht zu erreichen. Diese verfahrene Situation lastete schwer auf mir, denn schließlich war er mein Mann, und ich wollte nicht, daß unsere Beziehung und alles, was wir gemeinsam erreicht und erlebt hatten, einfach so im Sande verlief. So beschloß ich, mit den Kindern im Sommer für drei Wochen nach Kairo zu reisen. Es sollte nur ein Urlaub sein und keine endgültige Rückkehr, wie Hussein heimlich hoffte, denn er trug wenig dazu bei, daß ich Lust auf eine Rückkehr bekam.

Die Ferien waren alles andere als schön. Hussein hatte einen Badeurlaub am Mittelmeer gebucht, in einer Ferienanlage östlich von Alexandria. Das Meer war in dieser Gegend zu gefährlich zum Baden, deswegen sollte man in einem Swimmingpool direkt am Meer schwimmen. Als wir nach unserer Ankunft aus dem Auto stiegen, war ich entsetzt.

Am Strand entlang lag ein Swimmingpool neben dem anderen, und in jedem von ihnen tummelten sich jeweils so viele Menschen, daß man das Wasser nicht mehr sah. Auf dem Betonstreifen drumherum saßen verschleierte Frauen und fütterten ihre Kinder.

Essen war übrigens eine Hauptbeschäftigung der Ägypter, und dementsprechend sahen viele Frauen auch aus. Die weiten Gewänder, die sie trugen, hatten auch ihre praktische Seite, denn so waren die Frauen nicht dem Schlankheitswahn der westlichen Mode ausgesetzt. Sie brauchten sich nie Gedanken zu machen, wie sie sich nach einer guten Mahlzeit in ihre enge Jeans quälen sollten. Zudem hatte der Prophet Mohammed den Frauen ohnehin untersagt, Hosen zu tragen. Doch dieses Verbot war mir von Anfang an verdächtig erschienen, da es zu Zeiten Mohammeds noch gar keine Hosen gegeben hatte.

Ich hatte mich immer schon wegen meiner sehr schlanken Figur von der einheimischen Weiblichkeit abgehoben. Dazu kam noch meine außergewöhnliche Größe, Haar- und Hautfarbe. Doch zwischen Hussein und mir war das nie ein Problem gewesen. Dieses Mal allerdings ließ mich Hussein den Unterschied zu den einheimischen Frauen deutlich spüren.

Als ich mit den Kindern und dem Gepäck auf der geteerten Strandpromenade entlangging, lief mir trotz der großen Hitze ein Schauer über den Rücken. Mir war klar, wenn wir hier unsere Ferien verbringen würden, war für mich an Baden nicht zu denken. Wenn ich mich mit meinem Badeanzug auf dem Beton niederlassen würde, würden den Männern die Augen aus dem Kopf fallen. Die Frauen würden mich böse anstarren, und hinter ihren vorgehaltenen Schleiern wäre ich das Hauptgesprächsthema. In einer solchen Situation kann man sich natürlich schlecht entspannen.

Hussein hatte diesen Ort sicher nicht ausgewählt, um mich zu schikanieren; er war ja auch das erste Mal dort, aber ich erwartete etwas Mitgefühl von ihm. Er wiederum erwartete von mir, daß ich mich den Gegebenheiten fügen würde. Doch so einfach konnte er es sich nicht machen, fand ich, denn ich hatte nach den Anstrengungen in der Praxis und der Sorge um die Kinder auch ein Recht auf entspannte Ferien. Mein Selbsterhaltungstrieb erwachte, und ich machte meinem Unmut Luft. Für mich stand unwiderruflich fest: Hier würden wir keinen weiteren Tag bleiben.

Hussein reagierte zunächst nicht, doch nachdem ich mit meinem Nörgeln und Schimpfen keine Ruhe gab, setzte er sich schweigend ins Auto und fuhr los, nachdem auch die Kinder und ich eingestiegen waren. Die Stimmung war auf dem Nullpunkt. Doch unsere Kinder konnten nicht so recht verstehen, was wir für Probleme hatten.

Unser nächstes Ziel war ein Hotel, das wir nach einer Fahrt von 100 Kilometern erreichten. Die Anlage war von grünem Rasen umgeben und lag direkt am Meer. Wir fanden es wunderschön dort, doch ich stutzte, denn Hussein schien nicht zum ersten Mal an diesem Ort zu sein. Nebenbei erwähnte er, daß er in diesem Hotel die Hochzeitsnacht mit seiner ersten Frau verbracht hatte. Er schilderte sie als eine liebevolle, schweigsame und ideale Ehefrau, die im Gegensatz zu mir nicht ewig nörgelte.

Aus früheren Erzählungen Husseins wußte ich, daß die Realität anders ausgesehen hatte. Er war mit dieser Frau, die geistig und körperlich nicht ganz gesund gewesen war und zu diesem Zeitpunkt schon nicht mehr lebte, gegen seinen Willen verheiratet worden und alles andere als glücklich gewesen.

Ich hielt es in diesem Hotel nicht aus, das erstens zu teuer und zweitens durch die Geschichte mit Husseins Hochzeitsreise so vorbelastet war. Wir stiegen also wieder in unser Auto, während die Sonne am höchsten stand und heiß auf uns niederbrannte.

Rechts von der Autostraße sahen wir zwar immer das Mittelmeer, aber wir fuhren 250 Kilometer lang müde, hungrig und durstig durch die libysche Wüste. So kam es fast zwangsläufig, daß wir anfingen uns zu streiten. Ich machte meiner Wut und Enttäuschung Luft und wollte am liebsten gleich nach Kairo umkehren. Hussein saß wie versteinert am Steuer und fuhr ungerührt weiter, während sich die Kinder verschreckt in die Sitze drückten. Von Ferienstimmung war nun keine Spur mehr.

Es kam soweit, daß ich Hussein zum Anhalten zwang und mit den Kindern ausstieg. Daraufhin nahm ich die Koffer aus dem Auto und überquerte mit meinen Vieren die vor Hitze flimmernde Straße. Wir setzten uns auf die Koffer und hofften auf ein Auto, in dem wir mitfahren konnten. Als der erste Lastwagen kam, hielt ich zaghaft meinen Daumen in die Luft, doch das war wohl etwas zu zaghaft. Erst nach einer Stunde kam der nächste LKW, und der Fahrer bot uns an, uns nach Alexandria mitzunehmen. Von dort hätten wir mit dem Zug nach Kairo weiterfahren können.

Wir wollten gerade einsteigen, da kam Hussein angefahren, hielt an und bat mich, wieder einzusteigen. Ich lenkte ein, da ich einsah, daß meine Dickköpfigkeit auch nicht weiterhalf.

Am späten Nachmittag erreichten wir Marsamatruh, eine Stadt, die für ihre weiten, weißen Sandstrände bekannt war, und dort verlebten wir letztendlich doch noch zehn einigermaßen schöne Ferientage.

Gegen Ende der Zeit freute ich mich wieder auf Deutschland. Als der letzte Abend kam, mischte sich aber auch Trauer in die Freude, denn der Abschied von Hussein fiel nicht nur den Kindern schwer.

Als ich mich gerade auf einen gemütlichen Abschiedsabend eingestellt hatte, kam plötzlich wie aus dem Nichts eine ganze Schar von Menschen ins Hotel geplatzt. 25 Leute entstiegen dem Fahrstuhl, die sich als Husseins Verwandtschaft entpuppten und sich im ganzen Appartement breitmachten. Sie versuchten mich mit allen Mitteln der Kunst dazu zu bringen, daß ich in Ägypten blieb.

Als sie um drei Uhr endlich gegangen waren, fielen wir nur noch müde ins Bett, und ich zählte die Stunden bis zum Abflug. Eines war mir klar: Ich konnte nicht in diesem Land bleiben, denn ich hätte das Leben unter den mir nur allzu gut bekannten Bedingungen einfach nicht mehr ausgehalten.

Hussein legte sich bei unserem Abschied überhaupt nicht fest, wie es mit uns weitergehen sollte, und ich wußte nicht, ob und wann ich ihn wiedersehen würde, was alles nur noch schwerer machte. Die Kinder freuten sich auf Deutschland, denn auch sie wollten nicht länger in Ägypten bleiben.

Als Alleinerziehende in Deutschland

Es war nicht leicht, ganz auf sich allein gestellt zu sein, doch die Kinder wollte ich nicht mit meinen Schwierigkeiten belasten. Manchmal hatte ich aber die Gelegenheit, bei Schwester Michaelis oder Vera Marie meinen Schmerz zu äußern.

Vera Marie war der Meinung, wir hätten damals im August 1990 nicht einfach für unbestimmte Zeit in Deutschland bleiben dürfen. Hussein hatte in Vera Marie seinen besten Anwalt, denn sie versuchte immer wieder, die Sache auch aus seiner Perspektive zu sehen.

Ich wohnte mit den Kindern weiterhin im Haus meiner Eltern. Yosef und Nadiah gingen in die Grundschule, Salem und Hannaa besuchten den Kindergarten. Bis Juli 1992 arbeitete ich weiter in der Praxis in Königstein. Um 8 Uhr mußte ich morgens dort sein, von 12 bis 14 Uhr hatte ich Mittagspause, und um 18:30 Uhr kam ich nach Hause. Die Kinder waren nachmittags im Hort und ab 17 Uhr allein zu Hause. Abends kontrollierte ich ihre Hausaufgaben, packte Schulranzen, schmierte Schulbrote, bereitete das Abendessen und brachte die Kinder ins Bett, was ich alles wirklich gerne machte. Im Grunde bewältigte ich das auch lieber alleine, als einen Mann um mich herum zu haben, der doch nur mürrisch war und sich um nichts kümmerte. In dieser Zeit strebte ich dann das alleinige Sorgerecht für die Kinder an, da Hussein seinen Vaterpflichten überhaupt nicht mehr nachkam.

*

Die Kinder waren gesund, intelligent und kreativ und machten sowohl mir als auch meinen Eltern viel Freude. Wir erlebten einige spannende Geschichten miteinander, wie zum Beispiel ein Seifenkistenrennen, bei dem Yosef mutig kämpfte und einige gefährliche Situationen überstehen mußte. Nicht zuletzt bei solchen Ereignissen wurde mir bewußt, daß ich allein die Verantwortung für die Kinder zu tragen hatte. Ich mußte für zwei entscheiden und handeln. Der Vater der Kinder war nicht mehr da, um mit mir Freud und Leid, besonders auch das der Kinder, zu teilen.

Im Sommer 1992 schrieb ich Hussein, daß er uns in den Schulferien besuchen kommen sollte, doch er kam nicht und meldete sich nicht einmal. Er schien sich in Ägypten neu zu orientieren.

Als das Jahr seinem Ende entgegenging, hatte ich meinen Mann seit eineinhalb Jahren nicht mehr gesehen. Trotz der Funkstille von seiner Seite sehnte ich mich immer noch nach ihm und hatte das Gefühl, daß er uns genauso brauchte wie wir ihn.

In der Zwischenzeit hatte ich meine Stelle in der Königsteiner Praxis gekündigt, denn mein ehemaliger Studienfreund und ich waren zu unterschiedlicher Auffassung, so daß es besser war, die Zusammenarbeit zu beenden.

Ich bewarb mich im öffentlichen Dienst und bekam eine Stelle im Gesundheitsamt in Bad Homburg, wo ich jedoch erst im Januar 1993 anfangen konnte. So war ich erst einmal drei Monate arbeitslos, in denen ich ganz für meine Kinder dasein konnte. In dieser Zeit zogen wir in das Haus der Verwandten, das sie uns bereits angeboten hatte, als Hussein noch bei uns war. Ich kaufte Möbel und richtete alles kindgerecht ein. Dort hatten wir liebe Nachbarn und Freunde, und außerdem wohnten viele Kinder in der Nähe. Wir freuten uns, eine Familie zu sein, auch wenn der Vater zu unserem vollkommenen Glück fehlte.

Die Kinder fühlten sich in Oberursel sehr wohl und wurden langsam heimisch. Nadiah, die bereits ins dritte Schuljahr ging, hatte wie überall ein Heer von Freundinnen. Yosef besuchte schon das vierte, Salem das erste Schuljahr, während Hannaa noch in den Kindergarten ging. Hussein kümmerte sich nicht mehr um die Kinder, so daß ich keine Skrupel hatte, sie in meinem Sinne religiös zu erziehen. Also meldete ich die zwei Großen zur Erstkommunion an.

Ich hatte immer das Gefühl, ich müßte für zwei erziehen, liebend wie eine Mutter und streng wie ein Vater. Auf meinen neuen Job, der mir etwas mehr Zeit für meine Kinder lassen würde, freute ich mich, dabei versuchte ich, nicht weniger an Hussein zu denken. Eine meiner ägyptischen Schwägerinnen erzählte mir bei einem Anruf, daß Hussein auf Brautschau wäre. Das war ein deutliches Signal für mich, mein Leben nun wirklich auf lange Sicht ohne ihn einzurichten.

★

Nadiah betete vor Weihnachten in ihrem Abendgebet darum, daß sie im Krippenspiel in ihrer Schule den Weihnachtsengel spielen dürfe, obwohl es in ihrer Klasse viele Mädchen gab, die blond waren und daher eher wie ein klassischer Engel aussahen. Jeden Abend betete sie: „Jesus, laß mich der Weihnachtsengel sein! Laß mich deine Geburt bei den Hirten verkünden!" Ich konnte ihren Wunsch zu gut verstehen und würde mich mit ihr freuen, wenn sie die Rolle bekommen würde. Fast war ich versucht, Schicksal zu spielen und ihre Lehrerin anzurufen, doch die Vernunft hielt mich von diesem albernen Schritt zurück.

Nadiahs Gebete wurden dann auch ohne meinen Einfluß erhört, sie bekam die Engelrolle, und ich bastelte ihr Engelsflügel aus Styropor mit Goldrand.

Vor Weihnachten las ich den Kindern jeden Abend Geschichten vor, die sich um die Geburt Jesu drehten. Wir waren eine Familie wie jede andere, glücklich und zufrieden.

★

Eines Tages bekam ich einen Brief von Hussein und rechnete fest damit, daß es der Scheidebrief war. Nach ägyptischem Recht genügte ein solches Dokument des Mannes, um die Ehe aufzulösen. Wenn Hussein wirklich eine andere Frau heiraten wollte, konnte diese sicher eine Zweitfrau in Deutschland nicht dulden. Meine Befürchtungen bestätigten sich nicht; Hussein bat mich in diesem Brief lediglich, am zweiten Advent nach Salzburg zu Schwester Vera Marie zu kommen, wo er sich mit mir treffen wollte.

Eine hoffnungsvolle Reise nach Salzburg

Ich überlegte zunächst lange, ob ich dieser Bitte nachkommen sollte, fühlte aber, daß ich nicht einfach nein sagen konnte. Also sprach ich mit Vera Marie, mit meiner Schwester, mit meinem Schwager und mit Schwester Michaelis über die Sache. Sie hatten alle ihre Bedenken. Vera Marie vermittelte mir jedoch neben allen Sorgen, die sie sich um mich machte, ein unumstößliches Vertrauen auf Gottes gute Führung.

Ich überlegte, was Hussein wohl mit diesem Besuch beabsichtigte. Meine Verwandten trauten ihm alles Mögliche zu, doch ich wollte die Sache erst einmal ohne Vorurteile angehen. Vielleicht würde er einlenken und vermißte uns wirklich so sehr, wie er es in seinem Brief ausgedrückt hatte. Ich glaubte wie immer an einen guten Kern im Menschen und besorgte eine Betreuung für die Kinder, während ich nach Österreich fahren wollte.

Vera Marie war bereit, Hussein und mich bei sich im Kloster aufzunehmen. Am Freitag vor dem zweiten Adventssonntag 1992 holte ich Hussein vom Flughafen ab. Die erste Begegnung war für mich befremdlich, denn ich bemerkte plötzlich einen riesigen Abstand zwischen uns. Wir setzten uns in den Zug zu einer merkwürdigen Fahrt nach Salzburg, denn wir saßen dicht beieinander, spürten, daß wir uns noch immer liebten, und stritten uns gleichzeitig. Meine Gefühle waren ganz durcheinander. Was wollte er wirklich?

Die Zugreise war durch diese seltsam angespannte Atmosphäre zwischen uns sehr anstrengend. Spät abends versuchten wir vergeblich, im Speisewagen einen Kaffee zu bekommen. Auf dem Weg dorthin kamen wir an einer Gruppe Skinheads vorbei, die uns den Weg versperrten. Ich betete und hoffte, daß Hussein nicht verstehen würde, was sie uns an Beschimpfungen an den Kopf warfen. Sie waren total betrunken und riefen hinter uns her: „Wie kann eine blonde, echt deutsche Frau nur mit so einem dreckigen, schwarzen Ausländer gehen?" Ich war heilfroh, als wir unser Abteil wieder erreichten und gegen Mitternacht in Salzburg ankamen.

Wir fuhren mit dem Taxi zum Kloster. Vera Marie holte uns an der Pforte ab und sagte nur: „Was seid ihr doch für ein schönes Paar." Darauf brachte sie uns etwas zu essen und führte uns zu unserem Internatszimmer, in dem wir gemeinsam schlafen sollten. Das war mir eigentlich nicht recht, denn ich hätte lieber ein Einzelzimmer gehabt, traute mich aber nicht, diesen Wunsch zu äußern.

*

Am nächsten Tag hatten wir fast ununterbrochen lange und anstrengende Diskussionen zu dritt. Ich fand mich plötzlich in der Verteidigungsrolle wieder. Alles, aber auch wirklich alles schien ich in meinem Leben falsch gemacht zu haben. So sollte ich eine schlechte Ehefrau und Mutter gewesen sein, und selbst meine längst verjährten Schwächen während meiner Klosterzeit wurden angeführt. Ich kam mir wie eine Angeklagte vor Gericht vor, und meine Verteidigung gelang mir mehr schlecht als recht. Am Nachmittag war ich schließlich zu nichts mehr zu gebrauchen, wollte nichts mehr hören und sehen und nur noch weg von diesem Ort. Ich fand, daß mir großes Unrecht geschah, und hatte doch keine Argumente dagegen. Ich wollte nach Hause zu den Kindern, in mein Haus, in meine Sicherheit, und ich sehnte mich nach Abstand von Hussein, der mich nicht verstand. In der Erregung sagte ich Dinge, die ich besser nie gesagt hätte ... oder schon früher hätte sagen sollen.

Zu guter Letzt sprang ich auf, nahm meine Jacke und lief hinaus in den Schneeregen. Ich versuchte zu beten, während sich in mir die Gedanken wirr drehten. Wie lange ich so durch die Gegend lief und mich fragte, ob ich eigentlich vor mir selbst davonlief oder vor einem Leben, das ich nicht mehr führen konnte, weiß ich nicht. Erst als es bereits dunkel geworden war, kehrte ich zum Kloster zurück und war mir sicher, meine Identität, meinen Glauben und meine Persönlichkeit nie so weit aufgeben zu können, daß ich wieder nach Ägypten zurückkehren würde.

Ich erklärte Hussein, daß ich meine Koffer packen würde, um nach Hause zu fahren. Er wollte mich daran hindern, stellte sich mir in den Weg und schlug mich sogar. Vera Marie sagte ich von diesem Vorfall nichts. Sie war unsere Gastgeberin und sollte neutral bleiben, obwohl sie es schon lange nicht mehr war. In dieser Situation fühlte ich mich gerade von den Menschen im Stich gelassen, die ich nach meinen Kindern am meisten liebte. Von wem, wenn nicht von ihnen, hätte ich Verständnis erwarten können?

Während ich packte, begann ich die Schuld bei mir zu suchen, fand sie aber nicht, was mir noch mehr Schuldgefühle einflößte. Zu gern hätte ich mich an eine starke Schulter gelehnt und mir meine zerrissene Gefühlswelt wieder zusammenkleben lassen. Ich spürte plötzlich, wie es sein mußte, wenn man bereit war, aus lauter Verzweiflung aus dem Fenster zu springen. Doch das kam für mich nicht in Frage. Ich mußte einen kühlen Kopf bewahren und nüchtern bleiben. Zu Hause warteten meine vier Kinder auf mich, und ich verschwendete hier meine wertvolle Zeit mit einem Mann, der mich nicht verstand, und mit einer Freundin, die mich vergeblich versuchte zu verstehen. Die Nerven zu verlieren, schien mir jedoch das falsche Rezept zu sein.

Ich wurde ganz gelassen, wartete ab und ließ meinen Widerstand fallen. Meine neue Haltung machte Eindruck auf Hussein, der zu schmelzen begann und plötzlich zu allem bereit war. Er wollte nach Oberursel mitkommen und die Kinder sehen. Vera Marie war jedoch skeptisch, was Hussein wirklich im Sinn haben mochte.

Da ich Nadiah versprochen hatte, zu ihrer Weihnachtsfeier zurück zu sein, mußte ich sowieso wieder abreisen, doch während ich noch mit meinen Koffern beschäftigt war, ging mir die Frage durch den Kopf, wie Hussein es verkraften würde, wenn er sah, daß wir in Oberursel gut ohne ihn zurechtkamen.

Wir reisten gemeinsam ab, und im Zug eröffnete mir Hussein, daß er es doch nicht übers Herz bringen würde, mit mir nach Hause zu kommen und die Kinder zu sehen. Ich weinte und versuchte, ihn umzustimmen, was mir aber nicht gelang. Er stieg dann in Wiesbaden aus, um bei einem Bekannten zu übernachten, und es zerriß mir fast das Herz, ihn auf dem Bahnhof stehenlassen zu müssen. Doch bei ihm bleiben konnte ich ja auch nicht, denn ich durfte die Weihnachtsfeier meiner Tochter nicht versäumen.

Ich eilte müde und mit vielen Gedanken im Kopf in die Schule zu der Feier. Auf dem Weg dorthin wurde mir klar, daß mein Leben ohne Hussein weitergehen würde. Ich mußte Abstand gewinnen und meinen Alltag wieder selbst gestalten.

*

Bei der Weihnachtsfeier erschien Nadiah den Hirten als traumhaft schöner Engel mit riesigen Styroporflügeln, einem weißen Nachthemd, Ballettschuhen und einem goldenen Stern auf dem Kopf, den ich aus einer Unterlage für tiefgekühlten Lachs ausgeschnitten hatte. Zum Glück roch es in der Nähe des feierlichen Geschehens nicht nach Fisch. Durch die Aufführung wurde ich von meinen Problemen abgelenkt und war wieder ganz bei meinen Kindern.

Meine Schwierigkeiten mit Hussein schob ich vor mir her. Er war ein erwachsener Mann und ich eine erwachsene Frau, sollte doch jeder sein Leben leben und das machen, was er verantworten konnte – fand ich.

Am nächsten Tag traf ich mich mit meiner Schwester Birgit, um Weihnachtseinkäufe zu erledigen. Bevor ich aus dem Haus ging, klingelte das Telefon. Der Bekannte, bei dem Hussein übernachtet hatte, bereitete mich darauf vor, daß Hussein auf dem Weg nach Oberursel wäre und in etwa einer Stunde vor meiner Tür stehen würde. Ich dachte, mich trifft der Schlag. Immer wenn ich gerade dabei war, mich auf mein eigenes Leben zu konzentrieren, drehte Hussein den Lauf der Dinge um. Außerdem wußten die Kinder gar nicht, daß ihr

Vater in Deutschland war. Ich wußte also nicht, ob ich mich freuen sollte oder nicht und entschied mich schließlich für ersteres.

Er kam wie angekündigt eine Stunde nach dem Anruf, und ich zeigte ihm zunächst unser Häuschen. Danach fuhren wir beide einkaufen, denn er wollte für jedes Kind ein Geschenk besorgen.

Am Nachmittag, als wir die Kinder vom Hort abholten, freuten sie sich riesig, ihren Papa wiederzusehen. Ich hatte seinen Ruf vor den Kindern immer hochgehalten, so daß sie ihm unbefangen begegneten. Nur Hannaa konnte mit dem „fremden Mann" nichts anfangen und wartete darauf, daß er wieder ging. Doch so schnell verließ er uns nicht; er blieb sechs Wochen, so daß wir sogar gemeinsam Weihnachten feiern konnten. Für diese sechs Wochen waren wir wieder eine Familie mit Vater. Obwohl wir einige Probleme zu bestehen hatten, schöpfte ich neue Hoffnung und wünschte mir sehnlich, daß sich alles wieder zum Guten wenden würde. Vielleicht würde Hussein doch Geschmack an unserem Leben finden und einlenken. Ich jedenfalls wußte, was ich wollte und was nicht.

Das Leben in Kairo hätte ich nie mehr da wieder aufnehmen können, wo ich es verlassen hatte. Die finanzielle Sicherheit in Deutschland wollte ich schon der Kinder wegen nicht mehr aufgeben. Sie fühlten sich außerdem sehr wohl in diesem Land. Eine andere Situation hätte sich ergeben, wenn Hussein einwilligte, in ein Drittland wie beispielsweise Botswana zu gehen, wo wir frei von unseren Kulturen und Familien hätten leben können. Auch Schwester Michaelis wiederholte immer wieder, daß die Übersiedlung in ein Drittland die einzige Lösung für unsere ganze Familie wäre.

*

Hussein verließ uns Ende Januar, und ich war mit den Kindern wieder allein. Erneut fiel keine endgültige Entscheidung über unsere Zukunft. Ich vermißte Hussein sehr, doch nach Kairo konnte ich nicht zurück, denn meine Arbeit auf dem

Gesundheitsamt machte mir Spaß und ließ mir zudem Zeit für die Kinder. In Deutschland fühlte ich mich sicher, und hier hatte ich nicht diese existentiellen Ängste wie früher in Ägypten. Für mich gab es kein Zurück.

Wieder ohne Vater

Seit Anfang Februar 1993 lebten wir also wieder ohne Hussein. Ich wußte nicht genau, was ich von seinem Abschied zu halten hatte, aber die Hoffnung, daß wir irgendwann einen gemeinsamen Weg finden würden, hatte ich noch nicht ganz aufgegeben. Er rief mich einige Male aus Ägypten an und fragte jedesmal, wann wir endlich zurückkämen, denn er würde uns sehr vermissen. Daß er wieder nach Deutschland kommen würde, war nie im Gespräch, und von einem Umzug in ein Drittland wollte er nichts wissen.

Ich sagte ihm leider nicht offen genug, daß für mich ein Leben in Kairo nie mehr in Frage kommen würde, denn anders als beim ersten Mal wußte ich ja bereits, auf was ich mich einlassen würde, wenn ich wieder nach Ägypten ging.

Während dieser Zeit kam mir wieder ein Traum ins Gedächtnis, den ich noch in Ägypten geträumt hatte. Ich träumte damals, ich hätte mir bei der Hausarbeit den rechten Daumen so schwer verletzt, daß ich arbeitsunfähig war. Da ich durch diesen Umstand kein Geld verdiente, konnten wir unser Personal nicht mehr bezahlen. Mir war schon damals bedrückend klargeworden, daß unser Leben von meiner Arbeitskraft abhing, da Husseins Einkommen allein nie für uns gereicht hätte.

Natürlich war Gott der Hauptverantwortliche für mein Leben, doch mich drückte eine große Last, wenn ich an Ägypten zurückdachte. Ich hatte mittlerweile viel von meinem ursprünglichen Optimismus verloren. Es wäre mir wohler gewesen, wenn die Belastungen gleichmäßiger auf Husseins und meinen Schultern verteilt gewesen wären. Doch Hussein wollte sich dieser Tatsache einfach nicht stellen.

Er war geprägt von der moslemischen Haltung, die man mit einem Begriff ausdrückt: Inshaallah – „Gott wird es machen." Das stimmte ja auch. Doch der Gott, an den ich glaubte, wollte auch, daß wir selbst Verantwortung für unser Leben übernahmen und nicht warteten, bis uns alles vom Himmel regnete. Mir wäre lieber gewesen, wenn mein Mann etwas mehr von dieser Verantwortung wahrgenommen hätte. Wenn ich Hussein nicht davon überzeugen konnte, würde ich ihn für immer verlieren. Dieser Gedanke stimmte mich sehr traurig.

*

Es wurde Mai, und im Juni würde Husseins Aufenthaltsgenehmigung für Deutschland, die immer nur für drei Jahre gültig war, ablaufen. Die diesjährige Verlängerung hätte sich sogar in eine unbefristete Aufenthaltsgenehmigung umwandeln lassen können, und Hussein wäre in der Lage gewesen, sich damit in ganz Europa freier zu bewegen. Ich besprach die Sache mit ihm am Telefon, doch er teilte mir mit, er bräuchte dieses Dokument nicht, da er nie mehr nach Deutschland reisen würde. Dieses Gespräch war für mich endgültig das Zeichen, innerlich von Hussein Abschied zu nehmen, und das kostete mich eine Menge Kraft. Doch ich würde es schon schaffen, da war ich mir ganz sicher.

Eines Abends kam ich erst spät nach Hause, sah noch mal nach den Kindern und fand einen Zettel auf dem Küchentisch. Yosef hatte aufgeschrieben, daß Papa angerufen hätte und nächstes Wochenende kommen wolle. Ich wurde gar nicht erst gefragt, und Hussein gab mir so keine Gelegenheit, seinen Besuch abzulehnen.

Wir holten ihn also vom Flughafen ab, und zu meiner Überraschung brachte er mir meine Gitarre mit, um die ich ihn seit zwei Jahren gebeten hatte. Die Kinder freuten sich sehr, ihren Vater in die Arme schließen zu können. Durch seine Rückkehr motiviert, organisierte ich für Hussein dann doch eine unbefristete Aufenthaltsgenehmigung.

Als er mich eines morgens ins Gesundheitsamt begleitete, in dem ich arbeitete, waren meine Kollegen ganz begeistert von ihm und sagten alle zu mir: „Wir wußten gar nicht, daß sie einen so netten und gutaussehenden Mann haben!“ Ich war natürlich stolz und deshalb halbwegs bereit, die schwierigen letzten drei Jahre zu vergessen.

Die Kinder waren den ganzen Tag über in der Schule und im Hort, während Hussein sich um den Haushalt kümmerte, bügelte, putzte und reparierte. Nach zehn Ehejahren erlebte ich nun eine ganz neue, ungewohnte Rollenverteilung, die ich sehr genoß. Wenn ich nachmittags müde nach Hause kam, konnte ich mich zum ersten Mal einfach nur ausruhen. Hussein unternahm sehr viel mit den Kindern und war glücklich, endlich wieder Zeit mit ihnen verbringen zu können. Ich gönnte ihm dieses Glück von Herzen, und mein Vertrauen zu ihm wuchs wieder.

Ich freute mich, daß Hussein in unserer Nähe war, und auch die Leute um uns herum, Nachbarn und Freunde, waren vollkommen begeistert von ihm. Die einzigen Menschen, die der Sache kritisch gegenüberstanden, waren meine Eltern und Geschwister, was uns aber nicht weiter störte.

Entführung in Kairo

Die Sommerferien rückten näher, und wir wollten einen gemeinsamen Urlaub in Ägypten verbringen. Hussein war zweimal nach Deutschland gekommen, so daß ich nun an der Reihe war, einen Ägyptenaufenthalt zu finanzieren. Bis zur Abreise hatten wir noch sechs Wochen Zeit für unsere Vorbereitungen. Hussein flog bereits früher nach Ägypten, um seine Arbeit wieder aufzunehmen.

Die Tickets und Pässe lagen in einer Schublade bereit. Vor unserem Abflug mußte ich noch einige Male in die Klinik, in der mein Vater wegen eines akuten Nierenleidens lag. Es ging ihm immer schlechter, und er würde wohl ein Pflegefall bleiben. Wie das bewältigt werden sollte, wußte niemand in der Familie. Auch meine Geschwister hatten schon alle ihren Sommerurlaub geplant und fragten mich, ob ich denn unbedingt drei Wochen nach Ägypten reisen müßte und ob dieser Urlaub nicht zu verschieben wäre. Ich war mir sicher, daß ich fliegen mußte, doch meine Gefühle waren angesichts der Krankheit meines Vaters gemischt. Ich fragte mich, wie ich die Verantwortung für meine Eltern, meinen Mann und die Kinder unter einen Hut bekommen sollte, und entschied mich schließlich dafür, daß der Familie, die ich selbst gegründet hatte, das erste Anrecht auf meine Gegenwart zukam.

★

Hussein hatte einen einwöchigen Tauch- und Badeurlaub geplant und alles bereits geregelt; wir mußten nur noch hinfliegen. Anschließend standen zwei Wochen Kairo auf dem Programm. Hussein hatte extra die Wohnung in Gardencity renovieren lassen; wir würden also wieder in unserer alten Umgebung sein und auf diese Weise automatisch mit der Frage konfrontiert werden, ob nicht doch ein gemeinsames Leben in Ägypten für uns möglich wäre.

Hussein wartete in der Ankunftshalle des Flughafens und empfing uns freudig und glücklich. Er hatte unseren Aufenthalt gut organisiert. Wir wohnten während des Badeurlaubs in einem zweigeteilten Häuschen, wobei sich die Kinder eine Seite teilten und die andere Hälfte Hussein und mir gehörte. Was hätte zu unserem Glück noch fehlen können? Wir hatten uns wiedergefunden, das war doch offensichtlich. Oder etwa nicht?

*

Am ersten Morgen gingen wir in den großen Speisesaal der Ferienanlage, wo das Getümmel am Frühstücksbüffet unbeschreiblich war. Die Leute drängten sich um das Essen, als ob ein Krieg ausgebrochen wäre. Man mußte um alles kämpfen, egal, ob Stühle, Geschirr oder Löffel. In meiner Müdigkeit verlor ich etwas die Selbstbeherrschung, und so rutschte mir die Bemerkung heraus: „Typisch ägyptisch!" Das mußte Hussein schmerzhaft in den Ohren geklungen haben.

Die Leute um uns herum waren neugierig und bemühten sich, uns kennenzulernen. Unsere Familie mit den vier dunkelhaarigen Kindern und der blonden, europäisch-sommerlich gekleideten Frau fiel natürlich auf. Immer wieder wurden wir gefragt, warum die Kinder so schlecht Arabisch sprachen, doch ich konnte es ja schlecht damit erklären, daß es daran lag, daß ihr Vater sie für lange Zeit im Stich gelassen hatte. Kein Mensch ahnte, daß wir an diesem Ort waren, um unsere großen Schwierigkeiten zu klären.

Nach einem ausgiebigen Frühstück gingen wir zum Strand. Die Kinder waren schon ganz ungeduldig, endlich ihre Taucherbrillen auszuprobieren und ihrem Papa zu zeigen, wie gut sie mittlerweile schwimmen und tauchen konnten. Ich nahm mir vor, Hussein so oft wie möglich mit den Kindern allein zu lassen, damit sie sich wieder annähern konnten. Er sollte ihnen zeigen können, was als Vater alles in ihm steckte. Währenddessen versuchte ich mich auszuruhen und trotz aller Bedenken ein bißchen zu entspannen.

Wir tauchten um Korallenriffe, fuhren mit dem Boot aufs Meer hinaus, lagen in der Sonne und stritten uns leider immer häufiger, wobei es meistens um banale Dinge ging. Von Tag zu Tag wurde ich trauriger, aber die Kinder sollten nicht sehen, wie unglücklich ich im Grunde war, und sie sollten auch meine Abneigung gegen dieses Land nicht spüren. Ich fühlte immer deutlicher: *Diese drei Wochen Urlaub halte ich nicht durch!* Ich war zwar braun gebrannt und sah aus wie das blühende Leben, doch in mir war alles blaß und kraftlos.

Hussein beachtete mich und meine Wünsche immer weniger, und ich fühlte mich unter Druck gesetzt. Ich liebte meinen Mann, und doch verstanden wir uns nicht, während sich die Kinder trotz allem ganz gut amüsierten. Es war eine spannungsgeladene Situation, doch die acht Tage am Roten Meer würde ich schon irgendwie überleben und die 14 Tage in Kairo auch. Danach würde ich jedoch ohne Frage mit den Kindern wieder nach Deutschland zurückfliegen.

*

Die Reise nach Kairo machten wir mit dem Bus. Das bedeutete, daß wir zehn Stunden lang in einem engen Fahrzeug sitzen mußten, in dem die Männer rauchten und die Frauen fast ununterbrochen aßen. Meine Kinder hielten tapfer durch, doch ich konnte fast nicht mehr sitzen, denn von der Hitze schwollen meine Füße auf Ballongröße an. Dazu plagten mich Schuldgefühle Hussein gegenüber. Er konnte mir aber auch gar nichts recht machen, an allem hatte ich etwas zu kritisieren und ließ außerdem kein gutes Haar an seiner Heimat. Dies war nicht der richtige Weg, das wußte ich, doch irgendwie konnte ich nicht anders!

Als wir endlich Kairo erreichten, konnte ich meine Füße fast nicht mehr bewegen, und wir fuhren mit dem Taxi nach Gardencity. Während der Fahrt überlegte ich, wie wohl unsere Wohnung aussehen würde; seit drei Jahren hatte ich sie nicht mehr gesehen.

Mein Name stand immer noch in Deutsch, Arabisch und

in Hieroglyphen auf dem Türschild. Hinter dieser Tür war einmal mein Zuhause gewesen, mein Haushalt, meine Hoffnungen.

Hussein hatte versucht, die Wohnung, in der er selbst nicht mehr wohnte, in zwei Wochen mühseliger Arbeit wieder bewohnbar zu machen. Doch daß in der Hitze hier alles schnell verstaubte und verrottete, sah man ihr trotzdem deutlich an. Mein einziger Trost bei diesem Anblick war der Gedanke an mein nettes, sauberes Häuschen in Oberursel, in dem ich gut zwei Wochen später wieder mit den Kindern sein würde.

Ich schämte mich plötzlich, so undankbar zu sein, denn Hussein hatte sich wirklich große Mühe gegeben. Was in meinem Kopf vor sich ging, konnte ich ihm unmöglich erzählen, und so ließ ich die kommenden Tage einfach über mich ergehen. Die Verwandtschaft besuchte uns natürlich, und ständig läutete das Telefon.

Alle fragten mich, ob ich denn nun endlich in Ägypten bei meinem Mann und meinen Kindern bleiben würde. Ich machte keinen Hehl daraus, daß wir erst einmal nach Deutschland zurückkehren würden. Yosef sollte nach den Ferien aufs Gymnasium gehen, außerdem wollte er direkt im Anschluß an unseren Urlaub mit Nadiah zusammen auf eine Freizeit an der Nordsee fahren. Da Hussein in den letzten Jahren keine Verantwortung für uns gezeigt hatte, hatte ich gelernt, die Zeit für mich und die Kinder selbständig zu verplanen.

Viele Stunden verbrachten wir in Kairo mit dem Besuch von Sehenswürdigkeiten und Einkaufsbummeln. Nadiah interessierte sich sehr für Kunst, so daß wir uns ausführlich den Schmuck Tutenchamuns anschauten. Leider verbrachten wir aber die meiste Zeit in der Klinik, in der Hussein arbeitete. Mir war das nicht so recht, denn immerhin hatte ich Urlaub und wollte gerne mit meiner Familie zusammensein, aber die Kinder sollten andererseits auch etwas von Hussein haben. So fuhren wir fast jeden Tag zu ihm in den Vorort „15. Mai City“, in dem die Klinik lag.

Unser einziges Ferienvergnügen stellte ein orientalisch geprägter Club dar, in dem man rein theoretisch hätte schwimmen gehen können. Es gab Schwimmtage für Frauen, an denen dann Yosef und Salem nicht ins Wasser durften, und Männerschwimmtage, an denen für die Mädchen und mich das Baden untersagt war. Die Kinder verstanden diese Vorschriften nicht und sprangen schon mal zur falschen Zeit ins kühle Naß, und ich stand ständig unter dem Streß, daß wir uns auch ja richtig verhielten. Das Heimatland meines Mannes wurde mir durch solche unsinnigen Regelungen noch unsympathischer. Im stillen begann ich die Tage zu zählen, bis wir unsere Koffer packen konnten, und ging mit Hussein zur Fluggesellschaft, um unseren Rückflug zu bestätigen.

*

Die letzte Ferienwoche rückte näher, und ich wurde immer wehmütiger bei dem Wissen, daß wir wieder keine Lösung für unsere gemeinsame Zukunft gefunden hatten. Es würde sich nichts an unseren getrennten Wegen ändern.

Als Abschluß des Ägyptenaufenthaltes hatte ich den Wunsch, ein Eremitenkloster am Roten Meer zu besuchen. Hussein war bereit, diese Tour für mich zu organisieren, doch mitkommen wollte er auf keinen Fall. Da es sehr heiß war, sollten die Kinder mit Hussein auf unsere Farm auf dem Land fahren, während ich meinen Klosterbesuch machte. Mit einem christlichen Kollegen von Hussein und dessen Frau wollte ich per Taxi zu diesem Kloster reisen.

Bevor mich Hussein morgens zu unserem Treffpunkt brachte, bat er mich, ihm meine Wertsachen wie Pässe und Tickets zu überlassen, damit sie mir nicht gestohlen würden.

Die Reise zum Eremitenkloster war anstrengend, nicht zuletzt deswegen, weil ich mich mit meinen Mitreisenden nur mühsam auf Arabisch und Englisch verständigen konnte. Der Fahrer des Wagens war Moslem, und das mich begleitende Ehepaar gehörte zur koptischen Kirche. Die Sonne brannte heiß vom Himmel, und ich bekam eine Migräne. Beständig dachte ich an die Kinder, an die Rückkehr nach Deutschland und die verfahrene Situation meiner Ehe.

Am Zielort angekommen, kletterten wir in die Höhle des heiligen Antonius, der viele Jahre in dieser Wüste gelebt und gegen unbeschreibliche Versuchungen angekämpft hatte. Als ich mir abends mit vielen Christen aus Asiut und Assuan die wenigen Schlucke Wasser, die es gab, geteilt hatte, war ich wieder etwas heiterer gestimmt.

Das ursprüngliche und kraftvolle Christentum, das hier in den Wüstenklöstern gelebt worden war, das Gottvertrauen und die Zuversicht der Menschen, die hier vor langer Zeit gelebt hatten, beeindruckte und beschämte mich. Doch konnte das für mich nicht heißen, in diesem Land, in dieser Armut mit meinen Kindern zu existieren und ihnen damit die Zukunft zu verbauen, die sie in Deutschland haben konnten. Ihr Wohlergehen sollte weder auf dieser Armseligkeit noch auf der Ungerechtigkeit der Gesellschaft, in der die Mercedes-Reichen regierten, gegründet sein. Bereits zu diesem Zeitpunkt sehnte ich mich danach, meine Kinder in Kairo wieder in die Arme zu schließen.

*

Bei unserer Rückkehr in die Hauptstadt hatten wir eine Stunde Verspätung, was für orientalische Verhältnisse noch fast pünktlich war. Ich fuhr sofort in die Praxis, wo wir uns hatten treffen wollen, aber Hussein war noch nicht da. Ich wunderte mich ein bißchen, daß er zwei Stunden Verspätung hatte, nutzte jedoch die Zeit, um zu duschen und mich für den Empfang meiner Familie schön zu machen.

Als ich dann fertig war und wartete, kam meine frühere Sprechstundenhilfe auf mich zu und sagte, sie solle mir vom Doktor einen Brief und den Rucksack geben.

Der Brief trug Husseins Handschrift und war eher eine in Eile hingekritzelte Notiz, auf der nur stand: „Ich kann mich von den Kindern nicht trennen. Ich bringe sie in 14 Tagen wieder."

*

Ich schaute den Zettel für einige Sekunden verständnislos an, dann dämmerte mir nach und nach, was hier geschehen war. Dieser kleine, abgerissene Zettel stand für einen riesigen Vertrauensbruch, für eine Entführung, für die endgültige Zerstörung unserer Familie.

Was es bedeutete, daß Hussein mir einen Tag vor unserem Abflug die Kinder für zwei Wochen wegnahm, begann ich erst langsam zu verstehen.

Kein Trost in Sicht

Ich hatte den kleinen Zettel noch immer in meiner Hand, und die Nachricht breitete sich langsam in meinem ganzen Körper aus. Mein Vertrauen und meine Liebe zu Hussein waren zutiefst mißbraucht worden. So betrogen, so unverstanden hatte ich mich noch nie in meinem Leben gefühlt. Die Sprechstundenhilfen und die Putzfrau beobachteten mich genau, während ich im Wartezimmer der Klinik auf und ab lief. Ich betete innerlich, daß Gott mir Ruhe und Besonnenheit geben würde.

Nur zu gut wußte ich, wie eine orientalische Frau in dieser Situation reagieren würde. Man erwartete auch von mir eine ähnliche Reaktion, nämlich eine hysterische Szene. Zwei Ärzte kamen hinzu, und ich nahm mir vor, ihren Erwartungen auf keinen Fall zu entsprechen, indem ich vor ihren Augen explodierte. Diesen Triumph sollten sie nicht haben. Außerdem gingen diese Menschen unsere Eheprobleme überhaupt nichts an, und ich wollte meinen Mann vor seinen Kollegen und Angestellten nicht bloßstellen. Es war nicht leicht, die Ruhe zu bewahren, aber mit göttlichem Beistand gelang es mir einigermaßen.

In diesen Minuten hätte ich viel darum gegeben, einen Menschen zu haben, dem ich meine wirklichen Gefühle hätte mitteilen können. Es mußte doch jemanden geben, der wußte, wo Hussein mit den Kindern hingefahren war. Ich versuchte die Verwandtschaft telefonisch zu erreichen, doch niemand wollte mir helfen, niemand sich einmischen. Ich hatte nur noch einen Tag und zwei Nächte Zeit, um meine Familie zu finden.

Unsere Wohnung in Gardencity, die lange Zeit mein

Zuhause gewesen war, war abgeschlossen. Hinter der Tür, zu der ich keine Schlüssel hatte, standen meine Koffer.

Dieser Donnerstag zog wie im Alptraum an mir vorüber, und ich wußte nicht mehr, was ich machen sollte. In jeder Faser meines Körpers machte sich unendliche Trauer breit.

Nachts stand ich auf dem Balkon der Klinik, wo ich mir mit einer Krankenschwester und einer Putzfrau ein Zimmer teilte. An Schlaf war nicht zu denken, also ging ich ins Bad und versuchte zu weinen, doch noch nicht einmal das gelang mir. Ich war leer, unendlich leer.

⋆

Der Freitag, unser eigentlicher Abreisetag, kam, und ich fuhr wie in Trance mit der U-Bahn in die Stadt und kaufte Geschenke für die Kinder. Ich lief wie betäubt durch die Gegend. Daß ich mich in dem Straßen- und Menschengewirr nicht verirrte, grenzt an ein Wunder.

Am Abend bestellte ich mir für den nächsten Morgen ein Taxi zum Flughafen. Derselbe Taxifahrer, der mich zu dem Wüstenkloster gefahren hatte, saß im Auto. Er kam pünktlich, und ich spürte, daß ich einfach wegfahren mußte, denn ich wäre sonst verrückt geworden, wenn ich weiterhin auf dem Balkon gesessen und gewartet hätte. So verließ ich Kairo im Morgengrauen. Außer meinen Papieren und einem Neuen Testament hatte ich kein Gepäck.

Im Flugzeug saß ich neben einem deutschen Urlauberehepaar, das mir voll Enthusiasmus von ihrer viel zu kurzen Zeit in Ägypten erzählte. Sie bewunderten meine Kenntnis des Landes und der Sprache.

In Hurghada am Roten Meer mußten wir in ein anderes Flugzeug umsteigen. Zwei Apotheker, die zu einem Kongreß in Ägypten gewesen waren, stiegen mit mir ein und blieben dicht bei mir, weil ich im Drängeln bereits mehr Erfahrung hatte als sie. Die Männer waren sich mit den vielen Touristen im Flugzeug einig, daß Ägypten ein traumhaft schönes Land war. Innerlich schrie ich „Lüge! Lüge!“, doch ich sagte nichts.

⋆

Um 18 Uhr landeten wir in Frankfurt. Ich war mir nicht sicher, ob ich gleich nach Hause fahren sollte. Irgendwie erschien mir der Flughafen näher an Ägypten, an meinen Kindern. Doch was brachte es letztlich, sich am Flughafen herumzudrücken? Also stieg ich in die S-Bahn, doch in meiner Verwirrung nahm ich den falschen Anschlußzug und kam wieder am Flughafen an. Erst um 21 Uhr erreichte ich endlich Oberursel.

Seit vier Uhr morgens war ich unterwegs gewesen, im Grunde müde genug, um gleich schlafen zu gehen. Doch zunächst machte ich einen Kontrollgang durch unser Haus. Die Kinder hatten vor unserer Abreise alle Stecker aus der Dose gezogen und dabei auch leider den der Gefriertruhe erwischt. So brachte ich die nächsten Stunden damit zu, Torten mit hineingesunkenen Würstchen, Hühnerschenkel in Schneematsch und Frühlingsrollen, die nach allem aussahen, nur nicht nach Frühling, in der Mülltonne zu verstauen, wobei sich ein unangenehm modriger Geruch ausbreitete. Komischerweise war ich fast dankbar für dieses Malheur, denn so war ich wenigstens für einige Stunden beschäftigt und abgelenkt, um schließlich todmüde ins Bett und in die nächste schlaf- und tränenlose Nacht zu fallen.

*

Der nächste Tag war ein Sonntag. Als ich unsere Straße entlangging, grüßte mich die kleinstädtische Einwohnerschaft, und die Nachbarskinder kamen, um mit meinen Kindern zu spielen. Immer wieder mußte ich erklären, daß sie noch bei ihrem Vater in Ägypten waren und erst in einigen Tagen wiederkämen, vielleicht in zwei Wochen. Ich spürte, daß mir die meisten Leute nicht glaubten.

Mein Vater lag noch in der Klinik, und meine Geschwister waren im Urlaub. Mein einziger Halt war Schwester Michaelis. Sie sprach mir viel Trost zu, und wir beteten zusammen, was mir noch am sinnvollsten erschien, auch wenn die Schutzschicht meines Gottvertrauens nur noch hauchdünn war. Ich fühlte mich so verlassen und verraten.

Am Montag mußte ich morgens wieder arbeiten. Da

meine Kollegin und Freundin Ecki noch im Urlaub war, saß ich allein in meinem Amtszimmer. Niemand von meinen Kollegen im Amt ahnte etwas von meinem Unglück. Wurde ich gefragt, wie mein Urlaub war, antwortete ich nur stereotyp: „Schön!"

Nach einigen Tagen fuhr ich zu meinen Eltern. Meinem Vater ging es wieder besser, und beide glaubten die Geschichte, daß ich die Kinder noch eine Weile bei Hussein gelassen hatte, weil sie noch im Roten Meer tauchen wollten. Sie hatten ihrerseits genug Sorgen, so daß sie nicht genauer nachfragten.

Ich fuhr wieder zurück in mein einsames Häuschen und stolperte beim Eintreten über die vielen Spielsachen, die immer noch im ganzen Haus herumlagen. Ich konnte sie einfach nicht wegräumen, denn dieses Haus gehörte doch auch meinen Kindern. Nach ihren Bedürfnissen war alles eingerichtet worden; die Schlafzimmer, die Schränke und die Spiele. Der Raum, den ich für mich reserviert hatte, war recht bescheiden. Wo ich ging und stand, fielen mir Kinderspiele, Kinderkleider, Kinderhefte und Kinderbücher in die Hand. Mein Schmerz wurde durch jedes Stück, das mir durch die Finger glitt, nur noch tiefer.

Die Kinder waren mein Leben – mein Alltag, meine Zeit und meine Zukunft. Nun gab es weder einen normalen Alltag noch eine gewohnte Zeiteinteilung noch eine Zukunft für mich. Alles war mir plötzlich entrissen worden, durch einen Partner, der kein echtes Verständnis für seine Familie hatte.

Ecki kam endlich aus ihrem Urlaub zurück. Ihr konnte ich erst einmal alles erzählen, und in ihrer großen Fürsorglichkeit bot sie mir sofort an, zu mir ins Haus zu ziehen. Ich nahm diesen Beistand gerne an.

Meine Schwester Birgit rief mich aus ihrem Urlaub an. Als ich ihr alles erzählt hatte, konnte sie vor Erschütterung kaum mehr sprechen. Ich versuchte bei einigen Menschen Trost zu finden, doch ich blieb in meiner großen Trauer letztlich allein. Nur eine Möglichkeit hatte ich, wo ich meinen ganzen Schmerz loslassen konnte, und das war das Gebet. Während dieser Zeit habe ich mit meinem ganzen Sein vor Gott geklagt, gelitten und zu ihm gerufen. Ich wußte, meine Not verpufft nicht in den leeren Raum, denn von Gott fühlte ich mich nie allein gelassen. In aller Luftleere dieser Situation war ich in ihm seltsam geborgen.

Langsam bekam ich den Mut, meiner Umwelt die Wahrheit zu sagen. Meine Chefin im Amt und meine Kollegen konnten gar nicht glauben, daß dieser nette, gutaussehende und liebe Mann, den sie ja gerade erst vor sechs Wochen selbst kennengelernt hatten, zu so etwas fähig sein sollte.

„Wie konnte er Ihnen das nur antun?" Diese Frage hörte ich in diesen Tagen oft, und ich stellte sie mir auch selbst. Damals konnte ich diese Frage schon nicht beantworten und werde das wohl auch nie können. Manche meiner Mitmenschen waren im Nachhinein natürlich schlauer als ich und wußten ja schon immer ...

Mir wird es immer ein Rätsel bleiben.

Die Cousine der Wahrheit

Ich konnte diese Entführung meiner Kinder nicht einfach akzeptieren, das war mir klar. Viele Freunde und Verwandte berieten mich, was ich machen könnte. Doch wir kamen zu keiner wirklichen Lösung. Vier Kinder aus Ägypten zu entführen, war schier unmöglich, selbst wenn ich das unbedingt gewollt hätte.

Ich mußte noch einmal nach Kairo, um mich vor Ort um eine Lösung zu kümmern. Meine Freundin Ecki wollte mich begleiten, was mir eine große Hilfe war. Ich fragte mich allerdings schon im Vorfeld, was ich überhaupt in Kairo ausrichten könnte. Sollte diese Reise nur mein Gewissen beruhigen in einer Lage, in der mir eigentlich die Hände gebunden waren?

Auch wenn ich die Antwort auf solche Fragen nicht wußte, konnte ich nicht tatenlos in Deutschland herumsitzen. Dadurch würde ich meine Kinder bestimmt nicht wiedersehen.

Jeder unserer Freunde gab uns vor unserer Abreise Ratschläge, was wir unternehmen sollten, damit die Kinder auf uns aufmerksam würden. Die Idee meines Neffen Christopher war die beste. Wir sollten in der Wohnung mit Farbe groß an eine Wand schreiben: „Yosef, Nadiah, Salem, Hannaa, ich liebe Euch. Die Mutti war da!"

★

Wir flogen wie normale Ägypten-Touristen nach Kairo, ohne daß man uns ansehen konnte, was unsere Mission war. Unser Hotel wäre für jeden Urlauber ein Traum gewesen: Ein Zimmer im 23. Stockwerk mit einem wunderbaren Blick über die

Stadt und allem Luxus, den man sich nur wünschen konnte. So hatte ich Ägypten in den vielen Jahren noch nicht erlebt.

Das Hotel lag in der Mitte Kairos, nur fünf Minuten Fußweg von meiner früheren Wohnung entfernt. Viele Jahre war ich mit Verachtung für so viel Verschwendung an diesem Luxushotel vorbeigelaufen, und auch in diesen Tagen konnte ich den Aufwand nicht unbedingt genießen, während meine Kinder gefangengehalten wurden.

Ich hatte mir vorgenommen, an das Herz der Verwandten Husseins zu appellieren. Sie waren doch nicht nur die Geschwister meines Mannes, sondern auch meine eigenen Verwandten geworden. Da sie selbst Kinder hatten, würden sie mich bestimmt verstehen können und mir helfen, daß Unrecht wieder zu Recht würde.

Meine Schwester Birgit hatte einen herzzerreißenden Brief an Husseins ältesten Bruder geschrieben. Mein Schwager hatte mit einem anderen Bruder Kontakt aufgenommen, der ebenfalls Familienvater und auch Jurist war. Er mußte das Unrecht in dieser Sache erkennen und helfen, es zu beseitigen, bevor die Justiz zupacken würde.

Und meine Schwägerin Zuzu, die ich sehr schätzte, mußte doch auch mithelfen, daß ich meine Kinder wieder in die Arme schließen konnte.

Hussein hatte mir früher einmal von einem arabischen Sprichwort erzählt, das von der Wahrheit und der Cousine der Wahrheit handelte. Oft hatte er mich gefragt: „Willst du die Wahrheit oder die Cousine der Wahrheit hören?“ Ich hatte mich immer für die Wahrheit entschieden. Jetzt lernte ich sehr intensiv die Cousine der Wahrheit kennen.

*

Ecki und ich hatten eine Woche Zeit, um die Menschen zu treffen, die an der Erhaltung unserer Familie interessiert sein mußten. Doch ich hatte dabei die Fremdartigkeit des orientalischen Denkens wieder einmal völlig unterschätzt. Zu unserer Wohnung in Gardencity hatte ich keinen Schlüssel, also besuchte ich unsere Nachbarin, eine sehr feine und hilfsbereite Dame. Schnell merkte ich, daß sie uns nicht helfen konnte oder wollte. Die neuen Pässe der Kinder, die mir in Deutschland unbürokratisch und schnell ausgestellt worden waren, hinterlegte ich in der deutschen Botschaft in Kairo.

In der Botschaft half man mir auch, einen legalen Einbruch in meine Wohnung zu arrangieren. Wir kreuzten mit einem schweren Wagen vor unserem Haus auf. Mit von der Partie waren ein Botschaftsjurist, ein ägyptischer Jurist und ein Handwerker, der das Schloß aus- und später wieder einbauen sollte. Nachdem er uns Einlaß verschafft hatte, gab ich ihm seinen Lohn, damit er schon mal verschwand.

In Windeseile durchsuchte ich die Wohnung nach wichtigen Papieren. Einige mir wichtig erscheinende persönliche Dinge packte ich in einen mitgebrachten Koffer. Ecki und ich hätten gerne Christophers Vorschlag entsprechend die Wände bemalt, um den Kindern eine Botschaft zu hinterlassen, aber vor den Zuschauern trauten wir uns nicht. Ich war sowieso in dieser Situation völlig kopflos und kam mir vor wie ein Dieb, der in sein eigenes Haus einstieg und Wertsachen entwendete. Auf das, was ich in der Wohnung eigentlich alles suchen und mitnehmen wollte, konnte ich mich nur sehr schlecht konzentrieren. Wir verließen die Wohnung natürlich nicht, ohne jedem Kind eine schriftliche Notiz ins Bett zu legen.

Am Abend war ein Treffen mit Hussein ausgemacht, nachdem mich seine Brüder am Telefon massiv bedroht hatten. Wir wollten uns bei dem Vetter treffen, den ich noch von Botswana gut kannte.

Als wir zum ausgemachten Zeitpunkt mit dem Taxi dort ankamen, war Hussein bereits wieder weggegangen. Er hatte wohl durch eine Nachbarin von unserem Besuch in der Wohnung erfahren und war nun beleidigt abgezogen.

Jede Enttäuschung einer kleinen Hoffnung kostete sehr viel Kraft und Nerven. So zogen wir uns immer wieder wie in ein Bollwerk in unser Hotel zurück. Kleine Spielchen dieser Art spielte Hussein mehrmals mit uns: So kam er eines abends zwar ins Hotel, eilte aber nach kurzer Zeit davon, da ich wohl bereits in der Hotelhalle etwas gesagt hatte, was ihm nicht paßte.

*

Ich wurde immer aufgeregter, denn die Zeit drängte. Die nervliche Belastung, die Bedrohungen der Familie und die Hitze nagten an uns. Tausend Fragen gingen mir durch den Kopf, ohne daß ich in der Lage gewesen wäre, eine Antwort zu finden. Wo waren die Kinder in dieser Millionenstadt? Wie fühlten sie sich jetzt? Wie versuchten sie die Ereignisse der letzten Wochen zu verstehen?

An einem Morgen mieteten wir uns ein Taxi und fuhren den ganzen Tag durch ein Vorstadtviertel, in dem ich die Kinder vermutete, doch meine Idee stellte sich als falsch heraus. Wir fuhren durch die Straßen, um Husseins Auto zu entdecken, aber bei den vielen Millionen Autos in Kairo hatten wir überhaupt keine Chance. In einer Stadt mit 15 Millionen Einwohnern glich unsere Aktion dem Suchen der berühmten Nadel im Heuhaufen.

Der letzte Abend in Kairo kam, und es war ein Treffen mit Hussein bei seinem Vetter geplant. Um 20 Uhr sollten wir abgeholt werden, aber um 22 Uhr war noch niemand aufgetaucht. Einige Zeit später wurden wir dann doch abgeholt.

Als wir in der Wohnung ankamen, war Hussein noch nicht da. Bis er dann endlich eintraf, waren unsere Nerven schon fast am Ende. Er selbst machte auch einen sehr nervösen Eindruck und ließ mich gar nicht zu Wort kommen. So kannte ich meinen Mann überhaupt nicht.

Gegen zwei Uhr morgens stand ich nach einer völlig aussichtslosen Diskussion schließlich auf und sagte im Gehen nur: „In dieser Situation hilft nur noch Beten!“ Ecki und ich bestellten uns ein Taxi, doch als wir gerade im Begriff waren einzusteigen, kam Hussein auf uns zu und wollte uns ins Hotel fahren. Da ich eine nächtliche Autofahrt quer durch Kairo mit ihm ablehnte, setzte er sich in seinen Wagen und verfolgte unser Taxi.

Der Taxifahrer wurde auf das ihn verfolgende Auto aufmerksam und rief die Polizei. So mußte sich Hussein auch noch mitten in der Nacht ausweisen. Schließlich bewahrte ich ihn durch meine Aussage vor dem Gefängnis.

Wäre Hussein in dieser Nacht im Gefängnis gelandet, hätten wir sogar die Kinder holen können, aber wir wußten ja leider nicht, wo sie waren. Außerdem wollte ich nicht versuchen, das Problem auf diese Art und Weise zu lösen, denn ich hoffte auf Vernunft und Einsicht und damit auf das Unmögliche, weil ich meinen Mann immer noch liebte. Er war schließlich seit 13 Jahren mein Ehemann und der Vater meiner vier Kinder! Ich konnte einfach nicht glauben, daß sich ein liebender Mann und ein fürsorglicher Vater so verwandelt haben konnte. Eines stand jedoch für mich fest: Auf keinen Fall wollte ich Gewalt mit Gewalt beantworten.

Im Hotel angekommen, kamen uns natürlich ganz tolle Ideen, was wir noch alles machen könnten. Doch jeder Plan wurde wegen Undurchführbarkeit wieder aufgegeben. So mußten wir schließlich frustriert und verzweifelt unverrichteter Dinge nach Deutschland zurückfliegen.

Letzter Versuch

Auch wenn das Leben irgendwie weitergehen mußte, konnte ich meine Kinder keine Minute vergessen. Tag und Nacht machte ich mir Gedanken darüber, wie ich meine Familie wiederbekommen oder wenigstens die Kinder wiedersehen, mit ihnen sprechen und ihnen alles erklären konnte.

Inzwischen hatte ich ein Ehepaar kennengelernt, das sich für meine Erlebnisse und Probleme zu interessieren schien. Der Mann war Ägypter und hatte offensichtlich die besten Beziehungen zu wichtigen Leuten in aller Welt. Er verhandelte am Telefon ohne Probleme mit Ministern, Polizeichefs und anderen wichtigen Personen in Ägypten und vermittelte mir den Eindruck, daß es für ihn keine große Schwierigkeit sein würde, mir zu meinem Recht zu verhelfen. Durch sein Auftreten und seine Kontakte weckte er eine unglaublich große Hoffnung in mir, daß sich doch noch alles zum Guten hin wenden würde.

Viele Abende verbrachte ich bei ihm und seiner deutschen Frau. Er telefonierte oft in meiner Gegenwart mit allen möglichen Leuten in Ägypten und versprach mir, einen günstigen Zeitpunkt für meine Reise nach Kairo zu finden. Dann würde ich meine Kinder wiedersehen und sie womöglich sogar mitnehmen können.

Mit der deutschen Botschaft wurde ein Termin ausgemacht, so daß ich schnell an die Pässe der Kinder käme, falls ich sie überraschenderweise mitnehmen könnte. Durch Kontakte der Geheimpolizei bekamen wir heraus, wo Hussein mit den Kindern lebte. Die Beziehungen des Mannes aus Ägypten schienen wirklich unbegrenzt zu sein. Ich konnte fast nicht glauben, was da vor sich ging, aber ich hatte keine andere Wahl, als meine Hoffnung auf diese Bemühungen zu setzen.

Das ganze Spiel lief nach der Regel: alles oder nichts. Doch die Stimmung schwankte. An einem Tag hieß es, Ecki, die mich wieder begleiten wollte, und ich könnten am folgenden Montag nach Kairo kommen. Dann wurde doch alles abgeblasen, und wieder war Warten angesagt.

Zum Glück reagierten meine Vorgesetzten mit Verständnis für meine Lage. Ab und zu erkundigten sie sich nach dem Stand der Dinge, ohne jedoch ungeduldig zu werden. Mir wurde die Möglichkeit eingeräumt, ganz spontan Urlaub nehmen zu können, falls die Situation es verlangte. In dieser Zeit haben wir eine Menge Flüge gebucht, wieder abgesagt, reserviert und umgebucht, weil sich unsere Pläne am laufenden Band änderten.

Die nervliche Belastung war unvorstellbar groß. Aber in unseren Gebeten ließen wir alle unsere Beziehungen zum Himmel spielen, was uns immer noch am wirkungsvollsten erschien.

⋆

Endlich kam der ersehnte Tag der Abreise, wir nahmen beide Urlaub und holten unsere Flugtickets ab. Ich hatte erfahren, daß Hussein mit den Kindern in Kairo gesichtet worden war. Das grenzte in einer Stadt wie Kairo an ein Wunder.

Hussein war aus Angst, entdeckt zu werden, mit den Kindern schon mehrmals innerhalb der Stadt umgezogen, ging nicht mehr in seine Praxis, in der Klinik arbeitete er auch nicht mehr regelmäßig, und zu unserem Landsitz fuhr er nur selten. Unter diesen Voraussetzungen jemanden in Kairo zu finden, war also eine großartige Leistung, denn es gab fast keinen besseren Ort als diesen, um sich vor der Welt zu verstecken. Das wußte auch Hussein.

Ecki und ich würden dieses Mal nicht im Hotel wohnen, sondern bei einer einflußreichen Persönlichkeit, die uns aufnehmen und helfen wollte. Mein ägyptischer Bekannter hatte alles für uns arrangiert. Wir flogen ins Unbekannte, denn wir wußten nicht genau, wer uns am Flughafen abholen würde.

Weder über Aussehen noch Alter der Person waren wir unterrichtet worden. Alles war sehr geheimnisvoll.

*

Bei den Grenzformalitäten wurden wir eingehend kontrolliert und registriert. Immerhin war ich innerhalb eines Vierteljahres zum dritten Mal in Ägypten. Mit uns reisten diesmal mehr Geschäftsreisende als Touristen, die im Oktober nicht mehr so zahlreich unterwegs waren. Doch das Aufgebot von uniformierten und zivilen Staatsdienern am Flughafen war wie immer sehr groß.

Wir hatten nur Handgepäck bei uns, um jederzeit zu einem plötzlichen Aufbruch bereit zu sein und nicht an der Gepäckabfertigung warten zu müssen. Langsam gingen wir zum Ausgang des Flughafengebäudes, nachdem sich unsere Mitreisenden bereits verstreut hatten. Wir waren uns unsicher, ob wir warten oder einfach weitergehen sollten.

Am Ausgang kam ein charmanter Herr auf uns zu, nannte uns seinen Namen und seine Funktion, und wir wußten, daß wir nun in den richtigen Händen waren. Irgendwie filmreif und ähnlich geheimnisvoll hatten wir uns den Empfang vorher vorgestellt.

Uns war gesagt worden, daß wir bei einem reichen kinderlosen Ehepaar wohnen würden. Für die Frau des Hauses hatte ich ein riesiges Geschenk besorgt, so ganz nach ägyptischem Geschmack. Die Hitze war auch im Oktober noch beachtlich, doch wir fuhren mit einem klimatisierten großen Wagen vom Flughafen fort.

Ecki saß hinten im Wagen, ich vorne. Unser Retter war eigentlich vom Äußeren her eher untypisch für einen Ägypter. Wir unterhielten uns in einem Gemisch aus Arabisch und etwas Englisch, wobei ich mit diesem Mann, der seine Zeit für uns opferte und uns helfen wollte, sehr offen war.

Wir vermuteten, daß er uns zu seiner Wohnung bringen würde, als er den Wagen in Richtung der Pyramiden steuerte. Ich verband fast mit jeder Straße, durch die wir fuhren, bittersüße Erinnerungen. Für Sekunden wünschte ich mir, daß Hussein neben mir sitzen würde und alles nur ein böser

Traum gewesen wäre. Doch es blieb keine Zeit für solche Tagträume, denn ich mußte die Augen offenhalten, durfte mir nichts an Informationen entgehen lassen.

Nach schätzungsweise 50 Kilometern Fahrt bemerkte ich, daß wir gar nicht mehr in der Stadt, sondern schon fast in einer eher ländlichen Gegend waren, passierten wir doch die Wasserkanäle auf dem Weg nach Alexandria.

Der nette Herr bemerkte meine Unruhe und erklärte, daß er uns zu seinem Landhaus bringen würde, wo wir sicherer und unbeobachtet wären. Nach ungefähr 65 Kilometern bogen wir von der Hauptstraße ab, fuhren noch ein paar verschlungene Wege und standen auf einmal vor einer Mauer, hinter der das Landhaus liegen mußte.

Während wir mit unseren Köfferchen in der Hand aus dem Auto stiegen, öffnete sich ein verwittertes Hoftor, und heraus kam ein alter, hinkender Mann mit wehenden Beinkleidern, Turban und einer abenteuerlichen Schrotflinte. Sein Erstaunen stand ihm ins Gesicht geschrieben, doch er war seinem Herrn ergeben, so daß er versuchte, sich nichts anmerken zu lassen.

Erst viel später ahnte ich, für was er uns wohl gehalten haben mußte. Europäische Frauen hatte er anscheinend noch nie gesehen.

Wir traten in das von Palmen und Obstbäumen umgebene Haus ein, das typisch ägyptisch aussah. Was es bedeuten konnte, wenn der Hausherr ebenso ägyptisch dachte, wie sein Haus aussah, kam mir plötzlich wieder ins Gedächtnis. Wäre Ecki nicht eine so treue Freundin und ebenso risikobereit und um meine Kinder besorgt gewesen wie ich, wären wir beide sofort davongelaufen, hätten ein Taxi genommen und unter den Pyramiden übernachtet. Uns wäre in der Tat viel Ärger, Angst und falsche Hoffnung erspart geblieben.

In der Villa kam uns gleich eine Wolke aus Staub und Dreck entgegen, und wir hinterließen Fuß- und Fingerspuren, wo wir uns auch bewegten. Es gab in diesem Gebäude ungefähr vier Schlafzimmer und zehn Betten. Von der Frau des Hauses jedoch fehlte jede Spur. Wir wurden in jeden Raum hineingebeten, als wären wir bei einer Schloßbesichtigung, nur daß dieses Schloß leider ohne fließendes Wasser auskommen mußte, wie wir später mit Schrecken feststellten.

Der nette Herr zündete sich unter Mithilfe seines alten Dieners erst einmal eine Wasserpfeife an, während wir von Moskitos umgeben an der frischen Luft saßen. Ein Putzkommando wurde bestellt, um notdürftig eine der vielen Staubschichten im Haus zu entfernen. Ich mußte dringend die Toilette aufsuchen, und als ich zurückkam, war Ecki gerade dabei, die ersten Annäherungsversuche unseres Gastgebers abzuwehren.

Ich wollte ihm eigentlich gern deutlich die Meinung sagen, doch wie konnte ich das, ohne ihn zu verletzen? Schließlich hatten wir noch große Dinge mit ihm vor, und wir waren nun mal von seiner Gunst abhängig. So versuchte ich ihm erst einmal unsere Pläne zu erklären. Man sah ihm an, daß er weit mehr Interesse an Ecki hatte als an dem, was ich ihm vortrug.

Am nächsten Morgen hatten wir einen Termin in der deutschen Botschaft, wußten aber unglücklicherweise noch nicht, wie wir in die Stadt gelangen sollten. Am Ende dieses langen Tages fiel es uns dann nach einer etwas zähen Unterhaltung nicht schwer, Müdigkeit vorzutäuschen. Außerdem waren wir wirklich sehr erschöpft von der Reise und scheuchten unseren Gastgeber förmlich aus seinem eigenen Haus, nachdem er zunächst in einem Zimmer neben dem unseren schlafen wollte.

Wir schlossen mehrmals die Tür ab und verkrochen uns in eines der oberen Schlafzimmer. Dann bestaunten wir das wunderschöne Bad, das nur einen kleinen Fehler hatte: Es gab kein Wasser. Ich versuchte die Betten mit unseren Kleidern und Handtüchern so zu bedecken, daß wir möglichst wenig mit ihnen in Berührung kamen. Als ich mein Köfferchen öffnete, mußte ich leider feststellen, daß während der Reise mein mitgebrachtes Glas mit löslichem Kaffee aufgegangen war. Aufgrund der hohen Luftfeuchtigkeit hatte ich nun in allen Kleidungsstücken Kaffeeflecken.

Ecki versuchte das Bad und sich selbst etwas zu entstauben, anschließend legten wir uns müde und schmutzig in die Betten. Am nächsten Morgen wollten wir um fünf Uhr aufstehen. Ecki drehte sich noch einmal auf ihrem Bett herum mit den Worten: „Lis, mach das Licht aus, damit wir das Elend hier nicht mehr sehen!“ Unseren schwarzen Humor und unser Gottvertrauen konnte uns niemand nehmen, was auch immer kommen sollte.

*

Nach einer Stunde wohlverdienten Schlafes wachten wir auf, weil wir komische Geräusche hörten. Es war wie in einem Geisterhaus, doch wir konnten nicht feststellen, woher der Krach kam. Kam der Hausbesitzer zurück? Machte der Hausdiener, der mit seinem Esel im Garten wohnte, diesen Spektakel?

Ich nahm allen Mut zusammen und ging ganz langsam die Treppe hinunter. Wäre ich auf meinem Weg einer dunklen Gestalt begegnet, hätte ich mich nicht wehren können, denn eine Waffe hatte ich nicht in meinem Gepäck.

Das Rätsel löste sich jedoch auf sehr einfache Weise. Wir hatten vor dem Zubettgehen alle Wasserhähne aufgedreht, um zu sehen, ob wir irgendwie an Wasser kämen. Als die Hähne aber trocken blieben, hatten wir sie nicht wieder zugedreht. Doch nun kam plötzlich das kühle Naß aus allen Hähnen, und wir waren natürlich erleichtert über diese Wendung.

Nachdem ich alle Hähne zugedreht hatte, legten wir uns wieder ins Bett. Um fünf Uhr wachte ich von Eckis Entzückensrufen auf. Sie stand auf dem Balkon und schaute einigen Männern zu, die auf sehr geschickte Art und Weise Datteln pflückten. Die barfüßigen Männer kletterten mit ihren weiten Beinkleidern bis zu zehn Meter hinauf in die Bäume, nur mit einem flachen Korb und einem Seil ausgerüstet. Unten standen die Frauen und Kinder, sortierten die Früchte und verkauften sie gleich vor Ort. Dieses Schauspiel bot sich uns nun jeden Tag.

Unser Gastgeber kam an diesem Morgen pünktlich, um uns wie versprochen zur deutschen Botschaft zu bringen. Dort holte ich die hinterlegten Pässe der Kinder, die ich brauchte, um die Ein- und Wiederausreisestempel eintragen zu lassen. Ohne diesen Stempel durfte man Ägypten nicht verlassen.

Vor der Stadtverwaltung erkämpfte sich unser hilfsbereiter und einflußreicher Gastgeber einen Parkplatz. Ecki war von dem Menschengewirr im Inneren des Gebäudes wie erschlagen. Mutig erklommen wir die Treppe zu den oberen Büros, in denen die wichtigen Menschen arbeiteten, zu denen bereits von Deutschland aus Kontakt hergestellt worden war.

Vor zwei Schreibtischen versanken wir in einem großen Ledersofa und erzählten unsere Geschichte, damit wir die begehrten Stempel bekamen. Ob der Mann hinter dem Schreibtisch unserem Bericht glaubte, war ihm nicht anzumerken. Letztendlich versprach er aber, uns zu helfen.

Unser Gastgeber wartete während dieses Treffens im Auto auf uns. Zwei Stunden verbrachten wir in diesem Amt, standen an, leckten Märkchen, unterschrieben Papiere und kehrten dann wieder zum Wagen zurück. Für den ersten Tag hatten wir bereits viel erreicht.

*

Nach einem guten Frühstück in der Stadt waren wir nachmittags wieder in unserem Domizil auf dem Land. Der nächste Schritt würde schwieriger sein, da wir den Wohnort der Kinder ausfindig machen wollten. In Deutschland hatte man uns versprochen, daß die ägyptische Polizei bei dieser Suche helfen würde. Jetzt wollte niemand mehr etwas von dieser Abmachung wissen. Viele Telefonate wurden geführt – erfolglos.

Leider konnte ich von der Villa aus nur Ortsgespräche führen. Meine Familie zu Hause in Deutschland war sicher schon beunruhigt, daß ich mich nicht meldete, denn sie wußten ja nicht, in welchem Versteck wir uns aufhielten. Mein ägyptischer Bekannter aus Bad Homburg wußte natürlich von unserem Aufenthaltsort, rief an und mußte sich meine enttäuschten Klagen anhören.

Schließlich fand unser Gastgeber einen Weg, wie man über einen Neffen meines Mannes an die Adresse der Kinder herankommen könnte.

Wir trafen uns mit einem Geheimpolizisten, der uns in die entsprechende Gegend bringen sollte. Wir fuhren im Dunkeln los. Ecki und ich hatten uns Schleier ausgeliehen, damit man uns nicht erkannte, und die Spannung kroch langsam in uns hoch. Wenn diese Aktion Erfolg hatte, würden wir vielleicht meine Kinder in wenigen Minuten oder Stunden wiedersehen.

*

In dem Wohnviertel, wo Hussein vermutlich mit den Kindern lebte, parkten wir das Auto. Unser Helfer wollte sich erst mal umschauen, während wir im Auto sitzen bleiben mußten. Vor lauter Aufregung wollten Ecki und ich eine Zigarette rauchen, hatten aber kein Feuerzeug. Wir suchten im Handschuhfach und fanden zu unserem Erstaunen eine Pistole.

In der Nähe des Autos war ein kleines Hotel mit dem bedeutungsvollen Namen „Fortuna". Ich sprach immer noch gut Arabisch, deshalb konnte ich es wohl riskieren, auszusteigen und nach einem Feuerzeug zu fragen, ohne sofort als Ausländerin erkannt zu werden. Ich ging die Straße entlang und sah plötzlich Husseins Auto dort stehen. Auf der hinteren Ablage lagen selbstgebaute Papierflieger, die Yosef gebastelt haben mußte, denn er war mittlerweile ein Meister im Flugzeugbau. Dieser Anblick schnitt mir ins Herz, und ich empfand neben allem Schmerz auch Glück darüber, daß meine Kinder direkt in der Nähe sein mußten.

Das Feuerzeug war sofort vergessen. Schnell rannte ich zum Auto zurück und erzählte Ecki von meinem Fund. Ich suchte unseren Helfer, zeigte ihm das Auto, und wir entwickelten eine Strategie, wie wir noch näher an die Kinder herankommen könnten.

Der Polizist nahm die Fotos meiner Kinder an sich und versprach uns, sich am nächsten Tag vor die Haustür zu stellen. Er wollte die Schule der Kinder ausfindig machen und die Gewohnheiten meines Mannes beobachten.

Eigentlich versprach er mir Dinge, von denen ich gedacht hatte, daß sie bereits bekannt waren, bevor wir überhaupt nach Ägypten aufgebrochen waren. Obwohl uns die Zeit zwischen den Fingern zerrann, blieben wir optimistisch.

*

Ecki und ich entwickelten für uns einen neuen Weg, wie wir selbst an den Rest meiner Familie herankommen könnten. Wir mußten uns natürlich bedeckt halten, weil Hussein uns sofort erkennen würde, und liefen daher einige Male völlig verschleiert im Kairoer Vorort „15. Mai City" herum. Für echte Ägypterinnen waren wir eigentlich zu groß und zu dünn, doch trotzdem hofften wir, nicht entlarvt zu werden.

Unser Gastgeber wurde Ecki gegenüber immer zudringlicher. Ich wollte ihn nicht verärgern und erklärte ihm sehr freundlich, aber bestimmt, daß seine Hilfe nicht in „geschlechtlicher Währung" bezahlt werden konnte. Lieber hätten wir ihm Geld gegeben, aber davon hatte er offensichtlich genug.

Ich kam mir wie Eckis Gouvernante vor, die ihren Schützling nicht aus den Augen verlieren durfte. Wenn wir spazierengingen, quetschte sich unser Gastgeber zwischen uns. Erkämpfte er sich einen Platz an Eckis Seite, kam ich und drückte mich plump dazwischen. Sah ich ihn im Garten auf Ecki zugehen, lief ich über den Rasen und verwickelte ihn in ein Gespräch. Eigentlich war er ein sehr netter, seriöser Herr, der sich in größerer Gesellschaft nie so benommen hätte, doch auf seinem einsamen Landsitz war er unbeobachtet.

Nachdem ich ihm das Geschenk für seine Frau bereits übergeben hatte, kam sie doch selbst einmal kurz ins Haus, musterte uns kritisch und rauschte wieder davon. Danach hatte er wieder ungehindert Gelegenheit für seine Annäherungsversuche und Spielchen. Ich mußte ihm wie die große Vereitlerin seiner Pläne vorgekommen sein. Warum sollte er dann gerade mir helfen?

*

Der Tag, an dem der Polizist einen Bericht über seine Erfolge abgeben sollte, kam – und nichts passierte. Wir ahnten langsam, daß wir unserer Sache überhaupt nicht näher kommen würden, solange Ecki das Verlangen unseres Helfers nicht befriedigte, doch das kam natürlich auf gar keinen Fall in Frage. Als wir unserem Gastgeber das klargemacht hatten, versagte er uns sofort jede weitere Hilfe und ließ uns wie eine heiße Kartoffel fallen. Wir spürten, daß es falsch wäre, noch länger in seinem Haus zu wohnen, und entschlossen uns, für die letzten drei Nächte in ein Hotel nach Kairo umzuziehen.

Wir waren also ab diesem Moment absolut auf uns allein gestellt. In den letzten Tagen unseres Aufenthalts wollten wir uns verschleiert vor Husseins Wohnung stellen und warten, bis die Kinder herauskämen. Über das, was dann folgen könnte, trauten wir uns gar nicht nachzudenken.

Um vier Uhr in der Frühe brachen wir auf, begleitet von unserem Nachtwächter und auf seinem Esel sitzend. An der großen Straße stiegen wir dann in einen Bus um. Nach einer halben Stunde kamen wir bei den Pyramiden an. Von dort aus fuhren wir mit dem Taxi in die Stadt, in die Straße, in der Hussein hoffentlich noch wohnte.

Ich unterhielt mich dort mit einigen Frauen und erfuhr, daß er sich hier tatsächlich regelmäßig mit den Kindern aufhielt. Bei jeder Haustür, die sich öffnete, spannten sich unsere Nerven bis aufs Äußerste an. Vielleicht öffnete unser Kindermädchen Nagaha, vielleicht die Kinder, vielleicht Hussein. Ich nahm an, daß sie sich bald irgendwo blicken lassen müßten, wenn die Kinder noch pünktlich zur Schule kommen sollten.

Ecki stand an einer Straßenecke auf Beobachtungsposten, während ich einen Taxifahrer anhielt und ihm klarmachte, er sollte sich bereit halten, da wir ihn in absehbarer Zeit brauchen würden.

Wir warteten und warteten. Einige Frauen gingen an uns vorbei und erzählten uns von dem komischen Mann, der dort in der Wohnung mit seinen Kindern wohnte.

Plötzlich zischte mir Ecki leise zu: „Lis!“ Da kam auch schon Hussein aus dem Haus und schaute sich nach allen Seiten um. Als ich ihn so sah, hätte ich ihm in die Arme fliegen und ihm sagen können: „Laß uns noch einmal von vorne anfangen!“

Doch es lief alles anders. Hussein sah mich, vielleicht noch bevor ich ihn sah. Die Kinder kamen in Begleitung von

Nagaha aus dem Haus, wurden überstürzt ins Auto gepackt und mußten sich sofort auf den Boden des Wagens legen. Ich glaubte, Yosef hätte mich gesehen.

Wir stiegen schnell in das wartende Taxi ein, und es begann eine wilde Verfolgungsjagd wie in einem Krimi. Während wir unter anderem verkehrt herum in Einbahnstraßen rasten, kauerte ich in meinem Sitz und konnte nicht hinsehen. Ecki behielt jedoch die Übersicht und schilderte mir die Lage.

★

Wir erreichten schließlich die Schule und stürzten hinein. Ich fand die Direktorin und sprach mit ihr von Mutter zu Mutter, versuchte ihr klarzumachen, daß ich meine Kinder doch wenigstens nur einmal sehen wollte.

Doch sie waren gar nicht im Haus. Hussein hatte sie für einen Tag von der Schule befreien lassen und war mit ihnen bereits über alle Berge.

Wir fuhren zu unserem Domizil zurück und waren bitter enttäuscht, nichts erreicht zu haben. Alle meine Hoffnungen waren wieder einmal vollkommen enttäuscht worden. Unsere Aktion war falsch gelaufen, und wir hatten sie vielleicht auch zu ungeschickt angestellt.

Das Schmerzhafteste war, daß durch unser tölpelhaftes Verhalten nun auch das letzte bißchen Vertrauen zwischen Hussein und mir endgültig zerstört war. Viel war davon auch vorher nicht mehr übrig gewesen, aber jetzt lag es vollkommen in Trümmern.

★

Noch einmal fuhren wir mit dem Taxi in die Stadtmitte. Für ungefähr fünf Kilometer brauchten wir zwei Stunden. An diesem Tag wurde nach der Sommerpause das Parlament wieder eröffnet. Damit der Präsident und die Abgeordneten freie Fahrt hatten, wurden kurzerhand die wichtigsten Straßen abgesperrt. Mit den Bedürfnissen des Volkes ging man in Ägypten sehr großzügig um; dem Staatsoberhaupt konnte man natürlich kein Verkehrschaos zumuten.

Während wir wartend im Auto saßen, ging mir wieder die kurze Begegnung mit Hussein und den Kindern durch den Kopf. Mit diesem einen Blick auf Hussein war mir klargeworden, daß ich ihm die Kinder niemals hätte wegnehmen können. Ich wußte nicht, was mich so sicher machte, doch mir wurde plötzlich klar, daß ich die Stärkere war. Hätte ich Hussein die Kinder entrissen, wäre das vielleicht sein Untergang gewesen. Mir stand deutlich vor Augen, daß ich mich damals während unseres gemeinsamen Ägyptenurlaubs niemals von den Kindern hätte trennen dürfen.

Nun hatte ich zwei Stunden Zeit, um im Taxi zu weinen und meine Fehler zu bereuen. Auf diese ganzen windigen Aktionen hätte ich mich nie einlassen dürfen. Wäre ich doch ohne Heimlichkeiten in die Wohnung gegangen und hätte die Kinder einfach nur umarmt!

Mir kamen viele Ideen, was ich hätte besser machen können, doch hinterher ist man immer klüger. Ich fühlte mich in diesem Erleben entsetzlich allein und fragte mich, ob es außer mir wohl noch jemanden auf der Welt gab, der mit einer solchen Situation hatte umgehen müssen.

Ich erinnerte mich daran, daß mich noch am Abend zuvor ein hoher Beamter der ägyptischen Polizei angerufen hatte, um mir klarzumachen, daß mein Plan, alle vier Kinder mitnehmen zu wollen, aussichtslos sein würde. Ich müßte mich für eines oder zwei von ihnen entscheiden und die anderen zurücklassen. Die ganze folgende Nacht hatte ich damit zugebracht, zu der Entscheidung zu gelangen, daß ich die Kinder nie trennen würde. Wer kann sich unter vier gleich geliebten Kindern entscheiden? Wie hätte ich die Fragen der Kinder beantworten können? Wie hätte ich die Sehnsucht nach den anderen Kindern, die dann nicht bei mir waren, stillen können? Nun wußte ich noch dazu, daß ich die Kinder auch nicht von ihrem Vater trennen konnte. Es gab nur zwei Möglichkeiten für mich: eine komplette Familie oder gar keine Familie. Wie konnte ich in der kurzen verbleibenden Zeit eine solche Entscheidung fällen?

*

Das Hotel Fortuna, in dem wir ein Zimmer hatten, war fast die primitivste Hütte, die ich je gesehen und bewohnt hatte. Hier gab es Kakerlaken an den Wänden, schmutzige Betten, lüsterne Männer und faule Eier zum Frühstück. Dieses Hotel hatte nur einen Vorteil: Es lag in der Nähe von Husseins Wohnung, in der er aber sicher so schnell keine Zuflucht mehr suchen würde.

Am Nachmittag versuchten wir zu erkunden, wo er momentan wohnte, und gingen in das Gebäude, aus dem wir ihn vor kurzem hatten herauskommen sehen. Der Hausmeister machte uns darauf aufmerksam, daß Ausländerinnen im Haus nicht erwünscht wären. Ich wußte, er hatte von Hussein ein gutes Bestechungsgeld bekommen, damit er keine Auskünfte geben würde.

Ich versuchte über Husseins Verwandtschaft Kontakt zu ihm aufzunehmen und rief seinen Vetter an, den ich ja auch schon lange kannte. Ich war mir sicher, daß er Husseins Verhalten nicht billigte, und er bemühte sich dann auch, erneut ein Treffen zwischen uns zu arrangieren. Ich telefonierte eine ganze Weile pausenlos hinter Hussein her. Endlich erreichte ich ihn am Telefon, obwohl er mit den Kindern bereits wieder woanders wohnte, und wir verabredeten uns zu einem Treffen am Abend des gleichen Tages um 20 Uhr im Hotel.

*

Ecki und ich lagen auf unseren schmutzigen Betten, und ich hatte ein schlechtes Gewissen dabei, sie den ganzen Abend in dieser Absteige alleine zu lassen. Das Hotel hatte sich nämlich mittlerweile zu allem Überfluß als ein arabisches Bordell entpuppt, in dem sexuell nicht ausgelastete Ölscheichs abstiegen.

Doch ich sah in diesem Treffen die letzte Chance, an Husseins Mitleid zu appellieren, und das mußte ich alleine tun. Ich gab mich noch nicht ganz geschlagen. Als der Anruf von der Rezeption kam, daß Hussein eingetroffen wäre, ging ich hinunter, während Ecki alle Fenster und Türen verrammelte.

Ich sah Hussein mit einem Kollegen, den ich von früher kannte, aber noch nie hatte leiden können, in der Empfangshalle stehen. Ich verbarg mein Mißfallen nicht und äußerte offen meine Enttäuschung darüber, daß Hussein schon mit einer Eskorte kommen müßte, um mit seiner Frau zu sprechen. Ich war verzweifelt und frustriert, was ihn nicht sonderlich beeindruckte, und wollte wieder in mein Zimmer zurückgehen. Meine Bedingung für ein Gespräch war gewesen, daß er allein käme.

Hussein verließ also das Hotel, während ich wieder zu meinem Zimmer hinaufging. Ich versuchte kühl zu wirken, doch ich war sehr erregt, als ich oben bei Ecki ankam.

*

Nach einer halben Stunde klingelte wieder das Telefon. Hussein erklärte mir, daß er nun allein wäre. Wir wollten uns in der Wohnung seines Freundes treffen.

Als ich gerade vor der Wohnungstür stand, ging vor mir der Lift auf, und heraus kam Husseins gesamte Verwandtschaft, Schwestern, Schwägerinnen, einfach so viele Menschen, wie ein Aufzug faßte. Ich erschrak sehr, fühlte mich überrumpelt und bedroht.

Ich warf Hussein an den Kopf: „Anscheinend brauchst du deine Verwandtschaft als Rückhalt für ein Gespräch mit mir!" und rannte die Treppen hinunter, zurück zum Hotel. Hussein lief mir nach. Ich versuchte souverän und kühl zu bleiben, obwohl ich das in keiner Weise war. Er betonte immer wieder, daß er seine Verwandtschaft wirklich nicht zu unserem Gespräch gebeten hätte und über ihr Erscheinen ebenso überrascht wäre wie ich. Ich gab nach, und wir gingen nebeneinander weiter.

Wir liefen ziellos durch die Straßen, während ich versuchte, Hussein an unsere Liebe und an seine ursprünglichen Zukunftspläne zu erinnern. Ich wußte, entweder mußte ich mich hier ein stückweit aufgeben, oder ich würde die Kinder vorläufig nicht wiedersehen.

Er konnte weder verstehen, was ich von seiner Planung für die Zukunft der Kinder hielt, noch hatte er überhaupt Verständnis für meine Lage. Seine Ziele waren vollkommen egoistisch und ganz einfach: In seine Pläne paßte ich nicht mehr hinein.

*

Als ich nach Mitternacht ins Hotel zurückkam, war Ecki bereits in heller Aufregung. Sie hatte sich Sorgen um mich gemacht, aber auch um sich selbst, denn in der Zwischenzeit hatte sie eine Serie von Anrufen von „Bewerbern" abzuwehren gehabt. Man wußte gar nicht, wie man diese Männer im Orient bezeichnen sollte, denn offiziell gab es keine untreuen Männer und keine Prostitution.

Ich erzählte Ecki von meinen Erlebnissen und meinem Gespräch mit Hussein. Sie war entsetzt und genauso traurig wie ich.

Der nächste Tag war der 13. Oktober, Husseins Geburtstag. Wir verabredeten uns am Abend mit ihm, denn ich fand, daß ich jede Stunde vor unserem Abflug zur gemeinsamen Klärung der Situation nutzen mußte. Hussein wollte mich zum Essen einladen und war einverstanden, daß ich Ecki mitbringen würde, die ich nicht noch einmal in diesem Hotel allein lassen konnte. Sie war nun mein Schutz und ich der ihre.

*

Am Abend kam Hussein fast pünktlich und führte uns aus. Wir diskutierten lange und intensiv. Es klang auch sehr überzeugend, wie Hussein sich die Zukunft vorstellte, so daß Ecki und ich fast bereit waren einzulenken. Doch es lief alles letztlich darauf hinaus, daß ich nach Kairo zurückkehrte und damit das Problem gelöst war – für immer. Ich mußte nicht lange überlegen, um diese Option abzulehnen.

Am nächsten Morgen brachte uns Hussein zum Flughafen, und wir verabschiedeten uns, sehr voneinander enttäuscht. Ich war bereits zum zweiten Mal vergeblich nach Ägypten gekommen, um meine Kinder zu sehen. Es war mir noch nicht einmal gelungen, wenigstens einen kurzen Blick auf sie zu werfen, bis auf die schreckliche Szene während der Verfolgungsjagd. Ich war mir sicher, daß ich sie nur wiedersehen konnte, wenn ich meinen Beruf und mein Leben in Deutschland und letztendlich meine Identität aufgeben würde. Nur so könnte ich an der Jugend und an der Erziehung meiner Kinder teilhaben.

Doch daß mein Entschluß, nicht nach Kairo zurückzukehren, solche weitreichenden Konsequenzen haben würde, wurde mir erst viel später in vollem Umfang deutlich. Für den Moment des Abschieds von Hussein galt nur, daß wir einen weiteren Versuch der Annäherung gewagt, aber leider dabei versagt hatten.

*

Am nächsten Tag würden Ecki und ich wieder an unseren Schreibtischen im Gesundheitsamt sitzen. Als wir am Frankfurter Flughafen ankamen, hatten nicht nur wir mit unserer Enttäuschung zu kämpfen, sondern auch meine Familie. Unser ägyptischer Helfer in Bad Homburg verlangte ebenfalls nach einer Erklärung, warum wir ohne die Kinder zurückgekehrt wären. Er machte mir Vorhaltungen über mein Fehlverhalten, aber ich denke, er konnte einfach den Mißerfolg seiner Bemühungen schlecht verkraften. Auch die Begegnung mit Kollegen und Freunden war nicht einfach. Wir gaben nur knappe Erklärungen, standen noch wie unter Schock und erholten uns erst nach Wochen von dem Erlebten.

Viele Zusammenhänge erkannte ich erst Wochen später. So traurig die Situation auch war, zwei Dinge hatte ich durch unsere Reise gelernt: Einerseits sah ich ein, daß ich nie wieder nach Ägypten zurückkehren könnte. Durch einen solchen Schritt würde ich auch meinen Kindern nicht von Nutzen sein, weil sie dann eine Mutter ohne Identität hätten und ich einen Ehemann, der totale Entscheidungsgewalt und Macht über mich hatte. Andererseits erkannte ich, daß ich niemals Gewalt anwenden konnte, um meine Kinder wiederzubekommen. Zwischen meinem formalen Recht auf die Kinder und der Realität klaffte eine große Lücke, und diese Lücke war unüberwindbar für mich.

Die Anwendung von Gewalt hätte auch nicht zum Wohle meiner Kinder gedient. Wie hätten sie es verkraften sollen, noch einmal gewaltsam von einem Elternteil getrennt zu werden, ohne irgendein Mitspracherecht? Außerdem hätte ich im Falle eines Entführungsversuchs nur ein Kind mitnehmen können, und ich wollte die Kinder auf keinen Fall auseinanderreißen. Diese Erkenntnisse und mein Gottvertrauen hielten mich damals aufrecht. Noch immer klammerte ich mich an dem Glauben fest, daß Gott einen guten Plan mit meinem Leben hat.

Der Anfang vom Ende

Ich erinnere mich nur zu gut an die erste Februarwoche im Jahr 1994. Wenn ich daran denke, wird mir das Herz schwer.

Am Abend eines normalen Arbeitstages saß ich mit Ecki zusammen, und wir überlegten gemeinsam, wie wir weiter verfahren sollten. Wie konnte das Leiden endlich beendet werden? Ich machte mir um meine Kinder und um den Fortbestand meiner Familie große Sorgen. Wie schon so oft trieb mich meine Ungeduld zum Handeln, und ich hatte das irrsinnige Verlangen, den Vetter meines Mannes anzurufen, dem ich als einzigem von Husseins Verwandtschaft noch ein bißchen Vertrauen schenkte.

Ich griff zum Telefonhörer und wählte seine Nummer, und er war auch gleich am Apparat. Sofort beklagte ich mich bitterlich bei ihm, daß sich Hussein schon seit zwei Monaten nicht bei mir gemeldet hatte. Daraufhin mußte ich mir von ihm die schlimmsten Vorwürfe anhören: Der Kern seiner Worte war, daß ich an allem Schuld sei, weil mir Geld und Beruf so wichtig wären. Das ganze Übel wurde von ihm erneut auf mich abgewälzt, damit ich mich so richtig schlecht fühlte.

Am Ende des Gesprächs versprach er mir dann doch, daß er versuchen wollte, Hussein zu erreichen. Wie immer klang alles sehr geheimnisvoll, was Husseins Aufenthaltsort betraf, so daß es mir schien, daß selbst die Verwandten nicht wußten, wo er letztendlich lebte. Ich konnte das nicht so ganz glauben, mußte es aber hinnehmen.

Diese Ungewißheit und das Mißtrauen machten mich innerlich fast krank, denn Geduld war noch nie meine große Stärke gewesen. Viel lieber hätte ich mich in wilde Aktivitäten gestürzt, um nicht einfach tatenlos zuzusehen, was mich erwartete. Doch mußte ich mich wohl oder übel in diese neue Rolle fügen.

Wie konnte ich Hussein nur davon überzeugen, daß meine Absichten die allerbesten waren? Wie konnte ich ihm zeigen, daß ich es mit meinem Entschluß ehrlich meinte, wieder eine Familie zu werden? Ich hatte eine unendlich große Sehnsucht nach den Kindern. Wie konnte Hussein nur annehmen, daß mich so vordergründige Dinge wie Geld oder Beruf davon abhielten, zu meinen Kindern und zu ihm zurückzukehren?

Er hatte die vier Kinder, die ein Teil von mir sind, und damit im Prinzip alles in seiner Hand. Immer wieder fragte ich mich, ob ein Vater überhaupt ermessen kann, welche Schmerzen eine Mutter erleiden muß, wenn sie den Weg gehen muß, den ich nun ging? Ich wünschte mir, er hätte das wenigstens erahnen können. Doch konnte und durfte ich dieses Mitgefühl erwarten? Heute weiß ich, daß Gefühle nicht übertragbar sind. Keiner kann sich völlig in einen anderen Menschen hineinversetzen, hineindenken und hineinfühlen, selbst wenn es der eigene Ehemann ist.

*

Mittlerweile war es Sommer geworden, und die Erlebnisse, die mich endgültig von meinen Kindern getrennt hatten, lagen schon ein Jahr zurück. Die Schmerzen machten mich älter, alt, ja uralt. Die Sonne schien, und ich fragte mich, was ich allein mit einem solchen Sommer anfangen sollte? Wer geht schon ohne Kinder ins Schwimmbad? Wer fährt ohne Kinder Fahrrad? Wer spritzt ohne Kinder im Garten mit Wasser? Wer tollt und albert ohne Kinder herum?

Mir fehlte ihr Lachen und ihr Streiten. Sogar Yosefs Eigenheiten und seine „Fernsehsucht“ vermißte ich schmerzlich. Ich dachte an Nadiahs Eitelkeit und unsere Kämpfe, wenn es um die angemessene Kleidung ging. Ich sehnte mich nach Salems Wutanfällen und Hannaas Dickköpfigkeit. Ich vermißte sogar mein eigenes Unvermögen, wenn ich mich wieder einmal ungerecht entschieden hatte. Ich hörte nicht mehr das Trappeln ihrer Füße auf den Treppenstufen, konnte mir nicht mehr ihre Sorgen und Nöte anhören und versuchen, sie zu trösten ... Ich verzehrte mich förmlich nach ihnen, wollte sie nur anfassen, umarmen und mit ihnen kuscheln.

Immer wieder überfiel mich große Angst vor einem tiefen Loch. Ich befürchtete, mit dem Kummer nicht mehr fertig zu werden, aus dem dunklen Krater der Depression nicht mehr hinauszukommen. Meine Tränen waren versiegt, aber ein großer Dauerschmerz war statt dessen geblieben. Der äußere Trost von Freunden und Verwandten war nicht genug, obwohl ich viel Liebe und Zuwendung spürte. Mir wurde immer klarer, daß einfach etwas Drastisches in meinem Leben geschehen mußte.

*

Eine freudige Zwischenetappe auf dem Weg dorthin war eine Reise nach Botswana, die Ecki und ich unternahmen. Botswana steht noch heute bei mir für ein Stück Heimat und ein Stück Selbstfindung. Ich konnte endlich meine geliebte Freundin Ray und ihre Familie wiedersehen. Wie viele schöne und schwere Erlebnisse hatte ich mit ihr geteilt! Auch jetzt lebte ich in einer Atmosphäre, die so reich an Freundschaft und Liebe war, förmlich auf.

Ecki und ich genossen vier Wochen lang die wunderschönen Seiten Afrikas, kamen reich beschenkt zurück, und man konnte es mir auch äußerlich ansehen, daß ich Erholung gefunden hatte.

Ich rief nach meiner Rückkehr spontan Hussein an, von dem ich gerade einmal wußte, wo er war, um ihn an meinen schönen Erlebnissen in Botswana teilhaben zu lassen. Ich hatte sogar schon Pläne geschmiedet, wie wir wieder als ganze Familie dorthin zurückgehen könnten. Man würde uns großzügig helfen, eine Praxis aufzubauen. Die Kinder müßten doch fähig sein, in allen Kulturen zurechtzukommen, solange sie in der Gegenwart ihrer beiden Elternteile lebten. Doch ich hatte mich wieder einmal gründlich verrechnet.

Husseins Einstellung hatte sich nicht geändert. Erst müßte ich alles, wirklich alles andere aufgeben, nach Ägypten kommen, und dann könnte man weitersehen. Ich ahnte, was dieses „alles aufgeben“ bedeutete. Nach seiner Vorstellung sollte ich das inzwischen verdiente Geld und meine Arbeitskraft mitbringen, aber meine Persönlichkeit, meine Wünsche, Träume und Ideen in Deutschland lassen. Was wäre dann noch von mir übrig? Was für eine Mutter und Ehefrau würde ich dann sein?

Diese unsinnige Forderung mußte ich ablehnen, um nicht in eine Zukunft hineinzusteuern, die absolut von der Vergangenheit verdunkelt wäre. Denn wo würde unsere Zukunft liegen, wenn wir nur noch von den Schatten der Vergangenheit lebten?

*

Eine Freundin aus alten Ägyptentagen, die nun auch wieder in Europa lebte, rief mich an. Sie hatte gerade einen Ägyptenbesuch hinter sich und währenddessen meine Kinder gesehen. Das Bild, das sie mir vor Augen malte, war sehr schwarz.

Die Kinder seien depressiv, sagte sie, und Hussein gehe nicht sorgsam mit ihnen um. Er unterdrücke sie in allen Regungen und behandele sie nicht mehr väterlich, sondern nach ägyptischer Tradition nur noch autoritär. Auch war ich entsetzt zu hören, daß Nadiah schwer krank gewesen war. Diese schlechten Nachrichten erschütterten mich wieder unsagbar, so daß ich fast nicht mehr wußte, wohin mit meiner Trauer. Wie konnte ich in dieser Situation meinen Kindern eine Hilfe sein? Enttäuscht mußte ich feststellen, daß ich mir ja noch nicht einmal selbst helfen konnte.

Meine Schwester brachte wieder das Thema auf, daß es irgendwelche Organisationen geben müsse, die uns unterstützen würden. Nach ihrer Meinung mußte es einfach jemanden auf der Welt geben, der gegen dieses Unrecht vorgehen konnte.

Ich gab ihr recht, denn diese Organisationen gab es wirklich. Doch sie konnten mir auch nicht helfen, denn ihre einzige Möglichkeit war eben eine erneute Entführung eines Kindes, maximal von zweien. Eine solche Aktion konnte die

Zukunft meiner Kinder nicht retten, sondern würde sie nur noch mehr zerstören. Gewalt konnte nie zum Wohle der Kinder sein. Sie würden durch ein solches Auseinanderreißen der Familie ein weiteres Trauma erleiden, das sie noch mehr schädigen würde als der Entzug ihrer Mutter.

Auf diese Weise sollten sie die Wahrheit über Hussein nicht erfahren, denn ihr Vater war im Moment ihre einzige Vertrauensperson. Auch wenn er nicht mehr so war wie früher – sollte ihnen diese Vertrauensbasis auch noch genommen werden? Sie hätten dieses erneute gewaltvolle Erlebnis nicht verstanden, geschweige denn ahnen können, wofür dieses Leid gut sein sollte. Erneut müßten sie sich mit dem Verlust eines Elternteils, ihres gewohnten Umfeldes, ihrer Freunde, ja ihrer Wurzeln auseinandersetzen, und außerdem wäre damit die letzte Chance vernichtet gewesen, jemals wieder mit meinem Mann ein auch nur halbwegs vernünftiges Verhältnis aufzubauen.

Ich mußte an den König Salomo denken, von dem in der Bibel berichtet wird, und an sein berühmtes salomonisches Urteil. Wie das Baby aus der Geschichte rissen Hussein und ich uns um die Kinder, die die wahren Leidtragenden in dieser Sache waren. Und die wirkliche Mutter des Babys hatte aus Liebe zu ihrem Kind auf ihr Recht verzichtet. Ich erkannte, daß man Kinder nicht als Spielball der Gefühle ihrer Eltern mißbrauchen darf. Ich konnte damals und kann auch heute einen Schritt wie eine Entführung nicht verantworten.

*

So änderte sich erst einmal nichts an der Situation. Ich mußte mich damit abfinden, daß ich meine Kinder voraussichtlich erst wiedersehen werde, wenn sie volljährig sind und selbst den Wunsch haben, mich wiederzusehen. Nur die Zeit, die wachsende Vernunft und das Verständnis meiner Kinder können für mich arbeiten. Letztendlich können wir Menschen über uns und das Schicksal der von uns geliebten Menschen nicht verfügen. Der, der alles in seiner Hand hält, ist Gott.

Mein letzter Besuch in Kairo liegt nun schon drei Jahre hinter mir. Es vergeht natürlich kein Tag, an dem ich nicht an meine Kinder denke. Doch ich mußte bis heute irgendwie weiterleben, konnte mich nicht von meinem großen Schmerz verzehren lassen. Ich warf auch in Verantwortung für meine Kinder den Lebenswillen nicht weg und entschied mich dafür, keine Gewalt anzuwenden, um meine vier geliebten Kinder bei mir zu haben. Auch aus meinem Glauben an einen liebenden und gewaltlosen Gott heraus konnte nur folgen: Ich muß die Herausforderung annehmen, ohne meine Kinder weiterzuleben.

Ich werde häufig besorgt oder einfach nur neugierig gefragt, wie ich den Verlust meiner Familie verarbeitet habe und heute noch verarbeite. Die Antwort fällt mir nicht leicht, denn sie beinhaltet außer der aktiven Seite des Ringens um Fassung auch eine passive Seite, denn es geschieht etwas mit mir, in meinem inneren und äußeren Leben. Deswegen ist es schwierig zu schildern, wie ich das „mache“, denn alleine kann man so etwas nicht bewältigen. In mir wird vieles bewältigt und überwunden.

In den Tagen nach Kairo habe ich oft gefragt: „Gott, wo sind meine Kinder?“ Ich quälte mich oft mit dieser Frage und schien keine Antwort vom Himmel zu bekommen. Erst später merkte ich, daß die Gespräche und Gebete vor allem mit meiner Freundin und Vertrauten Schwester Michaelis eine Antwort auf meine Fragen waren. Auch andere Menschen wurden mir tröstend zur Seite gestellt. In ihnen wurde Gott lebendig und erweckte mich wieder zu neuem Leben.

Die Frage bleibt natürlich, ob die Zeit Wunden heilen kann. Mit Schmerzen suchte ich meine Kinder. Mit Schmerzen hielt ich Ausschau nach der verstehenden Liebe meines Mannes und fühlte mich um meine Liebe und meine Lieben betrogen. In meinem Leid fielen mir viele Personen aus der Bibel ein, die mir plötzlich ungewohnt vertraut und nahestehend waren. Zu gerne hätte ich mich zu Abraham und Sarah ins Zelt gesetzt, um von ihnen Gottvertauen zu lernen.

Ich möchte wie Mose Gott in der Wüste begegnen, in seiner Gegenwart meine Vergangenheit gegen seine Zukunft tauschen. Stehenbleiben ist nicht das richtige Lebensrezept für mich, denn Gott hat eine Zukunft für jeden Menschen. So hatte er eine Zukunft für Abraham und auch für Noah, dem seine gesamte Umwelt mit Ausnahme seiner nächsten Familie genommen wurde. Gott hatte eine Zukunft für Hiob, der eigentlich aussichtslos in seinem Leid steckte und trotzdem wieder zum Leben gefunden hatte.

Allmählich habe ich erkannt, daß Gott, weil er selbst immer auch der Zukünftige ist, auch für mich eine Zukunft hat, in der eine Liebe enthalten ist, die auch meine Kinder begleiten wird. So ist mir der Blick für einen neuen Weg geschenkt worden.

Ich stehe wieder vor einem neuen Lebensabschnitt. Ein neues Geschenk hat mir Gott vor die Füße gelegt, damit ich es entdecke und aufnehme. Meine Koffer sind bereits gepackt, um mein bisheriges bürgerliches Leben aufzugeben und mich einer christlichen Gemeinschaft anzuschließen. Meine Vision ist, daß ich in dieser Schwesterngemeinschaft, die ganz anders sein wird als mein erster Versuch im Kloster, die Liebe, die so unerfüllt in meinen Händen liegt, in Gottes Hände legen kann. Ich habe erfahren, daß er, der keine Zeit, geteilt in Vergangenheit und Zukunft, kennt, die vergangenen Tage meines Lebens in zukünftige verwandeln kann. Denn Gott ist zu uns Menschen gekommen, um mit uns und für uns zu sein.